中央戏剧学院 教材

主持艺术概论

（新版）

刘云丹 ◎ 编著

中国戏剧出版社
CHINA THEATRE PRESS

图书在版编目（CIP）数据

主持艺术概论 / 刘云丹编著. -- 北京 : 中国戏剧出版社, 2024.2
ISBN 978-7-104-05436-8

Ⅰ. ①主… Ⅱ. ①刘… Ⅲ. ①主持人－概论 Ⅳ. ①G222.2

中国国家版本馆CIP数据核字(2023)第211855号

主持艺术概论

责任编辑：齐　钰
责任印制：冯志强

出版发行：中国戏剧出版社
出 版 人：樊国宾
社　　址：北京市西城区天宁寺前街2号国家音乐产业基地L座
邮　　编：100055
网　　址：www.theatrebook.cn
电　　话：010-63385980（总编室）　010-63381560（发行部）
传　　真：010-63381560

读者服务：010-63381560
邮购地址：北京市西城区天宁寺前街2号国家音乐产业基地L座

印　　刷：廊坊市印艺阁数字科技有限公司
开　　本：787mm×1092mm　1/16
印　　张：18.5
字　　数：274千字
版　　次：2024年2月　北京第1版第1次印刷
书　　号：ISBN 978-7-104-05436-8
定　　价：98.00元

版权专有，违者必究；如有质量问题，请与出版社联系调换。

序　言

中国电影出版社在2006年出版了笔者的《主持艺术概论》。当时中央戏剧学院成立播音与主持专业刚三年的时间，在各个方面都还处于摸索阶段。笔者那时以前人的著作和自己的实践经验为基础，编写了这本教材。随着时间的推移，广播电视以及整个传播行业在最近的十年中发生了极大的变化：传统媒体面临空前的挑战，新媒体迅速发展。传播方式的变化带来的信息收视情况已经和十几年前不一样了，随之而来的收视习惯也更加多样化。这些变化导致整个社会的话语体系都在变化。大众对于播音员、主持人的期待也发生了不小变化。相应地，播音员、主持人的语言方式、社会形象、社会知识结构、评论角度与思维方式，在传播过程中的地位作用等方面也都发生了新的变化。很显然，原先编写的教材已经不能完全适应新变化下的教学需要。在此背景下，特对原教材进行了更新编写。

在重新编写的过程中，笔者将原先的有些章节做了修改。其中对"节目主持人的意义和作用"一章做了较大的改动。因为当下的节目形态发生了变化，所以对原书中"不同节目形态对主持人素质构成的要求"一章也做了一些改动。同时，还探讨了当下网络节目的主持人的法律和道德问题。

笔者从学习播音主持专业以来，对前辈提出的主张和问题，常有自己的想法，也时刻关注前辈的实践创作经验总结。正如一个思想家会在不同时期提出不同的论点一样，很多播音主持的专家学者也会在不同的时期有不同的核心见解。并且由于这门学科的实践性很强，各位从业专家在某些问题上的争论也从未停止过。尤其在播音主持的艺术属性方面，很多专家至今都有不同的见解。在本书中笔者不可能将方方面面的见解都谈到，只能是从个人的实践和教学经验出发，对某些问题的某些方面进行论述。

另外，在本书中涉及的他人的论点，直接引用的笔者会标注详细出处，其余的则不再标注。因为很多观点是被多位专家进行过讨论并认可的，这些讨论无法说是哪一家之言，而是属于对学科本质的思考。以"传者身份思考"这一话题为例，张颂老师在1998年新版的《张颂文集》中有过新的讨论。而后中央电视台新闻节目主持人郭志坚、文静也在不同的研讨会中与高校专业教师们进行过交流。北京电视台新闻部编辑曾芳同志也在笔者的写作过程中分享了大量的来自实践的经验感受。这些真知灼见在书中常常出现，但是笔者无法全部标注出处。

毫无疑问，播音员、主持人是传播链条中的一个重要环节，除了技术层面，还受到社会文化习惯和心理预期的影响。"传播"经历了无数的尝试、变迁，但无论怎样的变化，都无法否认其新闻性和社会性这两大特征。这也决定了播音主持艺术会随着时代的变化而不断变化。作为一名高校的播音主持专业教师，在本书的写作过程中笔者也力图立足于技术的进步和发展，将有声语言艺术化的专业教学真正融入"新文科"背景下的多学科交叉领域，希望能够帮助本专业的学生认识播音主持专业的本质。

目 录
CONTENTS

第一章　主持艺术的发生发展
第一节　主持人产生的社会背景 / 005
第二节　西方节目主持人的发展状况 / 012
第三节　我国节目主持人的发展状况 / 019
第四节　中西方主持人的比较 / 031

第二章　我国节目主持理论的现状
第一节　对主持艺术属性的探讨 / 042
第二节　主持艺术与表演艺术的相通性 / 046

第三章　节目主持人的职业特征、意义和作用
第一节　节目主持人的职业特征 / 063
第二节　节目主持人的意义和作用 / 066

第四章　节目主持人的工作内容
第一节　主持人对节目的前期参与 / 077
第二节　节目构思的基本要求 / 112
第三节　话题的操作与组合 / 119

第五章　主持人的状态

　　第一节　传者身份的定位 / 125

　　第二节　心理运动状态 / 131

第六章　电视节目主持人的魅力

　　第一节　电视节目主持人的魅力构成 / 143

　　第二节　主持人的魅力核心——个性 / 148

　　第三节　主持人魅力实现的途径 / 153

第七章　不同形态节目主持人的素质要求

　　第一节　新闻性节目主持人的素质构成 / 159

　　第二节　新闻评论性节目主持人的素质要求 / 167

　　第三节　服务性节目主持人的素质构成 / 170

　　第四节　综艺节目主持人的素质构成 / 174

　　第五节　谈话节目主持艺术 / 181

第八章　主持人的语言

　　第一节　新闻评论节目主持人的话语分析 / 216

　　第二节　脱口秀节目的语言特点 / 243

附　录

　　我国改革开放以来播音主持的发展历程 / 265

后　记 \ 289

第一章 主持艺术的发生发展

- 第一节 主持人产生的社会背景
- 第二节 西方节目主持人的发展状况
- 第三节 我国节目主持人的发展状况
- 第四节 中西方主持人的比较

信息的传播是自然界和社会的普遍现象，凡是有物种和生命存在的地方都会有传播。而人类的传播是自然界和社会长期发展的产物。可以说人类传播与人类自身的产生和发展有着同样悠久的历史。我们从辩证唯物论和历史唯物论的观点来看，人类传播的发展过程实际上是人类在生产劳动和社会实践中不断扩展自身的传播能力，不断发展和创造新的传播媒介，不断使社会信息传播体系走向完善和发达的过程。

　　纵观历史，可以看到，在原始传播时代，人类传播与动物传播区别不大。我们的祖先只能依靠动作、表情、吼叫或者其他简单的音节来传递信息，协调采集和狩猎活动，也只能用这样的方式来表达自己喜怒哀乐的感情。但是，人类这些类似动物的传播方式并没有仅仅停留在体内信息功能和遗传基因的层面上，它们并不仅仅是对自然界的被动适应，还伴随着越来越发展的精神和思维活动。直到语言的产生，人类传播开始摆脱了动物状态，人类才拥有了最基本和最重要的传播手段。除此之外，语言将人眼所及的事物命名，于是在人类的眼中，世界清晰了，变得有条理了。人类在此基础上根据这些名称对世界上的万事万物进行归纳和分类，从中把握它们的性质和规律。我们现在无从得知这个归纳和分类的过程到底是从具体到一般还是从一般到具体，但是这一变化和发展直接导致了人类对周围世界的认识的深化。于是，某些逐渐形成中的人已经开始把某些声音和某些经验或行为联系在一起，而这些声音获得了最初与之相联系的经验中的含义。语言的产生，使人类完成了从动物传播到人类传播的巨大飞跃。

　　正是语言这一体外化、社会化的信息系统，使人类能够将对自然和环境的认识作为经验、知识和文化，利用以文字为代表的各种体外化媒介加以记录、保存和累积，并通过教育和学习传授给后代。这就使人类拥有并开始了真正意义上的人类传播。

根据媒介产生和发展的历史脉络，我们可以把迄今为止的人类传播活动划分为以下四个发展阶段：（1）口语传播时代；（2）文字传播时代；（3）印刷传播时代；（4）电子传播时代。在这个发展过程中，人类传播的系统结构也在发展着，其中的传播类型多种多样：包括人内传播、人际传播、群体传播、组织传播和大众传播等。这些类型既相互区别，具有独立的形态、结构和功能特点，又作为社会传播总系统的有机组成部分相互衔接和交织。在这些传播类型中，大众传播是一个特殊的社会信息系统，是人类社会信息交流的方式之一。职业工作者通过媒介向社会公众公开地、定期地借助图像、符号等形式传播各种信息并提供娱乐。它的特征为主持人这一职业的产生提供了可能性。首先，大众传播中的传播者是从事信息生产和传播的专业化的媒介组织；其次，大众传播在本质上是媒介组织运用传播技术和产业化的手段大量生产、复制和传播信息的活动；最后，大众传播的对象是模糊的泛指，受众其实是指社会上所有的"一般人"，具有广泛性、跨阶层和跨群体的特点。大众传播的这些特征也说明了在信息传播的过程中，如果缺乏了人的元素，传播活动本身的复杂性便成了信息发布和影响的障碍。于是，人际交流的方式就为实现大众传播提供了有效帮助。而最有效的人际交流和沟通就是人类运用自身固有的手段进行的面对面的谈话。于是，信息的发布者就必须要有一个具象依附以实现受众在接收信息时的面对面的心理需求。而这个具象依附就是最早的主持人。

节目主持人最早诞生于西方，是在20世纪20年代末，发展兴盛于20世纪50年代，其间经历了第二次世界大战。正是在战争中人们对信息和宣传的需要以及战争过后社会文化意识、经济环境的变化，才使得节目主持人应运而生。

第一节　主持人产生的社会背景

一、战争过后文化重建的推动

两次世界大战给西方各国人民的精神世界带来了重大创伤。战争摧毁了个人的精神世界，破坏了科学事业的建设。这就决定了人民必然会在战争过后进行文化重建。在战争中，人们的人文主义和人道主义的选择标准受到了冲击，人们精神世界的是非观发生了动摇。于是正确世界观的宣扬和文化的重新传播就成了人类历史健康发展的最紧迫的需要之一。欧洲自文艺复兴以来的文化发展带动了西方各国科技的进步和综合实力的空前增强，于是西方世界在两次世界大战之后将文化建设的重点放在了广泛意义上的人文主义和人道主义传统的恢复上。又由于有战争对人们原有精神世界的动摇和颠覆的教训，在战争过后人们的文化建设就具有了大胆、执着、创新的特点。文化创新者们抛弃了他们祖辈的传统，有意识地选择了新的词汇来表达自己的思想。这在休斯（美国）所著的《欧洲现代史》一书中有详细的描述。在这本书中休斯写道："在战争过后的年代，人们一次又一次宣告欧洲传统文化已经失败。他们认为欧洲上层资产阶级的那种悠闲的文化传统不再能表现新的生活现实，而必须创造一些更鲜明的、更有生命力的东西来替代它。于是就涌现出了二十世纪内其他任何十年（除50年代以外）都无法与之相比的极为丰富的文化和科学。"[①]

---

① [美]H.斯图尔特·休斯：《欧洲现代史》，陈少衡、程洪逵等译，商务印书馆1984年版，第222页。

在这样的大背景下，对传播的要求越来越高。在电视产生之前，大众传播的最主要手段是印刷媒介传播和广播。但是在这两种方式下，人们越来越强烈地感觉到自己是一个被动的受传者，即受众，处于被大众传播媒介控制和灌输的地位，很难参与进去，很难和传播者形成真正意义上的双向交流。李盛之先生在1995年专门写了一篇《受众：一个过时的概念》，在文章中，李盛之先生特意强调了以往单一化传播的结果造成了公众对传播者的依赖，导致公众的被动化。与此同时，公众的自我意识又在战争过后的否定传统和文化重建中逐渐加强，人们比以前更加注重认识自我、发展自我、张扬自我和表达自我，也更加要求实现自我。而人在精神和心理上有"超越性需要"，即马斯洛人本哲学中提出的人在基本需要得到满足的前提下的更高级的需要。这种"超越性需要"是人的最大的内在驱动力，这种需要的满足所获得的幸福感和丰富感更加强烈，所以在这种"超越性需要"的推动下，人们再也不愿意无声无息地只当听众或观众，而是希望和传播者产生交流，有所沟通。于是广播、电视上开始出现了直接和受众交流的主持人。他们一开始就使节目以轻松的生活气息、浓郁的人情味出现在大众面前。从心理上满足了接受者的展现和交流需求。从表层看，主持人形式仿佛是对原始社会人类最初的、直接的、线性传播方式的回归，但从本质上讲，这是现代文明的发展促使人类自身对传播的内在需求不断深化和多样化的结果，同时社会生产力的进步也使之成为可能。①

二、信息增殖的冲击

从20世纪50年代开始，人类进入了信息时代，这是人类社会飞速发展的一个突出标志。战后经济的飞速恢复和发展使人们更加重视获得信息的速度和数量。于是信息的丰富和传播的速度就呈现出空前的发展势头。20世纪

---

① 李盛之：《受众：一个过时的概念》，《现代传播：北京广播学院学报》，1995年第2期，第9—12页。

中叶以来，各种各样的信息以惊人的速度在增殖，令人目不暇接、耳不及闻。这些千变万化、纷繁猛增的信息无疑对传播信息的新闻媒介提出了挑战，对已有的传播形式产生了极大冲击。怎样才能以更快的速度捕捉、选择、传播更多更精确的信息就成了传播工作者亟待解决的问题。虽然电子媒介的发明在信息量的扩大和实效性的提高上产生了积极的影响，但是节目形式的单调又限制了电子媒介潜在功能的进一步发挥。

同时，受众对在相同时间段中接受更多的信息也需要适应，而单调的形式是很难使人有深刻印象的。我们以以往的新闻节目形式为例：最早的新闻节目是把新闻一条一条简单分割、罗列，评论与新闻告知本身是分家的。在信息变丰富的时代，这样的形式或许能够达到一定的传播目的。但是我们可以想象：在十分钟内有十条新闻，尽管只是枯燥地罗列，人们似乎也能接受。而当信息以十倍甚至百倍的数量在增加的时候，同样的时间内怎样做到使受众更好地接受呢？所以，信息的膨胀要求节目形式的丰富和完善并使信息能够给受众留下更深刻的印象。这样的传播效果的要求也促使了主持人这一角色的产生。新闻主持人的出现不仅丰富了节目形式，而且由于主持人本身参与了对信息的采集、编辑，其对内容的把握和组合也有了更加灵活的方式。主持人将各种信息串联在一起分门别类，并对信息进行综合、分析和评论。这就使看似各不相干的内容组合成了有机的整体，而且还加强了信息传播的广度、深度，提高了节目的传播质量。

三、相关学科发展对传播的影响

主持人的产生和发展与相关学科理论的建立、发展也有着密切关系。

首先是西方传播学。西方传播学诞生于20世纪20年代，兴盛于20世纪40年代。很多专家从政治学、社会学、心理学、教育学等多方面对大众传播理论进行了研究，为主持人的产生和发展提供了理论依据。由于语言的产生，原先混沌一片的世界在人类的眼中变得清晰、有条理了，人们可以根据这些名称对世界上的万事万物进行归纳分类，从中把握事物的性质和规律。同时人类驾驭了语言，也就拥有了一个其他动物所没有的丰富的语义世界。德国释义学家伽达默尔就说："语言并非只是一种生活在世界上的人类所拥有的装备，相反，以语言为基础、并在语言中得以表现的乃是：人拥有世界。"[1] 这些都为主持人这一职业的出现所产生的社会作用和意义提供了理论依据。

其次，接受美学和信息论美学的建立也对大众传播界有渗透和影响。接受美学是西方20世纪文艺理论中继阅读现象学、文艺阐释学之后在读者系统研究中最具有代表性的学术流派，其核心内容是把作家、作品和读者联系起来考察，着眼于读者研究。在这样的语境下，"作品的意义只有在阅读的过程中才能产生，它是作品和读者相互作用的产物，而不是隐藏在作品之中、等待阐释学去发现的神秘之物"[2]。其实生活中人们也有这样的经验：某一部文艺作品，每个人欣赏之后的认识都不一样。人们会说这是由于个体审美观念的不同，所以在审美过程中的感受也不同。但是这个差别从何而来？在很大程度上是因为个体审美经验的不同而产生的期待视野的差距，而欣赏过程本身则对不同的期待视野给予不同程度的满足，于是所获得的欣赏满足感不同。这也是接受美学家谈论得最多、对文艺理论贡献最突出的研究之一。

信息论美学的核心观点则是将一切美的现象都看成信息，而信息的传播有三个要素：一是发送者，二是媒介，三是接受者。20世纪是西方文论史非常活跃、各流派最多的时期。而今天我们谈到的这两个流派都是将创作作为发送者—中介—接受者这样一个完整的信息流通过程来研究，而且尤其注重接受者的地位，这是很进步的，也很客观的。创作者的所有意图都需要接受者的理解，这也是接受者地位尤为重要的原因。在广播电视媒介中，作为传播者的广播电视人，要使传播产生实际效果，就必须重视节目接受者。他们和文艺传播中的读者一样，是传播活动的半边天。作为信息的发送者即节目的制作者，应该努力将自己的意识、审美观念注入节目中，赋予其发挥某种

---

[1] [德] 汉斯-格奥尔格·伽达默尔：《真理与方法》，洪汉鼎译，商务印书馆2011年版，第11页。
[2] 张首映：《西方二十世纪文论史》，北京大学出版社1999年版，第215页。

功能的潜力；而作为接受者，应具有挖掘与发挥作品潜力的能力，这样才能构成完整的传播过程。我们都知道，传播中无法避免的现象就是误读。信息发布者利用符号将自己想要表达的内容发送出来，但是信息的接收者所收到的则是自己通过符号所领会到的那部分内容。所以传播要实现最佳效果，就需要在双方之间引入中介，以此来沟通双方、连接双方。这个中介就是主持人。节目主持人在传播过程中就像作品连接作者和读者一样。因此，主持人也常常被称为节目与观众之间的桥梁。

四、竞争机制导致并促进传播方式推陈出新

大众传播活动和艺术创作一样，也是人类精神领域的活动，属于上层建筑的范畴，其发展就必定与经济基础和社会生产力的发展进步密切相关。20世纪欧美国家的经济状况极大地受到时事变动的影响：和平时期经济发展；战争时期经济萧条；战争过后经济繁荣。这种经济形式变化的脉动无时无刻不在触动着西方传播媒体。而西方传播媒体最为重要的经济支撑是广告收入。《美国新闻史——报业与政治、经济和社会潮流的关系》一书中指出："在电台和电视业兴起之后的岁月中，传播界为争取广告收入和吸引读者、听众或观众而展开的竞争是激烈的。"[①] 在这样激烈的竞争状态下，各个广播电视制作单位就必须要在节目上下功夫。只有节目形式、节目内容都更加新颖、更加丰富、更具吸引力，才能在竞争中占得一席之地并得以生存发展。而主持人节目和节目主持人的诞生，无疑以其耳目一新的形式和独特的人性化魅力，增强了媒体的竞争力。正是竞争带来了良好的广告效益，也使传播活动更具有活力，不断地走向最佳传播效果的途径。良好的传播效果是广播电视媒介传播活动的目的和意义所在，这种效果集中地体现在收听率、收视率的高低上。而对于商业性质的传播媒体，这直接决定了广告收益的高低。正是

---

① [美] 埃德温·埃默里、迈克尔·埃默里：《美国新闻史——报业与政治、经济和社会潮流的关系》，苏金琥、张黎等译，新华出版社1982年版，第572页。

这两个比率的相互影响,既引起了竞争,又成为促进广播电视节目推陈出新、不断发展进步的内在动因。

五、传播手段的现代化为主持人职业的出现提供了技术条件

我们所说的节目主持人这一职业是针对广播电视范畴而言的,这就必然要联系到电子传播媒介。传播手段的重要性是不容忽视的,正是现代科技的飞速发展促使电子传播媒介始终处于动态的发展进化中。这种更新与进步也促进了主持人节目的丰富、发展和完善。传播手段的现代化不仅使节目主持人的出现成为现实,是主持人产生的先决条件,而且还是这一职业迅速发展并被大众认可的必要条件。我们以电视、网络为例就可以看出传播手段的不断发展为主持人的产生发展所带来的技术条件和促进作用。

20世纪最重大的事件之一,就是电视媒介的出现和发展。早在20世纪60年代中期,德国社会学家W.林格斯就把电视与原子能、宇宙空间技术的发明并称为"人类历史上具有划时代意义的三大事件",他认为电视是"震撼现代社会的三大力量之一"。的确,电视在现代社会中所发挥的重要作用是显而易见的。在电视出现以前,从来没有任何一种媒介拥有如此众多的受众并能产生如此普遍的影响。它的吸引力来自它的媒介特征:电视集视觉、听觉手段于一体,通过画面、声音、字幕以及特技等多方面地传递信息,给受众以强烈的现场感、目击感和冲击力。它不仅是人们获得外界新闻和信息的手段,还是丰富多彩的文化娱乐生活的主要提供者。电视的出现使人们每天的传媒接触时间由过去的几十分钟一下子提高到了几个小时。在电视产生之后至网络遍布全球之前,看电视成了人们业余生活的主要内容。电视不仅大大改变了人们的生活,还对现代社会的政治、经济和文化等方面都产生了广泛而深刻的影响。从第二次世界大战后至今,电视的发展经历了由黑白到彩色、由地上传输到卫星传输、由模拟信号到数字化时代的变革过程,每一次的发展都大大加强了电视媒介的影响力。在21世纪的今天,电视媒介的发展更是面临着一场新的革命,这主要体现在四个方面:第一,数

字压缩技术的进步使电视进入多频道化时代，电视媒体的内容更加丰富，选择性更强；第二，多媒体技术使电视的表现手段更多彩，传输的符号质量更高；第三，电脑和网络技术大大提高了电视传播的双向性和互动性；第四，卫星传输技术的普遍采用使电视传播进入了跨国传播和全球传播的时代。

由此可见，如果不是快捷的、多维的、日臻完善的现代化传媒手段为大量的主持人节目提供了物质条件，主持人节目的生命力、生存力便无从谈起。它为新闻主持人节目的时效性、准确性、真实性，为娱乐主持人节目的丰富性、观赏性、参与性等，都提供了传播手段上的保障并使之得以强化。节目主持人的诞生正是人们智慧地发现并张扬了电子媒介的潜力与功能，从而增强了其传播能力，提高了传播效果。随着人类社会的发展和高科技的日新月异，主持人节目也呈现出动态状态，不断进步和发展。

第二节　西方节目主持人的发展状况

一、广播中最早诞生的节目主持人

在电视诞生之前，广播这一传播媒介就已经相当成熟了。直到20世纪40年代电视产生之后，广播的黄金时代才宣告结束。就像广播先于电视发展、兴盛一样，主持人节目与节目主持人也最早在广播中产生。

最早的主持人节目是1928年荷兰对外广播开播的《快乐的电台》(The Happy Radio)。这是一个杂志式的节目，它的内容包罗万象，重点是介绍荷兰各个方面的情况，比如荷兰的旅游事业。这个节目由若干个专题组成，中间用音乐连接起来。值得一提的是这个节目的主持人艾迪·勒达兹（Eddie Ledda），他把这些充满生活气息的内容轻松愉快地传达给听众，正好符合了当时人们对人文主义、人道主义传统恢复的渴望，所以很受欢迎。而且最令人敬佩的是，他将毕生的精力都投入到了这个节目中，从1928年一直工作到1969年退休。虽然其间因为第二次世界大战而停播了5年，但是一个主持人能够以个人魅力将一个节目维持40多年，这是一件多么了不起的事情！所以他是后人公认的"历史最为悠久、最富个人独特风格的国际广播节目主持人"。

到了广播事业最初发展的辉煌时期——20世纪三四十年代，在大众传播界，只有电台获得了更多的收益。这也正是广播节目主持人遍地开花的时候。20世纪30年代广播电台开始对一些重大新闻事件进行报道，在很大程度上为电台争取到了越来越多的听众。美国各个电台不断发展自己的新闻采编队伍和新闻分析员、评论员。从1922年就开始播音的播音员汉斯·冯·卡尔登邦（Hans von Kaltenbom）就是从大量的电台评论员中率先脱颖而出并被载入《美国新闻史——报业与政治、经济和社会潮流的关系》的。他在1930年成为美国哥伦比亚广播公司（Columbia Broadcasting System，缩写为CBS）的评论员，在1938年9月份历时20天的慕尼黑危机期间，他一直待在纽约市他的第九演播室里，为哥伦比亚广播公司的欧洲记者提供帮助，分析新闻报道，并且主持分析和评论节目。他把希特勒激烈的讲话翻译给美国听众，并预测针对事态发展会采取什么外交措施。在三个星期的时间里，人们听他讲述了85次。工作间隙他就蜷缩在一张帆布床上打盹。① 之后，汉斯·冯·卡尔登邦又作为美国全国广播公司（NBC，全称为National Broadcasting Company）的首席政治评论员主持新闻节目长达20年。

另一位值得称道的广播电视明星主持人是哥伦比亚广播公司的爱德华·默罗（Edward Roscoe Murrow）。他是第二次世界大战时期凭借对欧洲战局的出色报道而誉满欧美的。1938年3月12日，爱德华·默罗安排了历史上第一次新闻联播。他组织记者分别从维也纳、伦敦、柏林、巴黎和罗马将获得的战争信息向美国听众广播报道，使美国和欧洲的听众获得了最迅速、最真实、最广泛的战争新闻。1940年8月18日，他又开始了《这里是伦敦》（This is London）的现场报道。他主持的节目不仅新闻时效性强，而且信息量大，最空前的是他将新闻和评论同时进行。这种节目形式上的突破使他成了真正意义上的成功的节目主持人。爱德华·默罗最早是一个记者，有良好的记者素质，所以他对新闻的敏感性很强，对时局很了解，而且评论也有个自己的观点。他最有名的现场报道之一就是站在伦敦英国广播公司（BBC，全称为British Broadcasting Corporation）总部大楼楼顶报道德国空袭伦敦："大家好，我是爱德华·默罗。我现在在伦敦的一栋大楼上为你们报道德国空袭伦敦。在我头上盘旋的就是纳粹的飞机……"此时广播里传来了炸弹爆炸的声音，爱德华·默罗在爆炸声的间隙立刻又说道："听，远处传来

---

① [美]埃德温·埃默里、迈克尔·埃默里：《美国新闻史——报业与政治、经济和社会潮流的关系》，苏金琥、张黎等译，新华出版社1982年版，第537页。

了爆炸声……"还有1938年，德国向奥地利发出了战争叫嚣，准备吞并奥地利。默罗得知消息后立刻决定赶往维也纳观察事态的发展。他先是到华沙，却找不到去维也纳的班机，便设法租下一架有27个座位的小飞机，先飞柏林，再转机飞往维也纳。终于赶在希特勒进入维也纳的前一天发出了战事新闻的开篇报道，向英国与美国听众直播了德军进军维也纳的实况："我是爱德华·默罗，此刻正从维也纳报道。现在是凌晨2时30分……年轻的纳粹冲锋队员乘车在街道上闲荡着。他们乘着军用卡车、各种型号的装甲车，唱着歌，不时向人群扔橘子皮。所有的重要大楼都设有武装警察。整个城市有一种注定要发生某种事情的迹象……"这一段现场报道，既完成了一个现场报道记者观察者和复述者的任务，同时也在言语间冷静客观地表达了个人的态度和立场，堪称记者现场报道的语言典范。可以说如果没有第二次世界大战期间信息爆炸的压力，也就没有爱德华·默罗首创的《这里是伦敦》，自然也就没有被后世的广播电视人称为"一个挑战、一个目标和一个榜样"的杰出主持人爱德华·默罗了。

其实在20世纪三四十年代，美国的广播明星还有不少，如美国全国广播公司的马克斯·乔丹（Max Jordan），还有哥伦比亚广播公司的埃尔默·戴维斯（Elmer Davis）。后者以其深具洞察力的报道、真实自然的幽默感、一针见血的评论以及善于透过相互矛盾的报道陈述事实真相的能力获得了高度赞扬。他和爱德华·默罗一起被后人称为"40年代解释性广播的最优秀代表"。

由于主持人节目的高收听率，各国广播开始了争相效仿。尤其是在第二次世界大战中，主战国的对外广播普遍采取了主持人的形式。各国都出现了优秀的广播节目主持人：在日本对美国的广播中，日裔美国主持人户栗郁子（Iva Ikuko Toguri D'Aquino）用温馨而热情的语调、轻柔而甜美的声音与美国军队官兵进行亲切交谈；同时美国对日本广播的主持人——海军少将艾里斯·沙查里耶，同样以诚恳坦率、真诚可亲的风格赢得了日本人的好感。

无论是娱乐节目的串联，还是新闻现场报道、解说与评析的结合，主持人节目和节目主持人在广播媒介实践中一步步丰满、成熟起来。

二、电视主持人的诞生和兴盛

20世纪40年代电视的诞生使其他传播媒介黯然失色。随着人们将注意力转向电视，广播的黄金时代便宣告结束。

因为电视有声画并茂的特点，让受众有强烈的现场感、参与感和交流感。这一强大的传播优越性使其他传播媒介望尘莫及。人们可以坐在家里便享受一种面对面的直接交流，所以在一开始电视就吸引了接受者的视线。但是在电视刚刚开始发展的时候，报刊和广播已经相当成熟了，而新生的电视由于在节目形式和内容上还很稚嫩，所以电视在当时作为新闻报道的手段显得很落后，而且最初电视节目的形式与制作并没有让坐在家里的受众在休闲的气氛中感到满意。1949年3月4日，美国《新闻周刊》(Newsweek)尖锐地指出："电视作为新闻报道的手段是没有争议的。但是与报刊和无线电相比，电视则像乡巴佬一样落后。"这种落后主要是指电视节目的形式和内容，将其与成熟并处于兴盛期的报刊和广播相比。而西方社会是商业社会，在激烈的商业竞争中，如果成本大大高于报刊和广播的电视不能牢牢吸引观众的话，其最后的结果就是消亡。那么电视该怎样生存？怎样发展？唯一的途径是发挥自身的优势，以新颖的节目形式、丰富的节目内容和精致的节目制作吸引广大观众。电视与报刊、广播相比最大的优势就是活动逼真的画面，这是后两者都无法实现的。于是电视从业人员就想方设法地出新，找寻突破点。

1948年6月，美国出现了两个具有开创意义的综艺节目《德士古明星剧场》(Texaco Star Theatre)和《城里的烤面包》(Toast of the Town)。两位主持人弥尔顿·伯尔勒（Milton Berle）和埃德·沙利文（Ed Sullivan）具有出众的表演才华，他们以机智风趣又幽默的串联来调节节目。而且节目内容也很丰富，具有极强的可观赏性，如好莱坞的电影、百老汇的歌舞剧、流行歌曲、舞蹈甚至杂技等，应有尽有，使接受者领略到了前所未有的全面视听刺激。这两个节目一出现就让观众耳目一新，在当时引起了轰动，也成了电视史上的一次突破。

而真正使电视新闻翻身的是1951年由爱德华·默罗主持的栏目《现在请看》(See It Now)。这个人很了不起，他不但是广播主持的先驱之一，也是最早的电视新闻节目主持人。他以多年从事新闻报道的丰富经验使得节目不落俗套、深入浅出。这个节目使爱德华·默罗成了电视新闻节目主持人的先驱。该节目持续了一年，使美国人多次领略到了货真价实的新闻。

1953年，爱德华·默罗开始了他著名的访谈节目《面对面》(Person to Person)。这个节目使其能够坐在演播室里同美国的种种人物讨论生活中比较轻松的各种事件。爱德华·默罗的《面对面》从开播到1959年6月26日停办，先后有五百多位嘉宾走进了演播室成为他的访谈对象。爱德华·默罗自从投身于新闻事业后就一直表现出了无畏地追求真理的精神和强烈的敬业精神，这使他受到了美国无数广播电视受众的爱戴。然而长期的过度劳累严重地损害了他的健康，使他在1968年度过了57岁生日的两天后就与世长辞了。

使电视新闻节目主持人踏上新台阶的是沃尔特·克朗凯特(Walter Cronkite)。这个老记者因在1952年美国第34届总统大选的时候成功报道了民主党和共和党的全国代表大会而一举成名。也正是在这个时候，美国哥伦比亚广播公司的编导唐·休伊特(Don Hewitt)首次提出了"新闻节目主持人"一词，他也正是看中了沃尔特·克朗凯特丰富的经验和敏捷的思维，才让克朗凯特主持对共和党和民主党全国代表大会的电视新闻报道。克朗凯特巧妙地组织、串联来自各方面的信息进行综合报道、分析评述，这些特点使他的报道在激烈的大选新闻报道竞争中脱颖而出，并在电视新闻界崭露头角。

十年之后，沃尔特·克朗凯特又主持了哥伦比亚广播公司的《晚间新闻》(CBS Evening News)。他在职业生涯中采访了多届美国总统和国际上的许多政界首脑，而他采访的重大题材也相当具有代表性，如水门事件、越南战争、种族冲突、总统选举、暗杀事件等。他以庄重稳健、沉着冷静的报道风格吸引了无数电视观众，也影响着各个层面的人们的思想。作为电视节目主持人的开拓者、实践者，沃尔特·克朗凯特以卓越的成就多次获得包括美国总统自由勋章在内的各种大奖。他还五次被公众选为"美国十大最有影响力的决策人物"之一。直至今天,在希腊,克朗凯特都是主持人的代名词。

在美国电视节目主持人的开创时期还要提到两个人——切特·亨特利（Chet Huntley）和大卫·布林克林（David Brinkley）。他们在 1956 年美国总统大选时期主持了全国广播公司推出的《晚间新闻》节目。他们各具所长，配合默契，以风格上的成功开创了伙伴型主持人的先河。在两人合作的整整 12 年中，他们所主持的《晚间新闻》一直雄踞美国三大广播公司新闻节目收视率之首。他们开创了合作型主持人形式并成为楷模。直到现在，我们看到的大部分重要的新闻节目都沿袭着这种主持形式。

到了 20 世纪 70 年代至 80 年代，美国的电视节目主持人已经进入了兴盛时期。其标志就是涌现出了一大批深入人心的明星主持人和与他们相互依存的知名栏目。其中最引人注目的主持人是芭芭拉·沃尔特斯（Barbara Jill Walters）。她是美国电视行业出现的第一个固定女性节目主持人，1976 年被美国广播公司以高薪聘请，在社会上引起了轰动。

丹·拉瑟（Dan Rather）是继克朗凯特之后又一位巨星级主持人。他与汤姆·布罗考（Tom Brokaw）和彼得·詹宁斯（Peter Charles Archibald Ewart Jennings）共同成为美国 20 世纪 80 年代三大明星主持人。他们分别在美国三大广播公司主持《晚间新闻》节目，形成了鼎足之势。在当时，他们的传播影响力可以说是巨大的，甚至可以说他们在决定公众政策走向的政治人物群体中也已经取得了一席之地。

美国电视节目主持人获得的巨大成功，引起了西方许多国家的瞩目。大家争相效仿，将主持人节目形式引入本国电视媒介传播活动中。英国的电视机构，一向以传统正规的新闻报道著称，在 20 世纪 70 年代也开始尝试打破传统的节目形式，将充满个性的主持人推向前台。其结果非但没有失去电视机构的权威性，反而增加了信息的真实性和媒介的公信力，受到了观众的欢迎并大获成功。英国广播公司在 1975 年推出了该台的第一位新闻节目女主持人，顿时产生了轰动，各种媒介竞相报道。这位女主持人就是后来闻名英吉利海峡的安吉拉·里彭（Angela Rippon）。

在法国，女节目主持人克里斯廷·奥克伦特（Christian Ockert）居然成为全国电视观众的议论中心。另一位大名鼎鼎的人物是贝尔纳·比沃（Bernard Pivot），他是法国电视二台《新书对话》（*Apostrophes*）节目的主持人。他以非凡的才华在法国知识界享有很高的威望。法国电视一台为了提高主持人节目的整体水平，在20世纪70年代中期专门派出一个主持人考察小组，到纽约观看考察克朗凯特究竟是怎样主持节目的，以期谋求他山之石。

日本在广播电视发展史上也延续了其一以贯之的效仿之路。日本广播协会在"克朗凯特们"的热潮中，也随潮而涌地推出了自己的美式主持人。其成功的景象只需从日本广播协会（NHK，全称Japan Broadcasting Corporation）晚间新闻主持人木村太郎和其伙伴主持人宫崎绿产生的明星般的轰动效应便可一目了然。一时间，节目主持人在日本成为最引人注目的人物。在NHK电视台，1991年全国范围内投票选举的电视界"全国最受欢迎的十大男女艺人"中，名列榜首的北野武和山田邦子都是节目主持人。

加拿大也产生了家喻户晓的主持人明星——加拿大广播公司晚间新闻节目主持人诺尔顿·纳什（Knowlton Nash）和周末节目主持人彼得·曼斯布里奇（Peter Mansbridge），他们既是电视台的支柱，也是观众心目中的偶像。

电视节目主持人从出现、发展到兴盛，已经越来越飘溢出道德权威和智慧权威的芳香。一方面，电视台借助主持人的个人号召力得到了越来越大的好处，收视率和广告收入的增加就是最直观的效果。另一方面，受众也对节目充满了兴致。而这整个背景又促使着主持人节目的发展。节目主持人是一个方兴未艾的事业，已经被广播电视的传播者和接受者共同认可，已经在世界各地普及并以不同的程度发展着。

第三节　我国节目主持人的发展状况

一、我国节目主持人产生的背景

西方第一个节目主持人出现在1928年，兴盛在20世纪五六十年代。而我国的广播电视节目主持人从无到有走了50多年。我国境内最早的广播电台创办于1923年年初，中国共产党领导下的广播电台是在1940年12月30日诞生。北京电视台（中央电视台前身）的第一次播出是在1958年5月1日（试播），正式播出是当月12日。但是我国的主持人却仅仅用了十几年的时间就突破了5000人。为什么在我国主持人这一职业出现得晚？为什么又在短短的十几年时间人数却迅速增加？要弄明白这些问题，就必须要从媒介的社会属性进行分析。

在前文中我们谈到大众传播是一个具有强大影响力的社会信息系统，因此任何一个国家和社会都会把它纳入社会制度的轨道。所以大众传播在本质上是社会制度的传播，是在特定的社会制度条件下进行的。体现了社会制度或者制度因素在各个方面对传播媒介活动的制约和影响。可以说，媒介的环境就是政治体制的反映。

1. 节目主持人产生得晚的原因

中国的传媒，特别是中国共产党领导的传媒事业，在中国现代历史发展的进程中经受了社会变革带来的洗礼。在新中国成立以前，中国处于连年的战争以及战争所带来的困苦之中。那时的中国共产党虽然在部分时期内是弱势政治势力，但是代表了人民的利益和社会的进步，因此不断发展与壮大。而共产党引导下的传媒作为"宣传人民、鼓励人民、组织人民"的战争工具，直接起到了推动战争取得胜利的作用。在新中国成立以后，中国共产党作为执政党开始领导人民建设新的国家，从此传媒成为党和政府的舆论工具，担负起推动社会发展的作用。在新中国成立最初十几年历次政治运动和社会运动中，媒介都是重要的指示机关和参与力量。那个时期中国与世隔绝的政治生态，迫使媒介形成了独特的生存环境和运作系统。广播电视和政治的密切联系是不可否认的，无论是大众传播学还是现代政治学的研究都无法掩盖大众传播工具的政治属性和政治功能，以及它在政治体系和政治结构中的地位。大众传播工具属于非政府性机构，但也是政治体系的组成部分。美国的政治学家阿尔蒙德和鲍威尔也承认："政治体系不仅包括政府机构，如立法机关、法院和行政部门，而且也包括所有机构中与政治有关的方面，还有诸如……大众传播工具之类的非政府性组织等。"[①] 既然媒体作为大众传播工具具有浓厚的政府机构功能，那么问题的关键就在于如何正确把握政治在其中的地位和作用。作为大众传媒的广播电视应该是政治信息的交流机构，它理应兼备政治信息输出和输入的双重功能，但是政治信息的交流仅仅是广播电视传媒诸多功能中的重要一项，不是唯一的功能。我国节目主持人起步缓慢的原因主要是对这一问题在认识上失之偏颇。从新中国成立初期到改革开放之前，媒体属于党和国家的宣传机构，直接隶属于意识形态宣传的领域，党性和人民性是媒体宣传的根本属性；宣传教育、实现党的政治运动和经济目标、为社会主义建设服务是媒体的主要功能。

1958年4月29日，中央广播事业局党组在给中共中央宣传部、国务院并转党中央的报告中指出："北京电视台应根据自己的工作特点，担负起宣传政治、传播知识和充实群众文化生活的任务。"（此处的"北京电视台"即现在的"中央电视台"的前身）由于有了这样的指导方针，广播电视新闻和重大的党事国务密切联系着，社教节目和知识传播也很注意和中心工作配合，即文艺节目也重视革命传统教育、阶级斗争教育和社会风尚教育。在这样对

---

① [美]加布里埃尔·A.阿尔蒙德、小G.宾厄姆·鲍威尔：《比较政治学——体系、过程和政策》，曹沛霖、郑世平等译，东方出版社2007年版，第5页。

广播电视的政治宣传功能片面强调和缺乏对受众的基本交流的前提下，播音员都是千篇一律地念稿，甚至广播电视的新闻节目基本稿源都是依赖报纸和通讯社。而主持人节目是突出个性的形式，要利用主持人的个性魅力来使节目更灵活，更容易与观众交流，显然这和当时的背景是格格不入的。到了"文化大革命"期间，整个舆论界都走向了更大的偏激状态，以单一的强烈攻势进行"革命"的鼓吹，电视节目的设置在今天看来几近荒唐。广播电视被政治所吞噬，播音员都不能出图像，不能报姓名，更谈不上有能够和观众直接交流并以个人魅力引导观众的节目主持人。

直到改革开放以后，思想解放了，国门外的资讯空前丰富。中国的国际地位和内部发展都发生了前所未有的新变化。这些变化大大冲击了中国社会结构和经济体制，同时也影响了意识形态传统，给中国的传媒事业带来了巨大的震荡和改变。以前单调的节目形式和内容编排都不能满足传受双方的需求。因为大家的信息需求、审美需求和娱乐服务需求在开放的政治环境下随着眼界的开阔而不断提高，于是积极地学习西方先进的传播模式也就在所难免。在这样宽松、开放的政治氛围和新闻观念更新的背景下，我国的广播电视事业迎来了自己的春天，开始步入了充满生命力的黄金时期。而节目主持人也借着这股强劲的春风得以迅猛发展。同时，主持人节目的诞生是我国广播电视工作者在党的改革开放政策指导下，对现代广播电视事业发展规律的有益探索。从宏观上看，这种探索顺应了信息时代发展的需要，符合现代广播电视的发展规律，张扬了自身优势。从具体看，它突破了以往几十年单一的播音形式，丰富了节目内容，缩短了与受众的距离，极大地提高了收听率和收视率，对我国广播电视事业的发展产生了积极的影响。

2. 经济基础和技术条件的影响

马克思主义的政治经济学认为经济基础决定上层建筑，也是上层建筑发展的保证。主持人的发展也同样依赖其硬件——电子接收、发射设备的普及化和先进性。比如覆盖率大了，电视台多了，节目的质量和丰富性自然会在需求与竞争中不断提升：最早大家就知道中央电视台的播音员和主持人，现在每个地方电视台都有自己的王牌新闻播音员和主持人；落后地区电视台的节目制作相对简单粗糙，经济发达地区的节目类型和质量都相对较高……一个国家、一个地区经济实力的强弱，经济构成状况的不同也必然影响着节目主持人事业的发展；人们拥有的收音机、电视机达到了足够多的数量，甚至当下移动传播的发达，使得节目的类型和质量自然会在竞争中得到不断提高。这些都是经济实力作为坚实基础的铁证。

我国节目主持人从诞生到开始兴盛，最早就是在经济发达地区。广东人民广播电台1981年4月开办的《大众信箱》是继《空中之友》后的又一个广播主持人节目。而1986年12月珠江经济广播电台的成立喊出了我国广播界实现全面改革的先声。正是在珠江经济广播电台，最早诞生了我国集采、编、播、控综合素质于一体的主持人；也是在这里，最早创造了一套比较完整的节目样式；这里还最早诞生了主持人提纲加资料的现场直播，以及听众通过热线电话同步深度参与节目的形式等。其实这就是初级的主持人中心制，而主持人中心制是符合广播的特点和规律的。我国与西方国家在电子工业方面的前进步伐有着相当的差距。早在20世纪三四十年代，收音机就逐渐在西方各个国家普及，到了50年代，西方各国的家庭中又几乎都有了电视机。而我国在1937年6月统计的数字表明，包括当时已经沦陷的东北三省在内，全国收音机的总数只有20万台左右。直至1958年，我国才开始进入电视事业的初创时期。当时全国只有北京、上海两个电视台定期播放节目，电视机的数量更是屈指可数。到了20世纪六七十年代，电视机的数量有所发展，但电视机仍然仅仅是一种高档消费品，只有企事业单位和极少数家庭拥有。1978年，全国电视机数量为150万台。从20世纪70年代末到80年代初，电视机才以飞快的速度普及到了我国的寻常百姓家。

我国的节目主持人也正是在我国经济建设突飞猛进的背景条件下，在人们物质生活水平提高的基础上出现、发展并兴盛起来的。据相关统计，截至1993年，全国共有987座广播电台，广播节目套数达到了1149套。与1990年相比，广播电台增加了352座，节目套数增加了399套。全国共有684座电视台，电视节目套数达到了755套。与1990年相比，电视台增加了175座，节目套数增加了201套。当时的统计报告指出：如果做一个简单的统计，目前全国共有1671座电台和电视台，1904套节目。就算全国现在有5000名节目主持人，电台平均只有3名节目主持人，每套节目平均只有2.6名节目主持人。1995年，浙江省广播电视厅对本省各地市县节目主持人队伍进行了全面调查，结果仅浙江省各个类型不同层次的主持人就达到了500人之多。单从数量上来看，我们就能了解那十几年节目主持人发展兴盛的状况。

而现在，传播科技的发展，促使传播在形式、功能和范围等方面发生了极大的变化，每一次新的技术革命都会明显增强传播对人类社会和人类行为的影响。媒介的不断更新和信息的大规模流通，成为社会现代化发展的催化剂和推进器。随着网络的普及，网络自制节目不断推陈出新，其汰旧沥新的速度已经可以用"各领风骚数十天"来形容，涌现出的节目主持人已经难以计数。我们相信，国家经济基础的不断雄厚，高新科技的飞速发展，人们精神文明水平的日益提高，都会对广播电视节目主持人的发展进步以及逐步走向成熟起到积极的推进作用。

3. 开放的文化背景为节目主持人的产生提供了适宜的土壤

我国改革开放后，在上层建筑领域最突出的特征就是打开了国门，使封闭已久的国人有了探求外界的条件，也使西方现当代文化得以扑面而来。有关传播学、美学、文化学、"新三论"等大量的译著纷纷出版，拓宽了中国人的理论视野，冲击了大家习惯的思维模式。随着改革开放的深入，广播电视界的国际交流也明显增加，中央电视台记者小组频繁地随同国家领导人出访。这既是练兵，又是取经的过程。同时，广播电视界还积极参加国际有关组织的活动，建立起广泛联系，交流节目，联合拍片，进行人员培训。再加上先进的卫星接收设备的运用，更使广播电视人大大地开阔了眼界。宽松、开放的文化氛围为节目主持人的生长提供了适宜的土壤，使我国节目主持人一经萌芽就得到了迅速的发展。

我国节目主持人在这样的大环境下，一开始的起点就比较高。而西方节目主持人和主持人节目的成功道路又为我们提供了大量的经验，给了我们可以借鉴、评析的榜样。这都为我国节目主持人走上良性发展道路提供了有利条件。

二、我国节目主持人的发展状况及来源

我国最早的广播电台创办于1923年年初，真正给中国人民带来福音的中国共产党领导下的广播电台也在战火纷飞的1940年12月30日诞生。但是主持人节目的产生却落后于西方半个多世纪。进入20世纪80年代，西方学者已经把笔端深入到现代传媒的深层，开始"去理解媒介是如何直接干预着我们的理性和感性生活、我们的政治、我们的工作、我们的审美态度以及我们的集体记忆"等大众传播与文化渗透的研究领域。但在1981年元旦，我国才终于迈出了关键的一步：在我国的上空传播出以主持人身份出现的电波——中央人民广播电台《空中之友》节目。从此该节目的主持人徐曼成了中国广播电视历史上第一个以正式名义出现在节目中的主持人。徐曼，原名徐乃文，山东莱州市人。1960年参加北京广播学院播音员训练班，1961年进入中央人民广播电台任播音员，后担任中央人民广播电台播音指导，1992年享受政府津贴。徐曼播出的《人民的好医生——李月华》细腻质朴，充满人文关怀，成为通讯播音的经典之作。1981年徐曼任《空中之友》节目主持人，开创了国内广播节目采用主持人形式的先河，标志着我国主持人节目的出现。在节目中，徐曼亲切自然、甜美清新的播音，打破了长期以来大陆对台湾广播冷冷清清的局面，在台湾听众中引起了广泛的影响。节目第一次播出之后的二十多天内就收到了台湾听众的来信，信中对主持人徐曼表达了热情的肯定，说她的播音"每天都在吸引着台湾1700万中国人……拨动着那些想要会见大陆亲人的台湾人的心弦"。

同年7月28日，中央电视台在由赵忠祥担任主持人的《北京中学生智力竞赛》节目上，打出了"节目主持人"这一名称。以后又有了固定栏目《为您服务》的专职主持人沈力，主持了《话说长江》的陈铎和虹云等。

有了这些前辈走出的稳健的第一步，中国广播电视节目主持人事业从此开始了蓬勃发展兴盛之路并首先在经济发达区域活跃起来。广东人民广播电台在1981年4月开播了由李一萍、李东主持的《大众信箱》。这是继《空中

之友》后的又一个广播主持人节目。两个人以对话、聊天的方式和可亲、可信的风格很快得到了听众的认可。大家都亲切地称呼李一萍是"知心姐姐"。1986年12月，珠江经济广播电台成立，这是我国广播界实行全面改革的先声。该电台继承了我国人民广播的优良传统，借鉴并汲取了海外现代广播之精华，适应了珠江三角洲地区听众的需要，创造了一套比较完整的节目样式：大版块节目；主持人具有采、编、播、控的综合素质；主持人提纲加资料的现场直播（新闻和信息除外）；听众通过热线电话可以同步深度参与等。这个"珠江模式"的核心正是主持人中心制，它的诞生标志着我国广播工作者经过几十年的艰苦摸索，终于学会了自己走路，而且开始走自己的路了。珠江经济广播电台的有益探索，对全国广播主持人节目的发展产生了积极并具有历史意义的影响。

自20世纪80年代中后期，从中央到各个地方电台都有了许多类型的名牌主持人节目：中央人民广播电台的《午间半小时》《今晚八点半》，上海东方广播电台的《蔚兰信箱》，海峡之声广播电台的《空中立交桥》等。

和西方节目主持人发展态势不同的是，我国广播、电视节目主持人几乎从一开始就是齐头并进，竞争激烈。这种竞争不仅表现为同类媒介之间的竞争，还表现为电台与电视台之间的竞争。虽然电视的传播优势强大，但电台依然不甘落入下风，而是充分发挥自身便携、受空间限制小的长处，把节目办得红红火火、有声有色。

我们已经了解了电台主持人发展的繁荣景象，那么电视主持人的发展状况又如何呢？继《为您服务》节目的成功之后，上海电视台推出了少儿节目主持人陈燕华，她先后主持了《娃娃乐》《燕子信箱》《快乐一刻》等少儿节目，深受孩子们的欢迎。1987年6月，上海电视台推出了全国第一个社会多视角的杂志型电视新闻专栏节目《新闻透视》，李培红作为电视新闻节目主持人率先亮相。这个栏目从形式上突破了长期以来新闻节目的播报模式，从内容上按照新闻性、知识性和服务性的要求，及时捕捉、剖析观众关注的重大新闻、热点新闻和社会问题，直接反映观众的意见和呼声，成为观众心目中的社会窗口。主持人李培红走出演播室，努力融入节目，直接参与选题、现场采访拍摄和节目制作工作，这也是节目成功的重要因素。《新闻透视》节目初战告捷，为我国以后发展新闻节目主持人开拓了美好的前景。自此以后从中央电视台到各地方电视台，类似节目相继推出，如中央电视台的《观察与思考》《今日世界》，浙江电视台的《黄金时间》，山东电视台的《今日报道》，等等。

但是标志着我国电视新闻评论类主持人节目与节目主持人开始走向成熟的是中央电视台的《焦点时刻》与《焦点访谈》。从1993年先后推出以来，在接下来的一两年时间里，这两档节目通过大胆的尝试与实践，践行了自身的节目宗旨：实时追踪报道、新闻背景分析、社会热点透视、大众话题评说，逐步形成了自身的节目风格：快捷、敏锐、深刻、沉稳，并开始冒出了名牌主持人。这些主持人以扎实的记者功底、深刻的思辨能力、清晰简练的语言表达、熟练的英语水平沉稳地把握着节目。他们和栏目一起成为当时中国电视领域主持人节目与新闻评论类主持人的佼佼者。

1990年中央电视台先后推出了两档不同风格的综艺节目——《综艺大观》和《正大综艺》。主持人倪萍、杨澜也随着节目走进了千家万户，为亿万中国观众所喜爱。在中国的节目主持人历史上留下了灿烂美丽的一页。

各类型的专栏节目丰富多彩，不胜枚举，催生了一个个富有个性的鲜活的主持人。目前，我国广播电视的主持人节目和节目主持人依然处于一种上升发展的趋势，竞争也是日趋激烈。在经济发达、文化氛围浓厚的大都市上空，往往会同时拥有一二十个电视频道，十多个电台频率。各个电台、电视台为了提高收听率、收视率，在节目上下了很大的功夫。现在，传统媒体面对新媒体的冲击，也是在发挥自身优势的前提下努力发掘新的表现形式。例如，现在很多电台都在进行"可视化"改革，上海文广（SMG）还借助新媒体手段实现了"中央厨房"的管理播出模式。无论在哪方面有变化，所有的内容依然还是要依靠主持人来实现和大众的直接交流。媒介形式的发展需要更多的主持人出现；媒介竞争的态势更需要高质量的节目主持人来担纲。再加上网络的迅猛发展，使得节目和主持人不再面对狭小的地方区域，而是面对全国甚至全世界的接受者。中国的节目主持人拥有最广大的受众，在当今安定又充满生机的社会大背景中，必然走向更大的辉煌。

我国的广播电视事业在改革开放之后呈现出勃勃生机，电台、电视台、新媒体如雨后春笋般地增长着。与之相伴的就是节目主持人需求量的急剧增加。这就决定了我国节目主持人需要多方面的人才加入。这么大的需求量要怎样得到满足呢？目前我国节目主持人的来源又有哪些呢？

一是播音员。最初的几年播音员是主持人的主要来源。这些播音员都经过良好的语音训练，他们的长处是发音规范、字正腔圆、音质优美、有良好的语言表现力。但从具体的现实状况来看，并不是所有的播音员转做主持人之后都能够完全胜任，他们的业务水平是参差不齐的。有的播音员综合素质非常好，对节目的风格定向能够有较好的把握，所以在成为主持人之后反而能够更好地发挥出自身的潜力，创出名牌节目并产生明星效应。但是也有的从播音员转型来的主持人由于文化根底不够扎实，对节目的制作规律缺乏认识，对主持人必须具备的素质构成能力掌握不够，对节目的驾驭能力较弱，于是在节目中常常显得呆板有余、活力不足。

二是记者、编辑。这一类人由于有较长时间的记者经验，所以大都具有较强的采编能力，能够在节目制作的整个过程中发挥策划、撰稿、现场采访和评论能力。他们往往才华横溢，充满了朝气。同时由于他们在长期的记者、编辑生涯中培养了良好的新闻敏感性和分析能力，因而能够充分发挥出传播过程中新闻的权威性，增强传播的可信度。他们中已经涌现出了许多令人欣赏的新闻类节目主持人和新闻评论类节目主持人，但他们中的有些人在语言表现力和传播方式的交流感上还有待提高。

三是演员、艺人。这类群体最大的特点就是有很强的渲染能力和幕后团队的推广能力。对于他们来讲不存在语言的表现力和镜头感觉问题。虽然目前我国业内人士争论最大的焦点之一就是主持人是否需要演员的素质，但不可否认的是，很多从演员、艺人转变过来的主持人的确在节目的现场表现得非常松弛、活跃，尤其在综艺类节目中，他们很能渲染气氛。但是这一类来源也存在一个普遍的问题，就是知识结构与思考层面的欠缺往往错失实现节目最大传播效果的机会。

当然，现在还有来自各个专业的本科及以上的专业人员加入到了主持人的行列。他们大都有较好的综合素质，至少掌握两种语言，有较好的文化修养。现在甚至还有不少硕士以上高学历的专业人士也在新闻类和专题类节目中展示风采并取得了很好的效果。这些都为提高节目的质量和格调起到了积极作用。

由此可见，我国节目主持人的来源是多渠道、多层次的。但是由于主持人队伍发展的速度太快，导致了人员素质状况差异较大的现状。从整体情况看是不尽如人意的，在现在年轻的主持人队伍中，有些人的政策理论水平、文化知识构架、思辨能力、审美意识、语言驾驭能力、语言表现力、现场把控力和感染力等方面都还或多或少地存在不足。而且和西方节目主持人状况截然不同的是，目前在我国最具有知名度、最具有影响力的节目主持人不是新闻节目主持人，而是综艺（包括网综）节目主持人。这样的局面当然和接受者有关。目前我国大多数的接受者对综艺节目情有独钟，他们喜欢悠闲、轻松的心理需求与综艺节目的内容相吻合，因此也就使得这类节目主持人拥有了大量的听众、观众基础。另一个原因是长期以来我国新闻体制的局限，在新闻传播中形成了一定的模式，约束着媒体，使得大众普遍的文化心理和社会文化背景都呈现"娱乐至上"的意味。新闻类节目主持人的成熟是广播电视走向成熟的标志，当下的状况说明目前我国广播电视的发展还稍显稚嫩。但可喜的是现在全社会都已经意识到这个问题，现在对主持人提出了高学历、高素质的要求，对年轻人的选拔和培养也站在了高起点上。我们相信，随着我国主持人理论建设、培训机制的完善，我国的主持人队伍的质量、层次、格调一定会越来越高。

三、节目主持人职业的发展前景

20世纪90年代以后，与广播电视相关的微电子技术、通信技术、数字技术都飞速发展，几乎各个省级电视台都通过卫星传播广播电视节目。这就打破了广播电视的地域限制，高速扩大了广播电视的覆盖面。于是也形成了国内广播电视节目相互竞争的态势。不仅如此，我国行政区域性有线电视也以空前的速度发展起来，各省市甚至各区县都发展了有线电视网。还有飞速发展着的专业化的各数字频道。近些年来，网络自制节目也不断大量涌现并且势头强劲，已经诞生了很多现象级的作品。当下更是进入了智能传播时代，人们获取信息的渠道非常多元。在这个全民互联、全民"记者"，人人都有麦克风和摄像头的环境下，主持人似乎不再只是拥有专业设备和能力的媒体的从业人员。同时"主播"这个词也有了空前的泛指意义。

与此同时，由于科技的飞速发展，现在已经出现了"智能播音员"。AI代替了真人新闻播音员，甚至代替了专题片配音。2018年11月，在浙江省举办的世界互联网会议上，新华社首次亮相了人工智能播音员。两位穿着西装的男性AI主播，一个说着英语，另一个说着中文，模仿着人类的声音和面部表情，并且能够不间断地自行通过直播学习，像专业新闻主播那样自然地阅读着文本。于是，业内纷纷开始了"播音员、主持人是否会被人工智能取代"的讨论。英国牛津大学的两位经济学家卡尔·弗雷和麦克尔·奥斯博在他们的研究中指出：一种职业是否容易被人工智能所取代，取决于对三方面能力的要求——感知和操作能力、创造力、社交智慧。其中，感知和操作能力包括手指灵敏度、动手能力，以及能否在狭窄的空间中工作；创造力包括原创性和艺术审美能力；社交智慧包括社交洞察力、谈判能力、说服力，以及能否做到协助和关心他人。在他们的研究中还有一组调查数据：文化、体育和娱乐业的就业替代率为33%，信息传输、软件和信息技术服务业的就业替代率为23%，卫生和社会工作就业替代率为20%，科学研究和技术服务业就业替代率为13%，教育为8.8%。这些行业由于对知识和技能的要求较高，被替代的概率就低。无论技术怎样变化，信息传播本质上的"文字加画面"没有变，只是媒介的不同带来受众的不同，其核心力量始终是人。因此，播音员、主持人的人格、思维、价值观以及对媒体和传播的理解就格外重要，因为这些是无法被替代的。

发展与竞争的态势，最直接的反映就是对主持人数量和质量上的需求。广播电视节目的竞争在本质上是创作团队的竞争，节目呈现出来之后在很大程度上则是主持人的竞争。同时，宽松安定的社会环境、极为广阔的受众区域、日益繁荣的经济市场也为广播电视事业的发展提供了有力保障，所以节目主持人的发展前景可以说是挑战与机遇并存。只有踏踏实实地走好眼前的每一步，才能够使我们前进的步伐越来越大。

第四节　中西方主持人的比较

"主持人"这一名称最早是由哥伦比亚广播公司的制片人唐·休伊特在1952年美国总统竞选的报道中正式提出的。其目的是用主持人代替播音员以改变当时电视新闻节目形式单调、死板的局面。在新闻节目中"主持人"一词的英文是"Anchor",原本是指体育运动接力赛跑中跑最后一棒的运动员,也就是跑得最快,最有冲刺能力的人。这个词引申到新闻节目中后其含义为最优秀、最具有组织能力的电视新闻节目主持人。也就是说,这个人必须有能力把各种新闻片以及现场新闻报道组成一个完整的新闻节目,在整个节目中起主导、组织和串联的作用。

中文的"节目主持人",在英文中有两个不同的单词对应:一个是"Anchor",即指新闻主播或新闻节目主持人;另一个是"Hoster",即指专栏节目的串联人、协调人,其含义更多的是指相对于客人而言的主人。目前,我国除了新闻节目外,在新闻性专题、社教类和文艺类等专题栏目中已经普遍设立主持人,他们的主持方式和手段丰富多样,个性风格各异,生动活泼,深受群众欢迎。

中西方主持人的来源大体类似,都是由记者、播音员、演员和其他从业人员身份转变而来的,但在很多方面还有差异。

一、素质构成的差异

西方主持人一般有高学历、高阅历,具备很强的敬业精神和语言表现能力。中国在挑选主持人时更多考虑的有时不是内涵阅历,而是外表与年龄,而且在语言上更注重语音，而相对不是特别重视素养。

西方主持人大多具有长期的新闻一线经历。爱德华·默罗1935年大学毕业后就开始在哥伦比亚广播公司工作，是一名记者，1938年开始了第二次世界大战欧洲战场的报道。沃尔特·克朗凯特21岁开始在合众通讯社工作，也是一名一线记者，并担任第二次世界大战中的随军记者。后来成为合众通讯社莫斯科分社社长。1950年到哥伦比亚广播公司的丹·拉瑟和布林克林等也都有长期的记者经历。在西方，对新闻节目主持人的选拔都非常重视记者经历，一般都要求有五年到十年的新闻一线经历。这些长期的记者生涯让他们熟悉了解社会现实，并且对大众的生活、兴趣、关注点有敏锐的嗅觉，同时长期的新闻报道工作又锻炼了他们的分析评论能力，这些都是作为主持人必备的重要素质。

西方主持人还有一个重要的素质就是出色的语言表现力。主持人是通过有声语言和副语言与接受者进行交流的，所以良好的语言表现力对主持人至关重要。我们曾经提到的亨特利和布林克林，他们开辟了沿袭至今的新闻节目中伙伴型主持人的先河。其中亨特利虽然是播音员出身，但他从小就擅长演讲，公众认为他的伟大力量在于他语言表现的才能。他以优美洪亮的嗓音、潇洒倜傥的风度吸引了无数观众。

有很多记者出身的主持人也具有良好的语言表现能力。爱德华·默罗在上大学的时候就擅长辩论和演说，在大学期间主修演讲学并且是该学科的全校第一名，加上他出色的社会活动能力，他曾担任过美国全国学联主席。《美国新闻史》对他的评价是："善于把自己的正直感和准确感传到美国家庭的起居室里。他那为人熟悉的深沉而富有说服力的声音，像他严肃的表情和庄重的举止一样，增强了节目的感染力。"①

西方主持人的诞生和两次世界大战分不开，在战争进行得如火如荼的时候，大家最关心的就是战争的发展态势，新闻现场报道本身就对大众有强烈

---

① [美]埃德温·埃默里、迈克尔·埃默里：《美国新闻史——报业与政治、经济和社会潮流的关系》，苏金琥、张黎等译，新华出版社1982年版，第546页。

的吸引力。而到了20世纪六七十年代，西方进入了信息时代，瞬息万变的信息对大众的生活相当重要，于是电视新闻的现场报道又以其极强的现场感，增加了内容的可信度。另外一个原因是美国电视业的商业性使商家注重明星效应，主持人作为道德权威和智慧权威是可以提高收视率的。而在新闻类节目中，主持人真正是节目的灵魂和核心人物，他们有自己的工作班子，他们决定采写内容，决定报道的思想目的，在新闻播出的过程中决定最终的审定、播出和评论。因此，在西方，新闻类节目主持人的地位很高。

二、文化背景的差异

在传统美学上，中国讲究美是最高原则。无论是形式和内容都必须首先达到和谐。侧重美与善的结合，强调艺术的教化作用。而西方强调真是最高原则，强调艺术的认识作用。

中国的汉字"美"的来源有两种说法，一是"羊人为美"（头戴羊角的、正在进行祭祀舞蹈的巫师为"羊大"，意为头戴羊形装饰的"大人"）。原始时代人们的巫术活动一般是载歌载舞，极其狂热而又严肃的。但是那种狂热而严肃的原始形态的活蹦乱跳并不是无意识的，而是原始人们希冀通过祭礼为核心的图腾歌舞巫术，一方面团结、组织、巩固原始群体，以唤起和统一他们的意识、意向和意志；另一方面又在这种活动中温习、记忆、熟悉和操练了实际生活过程，起了锻炼个体技艺和群体协作的功能。这两方面都是社会内容。亦即"美"这个字是沉淀了社会内容的自然形式。

二是"羊大则美"。对火的使用已经使人类在生物进化过程中出现了味觉的快速进化。味觉的快乐中已包含了美感的萌芽。饥饿的人通常是不知道食物的滋味的，食物对他而言只是填饱肚子的对象。只有当人能讲究、追寻食物的味道，正如他们讲究、追求衣饰的颜色、式样而不是为了蔽体御寒一样，才表明人在满足生理需要的基础上已经开始萌发出一点更多的东西。虽然这一点更多的东西仍然与自然生理需要紧密联系在一起，但是比较起来，它们比生理基本需要却已表现出更多地接受了社会文化意识的渗入和融合。

"羊人为美"着重强调的是社会性的建立规范和它向自然感性的沉积,"羊大则美"着重讲的便是自然性的塑造陶冶和它向人的生成。前者是理性沉积在非理性(感性)中,后者是感性中有超感性(理性)。它们从不同角度表现的是同一事实——人的内在自然的人化,即人的文化心理结构的逐渐形成。①

从"美"字的来源,我们就可以看出中国的传统美学是以美为最高原则。以真为最高原则的美学往往是将感性的现象归结于或统属于在纯抽象的思辨范畴或理性观念之下。以美为最高原则的美学对美的对象和审美的感受归结在感性上,总是注意美的感性的本质特征。

正因为从一开始,中国传统关于美和审美的意识便不是禁欲主义的,它不但不排斥而且还包容、肯定,甚至赞赏这种感性(味、声、色,包括颜色和女色)的快乐。认为这是人之常情,是"天下所共嗜"。此外,中国传统文化中又没有"酒神",因此不禁欲,却又不纵欲。西方一方面强调理性逻辑,另一方面又有酒神文化(狂放)。要求用社会的规定、制度、礼仪去引导、规范、塑造和建构。强调的是节制狂暴的感性、强调感性中的理性;强调自然性中的社会性。所以,在人与自然的关系上,中国完全不同于西方,而是讲究天人合一,主张人与自然融为一体。人必须维持自然界的和谐状态,对环境是适应而非改造。行为规律讲究的是"人法地,地法天,天法道,道法自然",所以在传播模式上必然是和谐重于说服。而西方在人与自然的关系上则是对立多于亲和,是理性中的自然性保留,认为人必须克服自然,控制资源,所以在传播模式上强调传播者用信息去影响对方。

在看待人自身和人际关系上,中国强调人伦、道德规范和群体意识,重道德轻竞争,重自我沟通,提倡通过内察、内省进行自我约束和自我检查。而且在中国,过分能言善辩者往往给人的印象不好。孔子就说:"巧言令色,鲜矣仁。"所以在传播活动中,中国强调总体舆论导向的统一和谐。而西方

---

① 李泽厚:《华夏美学·美学四讲》(增订本),生活·读书·新知三联书店2008年版,第4—15页。

在文艺复兴之后，整个社会文化的关注重心是人本身，注重人的个性的发挥和表现，强调个人价值的实现。在人际沟通上认为人与人的关系要靠交谈和交流来建立和维持。所以西方欣赏个性淋漓尽致地发挥。这种差异就造成了不同的审美追求和文化需求。再者，西方的主持人一开始就集采、编、播于一身，所以当然就要求高素质高学历和个性特点。而中国到目前为止，对于主持人更多的要求是形式上的表现者。

同样，在非新闻类主持人节目中，西方主持人可以在语言、形体和表情上极尽个人的发挥，个人特点越明显，给观众的印象就越深刻。而中国的主流审美还是喜欢稳重、朴实、符合传统审美观念的主持人。随着新媒体节目的兴盛，当下的传媒竞争越来越激烈，人们的思想开放程度越来越大，主持人也开始逐渐摆脱了死板的束缚。李泽厚先生在《中国古代思想史论》一书中写道："现代化的进程要求扫清种种封闭因循、消极反馈的行为模式和生活模式，高度发达的自然科学要求舍弃局限于经验论的思维模式……除了经济所带来的社会秩序的变异和生活模式的变革，从而引起与传统思想和传统模式的冲突变革外，文化本身所带来的价值观念的矛盾、冲突和重新估价也将日益突出。其中个体的重要性与独特性的发展，心理的丰富性复杂性的增加，使缺乏独立个性的中国人如今有了全新人格的追求。捆绑在古典的和谐、宁静和稳定中，避开冒险、冲突和毁灭，缺乏人格的真正独立和成熟的历史时期已经成为过去。"[1]

三、新闻体制观念的差异

大众传播是具有强大影响力的社会信息系统。任何一个国家和社会都会把它纳入社会制度的轨道。因此，大众传播在本质上是制度的传播。在大众传播研究中有一项重要内容——"控制研究"，就是考察和分析各种制度和制度因素在大众传播活动中的作用。任何一个国家，大众传播都是在特定的

---

[1] 李泽厚：《中国古代思想史论》，生活·读书·新知三联书店2017年版，第293页。

社会制度条件下进行的，都会直接或间接地受到社会制度的制约和控制。我们知道，中国和西方国家的政治体制不同、信仰不同，所以大众传播也会体现出差异。

美国的《人权宣言》提出言论自由，在美国除了对外广播外，政府不直接经营电台、电视台，而是以私人经营的商业性的广播电视台为主，辅以公共广播网。英国的广播电视台公私兼有，以公为主，以私为辅。法国长期以来是国家垄断，由政府直接控制，但是在20世纪80年代末也开始向私营、公营兼有转化。以私营为主就必然以营利为最高目标。我们知道广播电视台以广告收入为主要收入来源，广告收益则是随着收视率的变化而变化，所以节目就必须迎合绝大多数观众的喜好。如此，好像电视内容是由经济学而不是美学来决定的。在这样的社会制度下，西方现代资本主义传播制度也是很复杂的，对这个制度产生影响的多种理论规范体现着资本主义社会内部和外部矛盾的多样性和复杂性，包括了自由主义理论、社会责任理论和民主参与理论。其中有的属于占统治地位的理论，有的则在制度外起着一种牵制作用。

中国的广播电视媒体属于国有事业单位，是党和政府的宣传机构，把宣传党和政府的方针政策放在了首要位置。所以中国的主持人就必须和节目一样首先是党的喉舌，一言一行都要符合传播者的共同追求。从接受美学和信息论美学的角度来说，这样的节目与形象塑造对于受众的因素考虑相对较少。而广播电视作为大众传播媒介，其产品的生产意义和目的最终是要为大众服务，如果对大众的吸引力不够，就不可能实现传播质量的最大化。随着我国广播电视事业的发展和新媒体的冲击，越来越多的从业人员已经意识到这点并开始了大胆的改变创新，他们在策划、制作节目的过程中越来越多地考虑到了受众的需求，并不断地通过收视调查和研究分析总结受众的需求，使广播电视节目越来越受到群众的欢迎和喜爱。

第二章 我国节目主持理论的现状

- 第一节 对主持艺术属性的探讨
- 第二节 主持艺术与表演艺术的相通性

第二章 我国节目主持理论的现状

在主持人的发展史中我们已经了解到我国的主持人几乎是和改革开放的深入推进同时出现的，而且只经过了短短十几年就发展兴盛起来。虽然现在主持人中心制前提下真正意义上成熟的节目主持人还不多，但已经有很多人在进行着相关的理论研究。由于各种因素的制约，这些研究进行得缓慢甚至有些艰难。从我国有播音主持专业高等教育开始，对播音的理论研究就从未中断。前辈们从语音语义学角度，总结和建立了相对完善的理论体系，但是对于主持的理论建设却相对缓慢。其中，一个很重要的原因就是主持人节目作为一种传媒现象，本身具有复杂的社会性。研究传媒现象就必然要认识传媒现象的本质，在本质上传媒现象是一种历史延续，是社会系统的缩影，是一种文化意识形态的直接反映，是政治经济制度的附属。而主持人理论研究则必然要建立在对传媒现象的研究基础之上。

首先，对于主持人这个职业来讲，实践经验相当重要，但现实的状态是有丰富实践经验的主持人由于工作压力大、担子重，没有时间将自身的宝贵经验进行系统深入的理论总结。同时，进行理论研究的人员又相对缺乏实践经验，很多分析都是建立在西方传播学基础之上的。但是不同的传播制度体现了不同的社会结构和社会关系，有些从普遍社会心理学角度分析合理的情况并不一定能够反映中国特色社会主义的真实和全部。因此有些理论就显得缺乏说服力。

主持艺术不同于广义上的艺术。通常来说，艺术的审美不太需要逻辑，兴趣最重要，对于文艺作品的审美在很大程度上是由受众的兴趣取向决定的。同样的一件作品，有的人喜欢有的人却不喜欢，因为作品所表达的情感在不同经历的人中有不同的共鸣反应，但是对主持的审美与评价是既需要兴趣又需要逻辑的。这是因为主持人作为审美对象，具有人的复杂变化因素。我们可以从兴趣出发喜欢或不喜欢某位主持人的发型、长相、妆容、声音……但同时主持人的创作活动必然带有强烈的社会属性，我们在评价其创作活动的时候也就无法脱离社会学、心理学等方面的理性判断。对于任何一个主持人的评判不能离开其自身的各种因素，包括性格、经历以及造成这些的原因。这个研究工程太过复杂，涉及的相关学科多而且专业性很强。

其次，主持创作本身的社会属性决定了其具有稳定性和渐变性。一个社会系统的存在，是其相关系统存在的基础，传媒作为社会的子系统，它的生存方式必定受到社会生存环境的影响，其中最主要的是社会制度与社会传统。社会制度和社会传统所形成的政治、经济、社会、法律法规是传媒生存、运作、发展的基础，也决定了传媒的基本性质和基本原则。然而从社会学角度看，一个社会系统的结构具有相对的稳定性，特别是当一种社会制度处于一个平静期，以及一个社会传统没有受到剧烈冲击的时候尤其如此。同时社会的发展变迁也是必然的。稳定性是由于社会系统内的利益关系处于一种平衡状态，可一旦支配和约束社会行为的社会体制发生变化，使社会系统内的利益关系处于不平衡状态，发展和变革就会发生。作为社会体制组成部分的传媒体制，也会相应地发展和变化，因此，主持人节目作为传者信息发布形式的实现途径，其创作也必然会体现这些发展和变化。于是对主持创作的理论研究也必然具有与时俱进的特点。

所以，对主持人的理论研究真的是一项艰难且浩大的工程，需要丰富的实践经验，以及美学、心理学、传播学、社会学、文学甚至政治学相关知识。那我们就从对主持人的定义入手来浅层次地探讨吧。

什么是节目主持人呢？现在普遍的说法是：以有声语言或以有声语言为主，控制节目进程的人。这样的说法没有错，但不够全面，没有将主持人的工作性质和社会任务表达出来。主持人难道就是控制节目进程的人吗？当然这只是主持人的一个很重要的显性任务，但不是最高任务。从大众传播学的角度来讲，主持人是沟通传播媒介和受传者的工具，并且是能够提高传播质量的核心。传播质量的衡量必然要从受众对信息接收的程度来进行。通常我们都是从受众接受媒介信息时的心理活动入手进行研究，但是受众不是孤立存在的，作为社会成员的受众，对信息的感知和理解会受制于其已有的来自感性世界的认知，同时还会受到来自其身边的人对信息的评价、态度和情感的影响。马克思、恩格斯的精神交往理论也指出："当我们深思熟虑地考察自然界或人类历史或我们自己的精神活动的时候，首先呈现在我们眼前的，是一幅由种种联系和相互作用无穷无尽地交织起来的图画。"① 无疑，主持人作为节目的"主体人"和客观世界的中介，是第一时间在情绪和情感上对其产生影响的人。有人把主持人比喻为商品的商标，说有的节目是以主持人的名气来带动的，受众只要记住了主持人就记住了节目。我们承认现实生活中有不少这样的情况。但从真正意义上来讲，主持人不仅仅是商标，同时还是集商品的策划者、推广者、生产者和商品本身组成部分于一身的一个复合的身份。控制节目进程仅仅是主持人在话筒或镜头前进入创作状态时完成的任务之一。作为主持人，真正需要做的是在节目制作的整个过程中完成节目风格定向并实现个人风格定向。

我国节目主持人的理论研究应该是从1989年开始的。在此期间有些人认为这一理论研究工作是没有意义的，因为主持人这一职业强调的是实践操作能力，如果有过多的理论束缚，反而会影响发挥。这样的观点有一定的道理。主持人的确是实践性非常强的创作工作，再雄厚的理论基础如果不能付诸实践，那么观众肯定不会买账。相反，在实际生活中，有的主持人可能没有太多具体的节目主持的理论知识，但是却拥有观众的爱戴。当下有很多深受观众喜爱的主持人都不是毕业于专业院校就是铁证。因为他们的创作符合了大众传播的规律，他们的行动适应了社会的需求。

但是真的能因此而否认对主持艺术的理论研究吗？我认为不能。在很多领域，实践的积累是非常重要的，但如果没有将经验进行总结归纳，实践将永远停留在低层面。理论的总结一定是能将实践推行到螺旋上升的轨道的。人类社会最普遍的人情世故、最伟大的智慧、最真实的情感和人类最本质的

---

① [德]马克思、恩格斯：《马克思恩格斯全集》，中共中央马克思恩格斯列宁斯大林著作编译局编译，人民出版社2016年版，第23页。

人性，对这些的洞察和理解都需要更高的理论层面的提炼和思考。一个主持人只有从理论层面对自己的职业有了了解之后，才会发现职业的真正魅力所在。才会对自己的职业充满了敬畏，才能实现传播质量的提升。

第一节　对主持艺术属性的探讨

　　主持到底算不算是一门艺术呢？杨澜在成名初期曾经说过节目主持是分寸的艺术。后来在她的《凭海临风》一书中，又提出主持无艺术的观点。我们暂不论断她的观点是否正确，先来看几个实际的例子。赵忠祥在《岁月随想》一书中说："主持与演播是一门博大精深的艺术领域，有自身的规律与体系，需要探讨实践，也需要理论来指导。"[①] 崔永元的主持之所以受观众喜欢，是因为一句看似普通平常的话却总能被他说得恰到好处，这就是语言的艺术。白岩松在 2018 年 "一带一路" 高峰论坛《新闻 1+1》特别节目中的开场白——"近些年，中国老百姓中总有流行词。前几年有 '申奥蓝''两会蓝'，这几天又有了一个新词叫 '一带一路蓝'"，短短的几句话就将中国社会各阶层人们对 "一带一路" 的态度和会议的成功展现出来。这是最好的表达艺术的体现。美国著名的黑人节目主持人奥普拉·温弗瑞说自己的主持过程就是和观众分享的过程。这是伟大的职业精神。其实从美学的角度看，无论是哪种类型的节目，主持人的最高目标都是将美的一面展现出来，而受众对节目的参与和欣赏也是为了满足美的需求。《焦点访谈》经常揭露社会的丑恶现象，揭露的目的是让人们更清楚地认识丑恶从而消除它，让大家能够从这些丑恶被揭露的过程中感受到美好的可贵。曾经有一些优秀的调查类节目因为揭露了社会敏感问题引起了民众的思考而被质疑，但是传媒人工作

[①] 赵忠祥：《岁月随想》，人民出版社 1997 年版，第 392 页。

的终极目标就是揭露丑恶，引领对美的追求。如果人类没有了对美好的追求，历史就不可能进步！鲁迅先生说，文艺要反映的必须是美的东西才能得到大众的共鸣。

主持艺术不同于广义上的艺术。对于"艺术"，从中国先秦时期和古希腊开始，先贤们就有过上百种定义，分别从不同的角度探讨艺术的本质特征。最有影响力的主要有"客观精神说"、"主观精神说"、"模仿说"（也称为"再现说"）。无论哪一种观点，都不否认从艺术对生活的反映中寻找深刻的普遍性。在艺术的特征问题上，我们也都知道，艺术具有形象性、主体性、审美性的特征。

一、主持创作的一般艺术属性

首先讲主持艺术的形象性。艺术形象是艺术反映生活的特殊形式。艺术总是以具体的、生动感人的艺术形象来反映社会生活和表现艺术家的情感。主持人以自身作为传播链条中最为重要的环节，必然需要从语言行动、形体行动等方面将传播内容以受众最易接受的方式表现出来。简言之，艺术的形象是客观与主观的统一，是内容与形式的统一，是个性与共性的统一。从具体的主持人的创作过程和创作结果来看，主持人就是节目与传播目的的统一，是传播内容与形式的统一，是节目典型性与普遍感受的统一。

其次是艺术的主体性。艺术的另一个基本特征就是主体性。艺术作为一种特殊的社会意识形态，艺术生产作为一种特殊的精神生产，决定了艺术必然具有主体性。艺术通过形象来反映社会生活，但是这种反映不是简单的再现或者模仿，必须要融入创作主体与欣赏主体的思想情感。因此，主体性就贯穿在艺术创作的全过程。在主持人的创作中这一特征也很明显。不同的主持人主持同样内容的节目会有不同的效果。这当然是因为不同的主持人由于自身创作素材的不同，采用了不同的表现方式。同时不同的方式也影响了受众的欣赏接受程度。主持创作与表演创作都有三位一体的特点：集创作者、创作工具和素材、创作成果于一身。主持人本身是创作工具，同时主持人的人生阅历与经验也是节目的创作素材的一部分。因此在创作的过程中，主持人往往会从生活实践中获得创作动机和灵感。彭吉象先生在他的《艺术学概论》一书中谈到艺术的主体性时，引用了马克思的一段话："动物只是按照它所属的那个种的尺度和需要来建造，而人却懂得按照任何一个种的尺度来进行生产，并且懂得怎样处处都把内在的尺度运用到对象上去；因此，人也按照美的规律来建造。"[①]这段话也充分证明了无论是物质创造还是精神创造，人的创造都会把人的本质力量在劳动过程中对象化。毫无疑问，主持创作属于精神劳动，人在精神劳动的过程中不仅会将自身的本质对象化于劳动过程、劳动产品，同时还会"按照美的规律"去创造。这也充分证明了主持创作具有艺术主体性的特征。

最后，艺术是具有审美性的特征的。从艺术生产的角度来看，任何艺术作品都必须具有两个条件：一是必须是人类艺术生产的产品，二是必须具有审美价值。主持创作的目的是更好地实现传播效果，主持人在创作过程中是以自身的形象、语言、行动在音乐、画面等元素的辅助下把传者的审美意识传达给受众，实现内容美与形式美的统一，从而更好地满足受众的审美意识，提高传播质量。

从以上的分析，我们当然就肯定了主持一定是属于艺术范畴的。但由于主持人是传播链条中的环节，而传播学作为一门边缘学科，它与新闻学、社会学、心理学、文化人类学、政治学、信息论、系统论、控制论等诸多学科有着千丝万缕的联系，彼此影响，相互渗透。因此，主持艺术除了具有艺术的普遍特征之外，还有自身的特殊性。

二、主持艺术属性的特殊性

广播、电视与网络是大众传播的手段之一，大众传播与政治、经济、文化、意识形态、生活消费等方面都关系密切。其功能就是传播信息、引导舆

[①] 彭吉象：《艺术学概论》（第5版），北京大学出版社2019年版，第15页。

论、教育大众和提供娱乐。我们知道，人类社会的变迁是主客观因素互相作用的过程，在这个过程中，各种思想或行为都在争取社会主流的认同，而传播则在其中起着决定性作用。由此可见，社会各种思潮的流行以及社会行动的展开都和传播有着直接的关系。这些作用与目的的实现当然需要合适的方法。主持人是为了使传者的意图更明确，使受众的理解更轻松而在形式上必不可少的工具。怎样才能使传者的意图更明确？怎样才能使受众的理解更轻松？这些都是必然要根据具体的情况而采取不同方法的。同时，主持创作实际上是传者在信息发布方式上的实现途径，必须要遵循传媒体制的原理原则，传媒体制是在特定的社会环境中的存在方式，它是传媒的属性、传媒的组织形态、传媒的功能体现方式、传媒的运作规则等多种因素的综合范式。任何主持创作都要受到政治、经济制度的影响，都要受到历史传统的影响、社会的发展与变革的影响、文化环境的影响。

因此，主持并不仅仅是简单的艺术范畴，同时也具有复杂的社会属性，可以说是综合性很强的一门艺术。主持人在创作过程中不仅需要情感的运动，同时也需要遵从传播逻辑的理性。

当下，信源多元化发展空前。从最早的全国只有北京和上海两家电视台，到后来的各地卫星频道与地面频道，再到现在各网络与移动媒体，每个渠道都在传播着信息。但是只有最具有公信力的信息传播才能成为大众心目中的权威。可是怎样才能树立良好的传播威信呢？这就需要从各种可能的方面着手。不管怎样的包装，其实质都是艺术加工。舆论的引导则更加需要思维的艺术化。所谓的"寓教于乐"就是用艺术的手段达到更好的传播教育的目的。传播机构作为非政府机构，在提供娱乐的同时也不可避免地要担负教化功能，而要使娱乐既能保持健康的格调又能满足大众需要，不采取艺术化的形式是绝对不可能做到的。主持人是提高传播质量的核心，主持人的工作就必须达到这个要求。而主持创作的手段都需要主持人以自身作为创作工具得以实现，因此，主持人创作过程中的一切行动都不可避免地带上所有传播需要的艺术因素。

第二节　主持艺术与表演艺术的相通性

在我国主持艺术发展的最初阶段，由于对传播的政治功能的片面强调，大家很少注意到主持创作对表演创作技巧的借鉴。从实践角度来讲，虽然主持人需要借鉴表演创作的技巧，但其本身并不是表演者。表演者是展现技艺的人，显然主持人的任务不是展现技艺。如果硬将主持人与技艺展示联系在一起的话，那主持人也只是辅助技艺更好地展现，同时也是使受众更好地欣赏技艺的人。但是后来又有人提出，节目主持人的表演是一种无角色表演。这句话本身已经承认了主持创作具有表演性。那这里需要先探讨的是究竟有没有无角色表演。正如刚才谈到，表演是展现技艺或情节。一个杂耍艺人在街头卖艺，也可以是一种广义上的表演，同时带有同类型人物的共性和自己的个人特点。在展现情节的时候，表演者的角色身份就更重了。哪怕是在表演自己曾经的经历，"他"的身份也不是现在的自己而是曾经的自己——"现在的他"正在为大家展示"曾经的他"。最早的演员产生在古希腊的亚里士多德年代，有一个叫威斯庇斯的人在合唱队中设置了一个答话人，这个答话人就被认为是历史上最早的演员。我国《史记·滑稽列传》中也有"优孟衣冠"的故事。如果主持人在创作过程中是"无角色"，那么他在表演什么？行动的依据是什么？行动的目的又是什么？我们经常说节目内容就像一颗颗珍珠，主持人就是将这些珍珠穿成美丽的项链的那条绳子，也有人说主持人是架设在节目和受众之间的一座桥梁。按照这样的说法，主持人扮演的角色就是"绳子"和"桥梁"。可见主持人在创作过程中不可能是无角色的，既然有角色，那么在创作中必然就需要借鉴表演创作的技巧。两者的区别是：演员在创作过程中展现的是以角色为主体的那个人，而主持人在创作过程中展现的是以自己为主体的人。

表演大师斯坦尼斯拉夫斯基的理论体系指出了一个核心：演员要把人性中最基本的喜怒哀乐的种子慢慢挖掘出来，加以培植，再贯穿到动作之中，最终完成人物的塑造。

沃尔特·克朗凯特说："主持人的主要业务是表演。"但与纯粹的表演不同的是，主持人不仅仅是在塑造典型性格，更是要体现符合节目特定需要的形象。

虽然节目主持人的创作和演员的创作都具有三位一体的特征，但演员创作的最终目的是塑造具体的典型性格，而主持人的创作则是通过具有某些具体性格特质的形象使受众接受传播内容。由此可见，在主持人的创作过程中对表演理念和表演技巧的借鉴非常重要，可以帮助主持人更好地实现提高传播质量这一最高目标。

那么主持创作过程中都有哪些和表演创作一致的相通点呢？我们可以从行动、交流与适应、速度与节奏、感觉与规定情境、内心视像等方面进行探讨。

一、行动

黑格尔曾经说过："艺术所要描绘的就不仅是一种一般的世界情况，而是要从这种无定性的普泛观念过渡到描绘有定性的人物性格和动作。"[1] 在表演艺术中，一切都以演员的行动为基础，并且以自身为创作素材和工具化身为人物形象，斯坦尼斯拉夫斯基曾经明确地指出："在舞台上需要动作、活动——这是戏剧艺术、演员艺术的基础。"[2] 显然，演员在表演中首先要抓住行动。但行动究竟是什么呢？

苏联著名戏剧学家查哈瓦指出："行动——这乃是由意志产生的，有一

---

[1] [德]黑格尔：《美学》，寇鹏程译，重庆出版社2016年版，第28页。
[2] [俄]斯坦尼斯拉夫斯基：《斯坦尼斯拉夫斯基全集2》，林陵、史敏徒译，中央编译出版社2012年版，第33页。

定目的的，属于人类行为的活动。行动有两个基本特征——一是由意志产生；二是有一定的目的。行动的目的永远是想要改变行动的对象，或者如此，或者如彼地改造它。"① 现代表演学将行动分为语言行动、形体行动和心理行动三类。演员在进行心理行动时，他所依靠的表现手段是运用形体行动和语言行动，因此，人们往往说形体行动和语言行动是表演创作时的两大支柱。相比之下，常常不被重视的是心理行动。与形体行动和语言行动不同的是，心理行动的目的不是改变物质的环境，而是改变人的意志（心理）。这种行动的对象不仅可以是别人的意识，也可以是行动者本人的意识。行动者（演员）常常通过有意识的行动去触发下意识的行为，而这种下意识的行为越多就说明表演创作越成功。其实这也指明了心理行动、语言行动和形体行动三者之间的关系：演员的形体行动和语言行动是由心理行动决定的，正确的形体行动和语言行动反过来又促进更为准确细腻的心理行动，从而进入表演创作的准确行动链。

  对于节目主持人来说，表达和信息传播最主要的途径以及给受众最直观的印象也是行动。对电视主持人来说，语言行动和形体行动（体态语）的重要性是不言而喻的，尤其是语言行动，主持人在主持节目的过程中，是借助言语去行动，用言语去影响受众和自己的思想与情感，把言语作为一种为了达到节目要求的某种目的的手段。此外，虽然心理行动往往由于其隐藏性及下意识的特点而被忽略，但事实上，任何的行动都可以概括为是由心理行动到形体和语言行动的行动。也就是说，任何一个行动都具有心理（内部）和形体（外部）两个方面。主持人的语言、体态语也是受到其心理活动支配的。一个成功塑造自己个性的主持人，在以上三方面的行动中都可以看出其秩序性和合理性。

  在表演学中，对于行动的要素也已经有所总结，即①做什么——任务；②为什么——目的；③怎样做——适应。与演员一样，对于主持人来说，做什么和为什么，即行动的任务和目的都带有意识的性质，它们都是可以受意

---

① [俄] 查哈瓦：《关于表演技巧问题》，夏立民等译，中央戏剧学院1956年编印，第28页。

志支配的，是可以预先确定的。这也就是说，主持人（或演员）可以事先明确行动的任务，也可以非常清楚地给自己找出行动的目的，而且还可以事先确定将采取什么行动去达到这个目的。但是主持人的事先确定往往是有条件的，因为他还不能完全了解在行动的过程中会有什么样的意外在等着他。演员塑造人物，行动的目的是推进情节的发展，而行动、情节都已经是剧作者艺术创作的成品。而主持人的所有行动都只是建立在节目策划的基础上，行动的依据是流程，现场的反馈不可能像演员那样有预设，主持人的创作过程中所有的行动会得到参与者怎样的反馈，这些反馈随时在决定着主持人行动的调整。于是，主持人原来所设想的"怎么做"就会相应改变。这说明，在主持人的行动过程中，"怎么做"本身就带有一种根据外界参与者的变化而随机应变地适应的性质。这是主持创作与普通的表演创作在行动上的区别之处，同时也对主持人提出了一个基本素质要求——临场应变能力。

在此，简单给主持人的行动做一个常识性的总结：主持人在主持人节目中的行动，是以主持人自身的心理行动及内心视像为基础，以节目内容需要为出发点，运用语言行动及形体行动进行信息传播、交流沟通的一切活动的总和。

二、交流与适应

所谓交流，是指主持人（或演员）在行动中与行动对象（包括自身内在）思想、情感、目的和欲求上的相互给予、相互作用和相互影响。如果说得通俗一点，就是主持人（或演员）与行动的对象之间的接受和给予、刺激和反应。适应则是在行动中与行动的对象在思想、情感、目的和欲求的相互给予、相互作用和相互影响时所采用的方式。

对于历时较长的表演来说，交流与适应起着举足轻重的作用。例如，北京人民艺术剧院在排演《茶馆》一剧时，童超和蓝天野这两位著名的演员对剧本做了认真的分析，有了深刻的理解，都准确地把握了自己所扮演的庞太监和秦二爷的人物性格和二者之间的关系。有一次，他们在做人物关系的生活小品时想到了一个俩人斗鹌鹑的小品，用以表现他们之间争强斗胜、互不相让、都想要压倒对方的心理。他们在事先只商量了一个大致的结构就开始表演了起来。当演到秦二爷的鹌鹑把庞太监的鹌鹑给斗败了时，原本的戏就该结束了。而此时，扮演秦二爷的蓝天野为了表达胜利的喜悦和自豪，同时也想侮辱一下庞太监，就故意要把自己的那只鹌鹑送给庞太监。而扮演庞太监的童超本来就由于自己的鹌鹑斗败了而感到羞辱，现在又受到这样的刺激，他忍不下这口气，于是就即兴对跟在自己身边的小太监说："把它带回去，炸了，下酒！"这种即兴的交流与适应就是完全符合人物的性格与人物之间关系的神来之笔。它是演员的灵感的突现，但它也只能是在演员花了功夫去做了许许多多的准备工作之后才有可能产生出来的灵感。

  同样，"交流"与"适应"也存在于各种类型的节目当中，其中以谈话类节目最为突出。因为在谈话节目中，主持人需要交流的不仅仅有节目嘉宾，往往还有现场的观众（参与者）。为了协调好主持人—嘉宾—观众这三者之间的关系，既要让嘉宾能够很真诚地接受你的访谈，认真思考并回答你的问题，同时也要调动观众的情绪，使其融入其中，这就需要主持人对交流与适应有很好的把握力。比如，窦文涛作为一名访谈节目主持人就非常看重访谈对象所带来的刺激和交流。在他看来，一名访谈节目主持人不仅要分析访问过程中的各种交流关系，更重要的是全身心地感受到这种关系，把这种感情落实到具体的细节上。事实证明，在实践中能够把交流与适应运用自如的谈话节目主持人往往也是比较受欢迎的主持人。在一期《鲁豫有约》中，鲁豫采访了变性舞蹈家金星。对于这样一个早在20世纪90年代就备受媒体关注的采访对象，发掘出新意、发掘出被采访者的真实自我和个人魅力是很有难度的，一方面是因为受众很早就通过各种传播途径对金星有了一些了解，她并不是新近出现的一个在一段时间里引起反响和争议的人；另一方面在于对于这类经常与媒体打交道的名人来讲，接受采访都已经有了类似于公式似的思考和回答模式，出新、出彩的难度很大。而鲁豫在节目的开场白中是这样对现场观众说的："……早在五年前我和金星就认识，我们是很好的朋友。"然后转向金星，又接着说："在每一次的见面中，我就从来没有见过有一次你不是这么闪烁光芒的。"这样看似简单的开场白，其实已经与观众和金星做了非常恰如其分的交流。第一层，鲁豫说她和金星是很好的朋友，观众就会意识到：今天的节目是一次朋友间的交流，主持人所提的问题都基于一个朋友对嘉宾的了解，我们应该能看到一个更加完整、全面、真实的金星。于是短短一句话，就紧紧抓住了观众的好奇心。第二层，当鲁豫说金星没有一次不是闪烁光芒的时候，不仅在一定程度上消除了一些观众始终认为金星还不是个女人而仅仅是个变性人的观点，同时，也说明主持人对于金星的个人观点——那就是一直像对待其他任何一个女性朋友一样对待她。女人见面互相夸赞，总能迅速地使气氛活跃起来。而且，金星虽然是一个一直把自己当作女人的艺术家，但身为变性人，在生活中难免会遭到种种不理解，鲁豫的一句话，很有助于她消除种种禁忌，以一个放松的心态接受访谈。正是这种恰如其分的交流，为整个节目奠定了非常好的基调：能够让观众放下先入为主的个人观点，仅仅关注金星这个人本身的经历和情感，从而对金星有一个全新的、全面的了解。

在交流与适应中，形体与语言的表现力非常重要，因为心灵的交流总是细致、微妙、深刻的。在形体上，一个手势、一个姿态，都应该包含着语言。特别是眼睛和面部的表情，更应该能够真正地去传情达意。而在语言上，其本身更应该受到应有的重视，因为语言是人们用来进行思想与情感交流的最重要的方式。语调、语势的变化可以传达出非常细微的情感上的变化，因此，主持人就更应该同演员一样尽可能地利用这些手段进行交流与适应，从而在被访者的思想、情感和欲求传达给自己的同时，也将其传达给观众。

三、速度与节奏

掌握速度与节奏，无论对于主持人还是演员都是至关重要的一环。在主持艺术和表演艺术中，速度与节奏都是在情绪上感染观众、在情感上引起观众共鸣的重要的艺术手段。

在表演创作中，演员可以通过形体行动、语言行动中的速度变化——停顿或加快——来起到激发观众情绪和突出矛盾冲突的作用，而这些变化都是由情节的发展过程决定的。

在电视节目制作中，对于速度与节奏有着极大决定性因素的条件有三个：一是电视节目的类型；二是场景的变化（如现场与场外）；三是节目进程的发展。主持人在主持节目的过程中应该明确地认识到上述这些影响着一个节目速度与节奏的因素，顺应节目的要求，使自己具有利用上述各种因素创造出节目所应有的速度与节奏的能力。

首先，一名出色的主持人应该在研究与领会节目主旨的基础上，准确把握一期节目总体的速度与节奏，使自己在节目中的速度与节奏和节目总体要求的速度与节奏一致。其次，主持人还应该去研究在行动过程中速度与节奏的发展和变化。根据节目本身所提供的规定情境、事件、事实、参与者的特点和参与者的关系等，找到行动发展中的速度与节奏发展变化的层次。哪里该强，哪里该弱，哪里要快，哪里要慢，哪里是张，哪里是弛，哪里需起，哪里需落……尽管在同期和后期制作上，导演、设想与剪辑师可以利用镜头、景别、运动与场景的转换来创造出不同的速度与节奏，这些也确实在一定程度上能给主持人以帮助。但主持人自身的速度与节奏主要还应该由主持人自己把它创造出来。

关于这一点，在综艺节目主持创作中的体现尤为明显。目前在国内的各个媒体中，综艺节目占了相当大的比重。很多观众都会选择性地定期收看综艺节目。同时，综艺节目的类型也日益丰富，有传统的综艺类节目，如《超级玩家》《我是歌手》；综艺播报类节目，如《每日文娱播报》《影视同期声》；参与竞争答题类节目，如《开心辞典》《奔跑吧，兄弟》；选秀类节目，如《中国好声音》《创造101》等。对于上面所列举的综艺类型来说，由于多采用录播形式，所以很多速度与节奏的问题似乎可以通过后期的制作剪辑来弥补。但事实上，目前在业界也都普遍认为，一个真正出色的节目主持人对于现场的速度与节奏都应该有良好的把握能力。其基本的标准在于：既要给出后期制作用的足够的素材，又要考虑到现场的观众，尽量节省不必要花费的时间。

但在速度与节奏方面，节目主持人还要特别注意与表演创作的区别。在表演创作中，外部行动的速度往往可以和内心节奏成反比。例如角色在受到意外的打击或惊喜时，内心节奏非常快，但外部表现却可能是平静的。相反，角色并不知道具体明确的行动，内心节奏非常缓慢时，外部行动却杂乱无条理而且不断迅速变化。这都是因为在表演艺术创作中，陈述性情节用常规表现方式，而渲染性情节却往往要用反常规的表现形式，于是这样的美学原则决定了演员在创作渲染性情节时必须要"反其道而行"。可是节目主持人在具体的创作过程中却不能千篇一律地都遵循这样的速度与节奏的关系原则。因为主持人的任务是在即时性的前提下实现传播效果的最大提高，其中就需要主持人在某种意义上成为受众情绪的带领者。所以在大多数情况下，节目主持人的内心节奏和外部行动的速度是一致的，否则会让受众产生主持人与节目错位的感觉。

那么节目主持人应在怎样的情况下使"内心节奏与外部行动成正比"，又该在什么情况下使"内心节奏与外部行动成反比"呢？这需要根据具体的规定情境才能决定。但总的来说，有一个"三贴近"的大原则，那就是贴近生活、贴近实际、贴近群众。

四、感觉与规定情境

弄清楚规定情境可以说是演员和主持人在创作之前必须做的重要工作之一。在表演艺术创作理论中，规定情境是指剧情发生的时间、地点和生活环境，以及全剧的情节、事件和事实。例如首先要明确扮演的是一个教师，其次是一个女教师，接着具体到年龄、生活背景，再具体下去就是其处境、行动任务、行动目的等。在主持创作中，规定情境的含义可以理解为节目的类型、风格、主旨等内部因素对于主持人进行行动的要求。例如所主持的节目是什么类型（综艺、访谈、评论……），内容的侧重点是什么（情感、娱乐、时政、民生……），主持人以什么身份出现（知心朋友、邻家兄弟、睿智记者……）等，主持人和演员只有在真正地明确规定情境的前提下，才能够进行合理的创作。

当然，如果十个演员来扮演陈白露，就会有十个不同的陈白露，十个主持人主持同一档节目，就会给观众带来十种不同的感受。虽然是同一角色同一节目，有着一致的情节规定和内在要求，但是之所以不同的创作者会产生不同的效果，是因为每个人都会不可避免地带入自己作为自然人，与其他人所不同的审美取向、生活经历以及对节目或者剧本的理解。这一点也是艺术中无论是艺术创作还是艺术欣赏，都具有主体性特征的原因。同时，主持人作为传播链条中的环节，也不可避免地要受到传播规律的约束。从传播的特点来看，传播必须要在一定的社会关系中才能进行，同时传、受双方一定要有共通的意义空间。因此，主持人在分析规定情境的时候还需要明确在节目整体风格定向的规定下，自己与受众应形成怎样的关系？怎样的突破口是传、受双方最明确的意义空间？只有这样，主持人才能找到正确的身份定位，实施准确的传情达意的行动。

五、内心视像

何为视像？俄国著名戏剧艺术家、表演艺术大师斯坦尼斯拉夫斯基曾做出过这样的解释："只要我一指定出幻想的题目，你们便开始用所谓内心视线看到相应的视觉形象了。这种形象在我们演员行话里叫作内心视像。"[1] 也就是说，当你给别人讲述一件事情或者看过的一部影片时，你的脑海里顿时浮现出一些当时的画面，这些画面一般都不是连续的，也不会十分清晰，但它的映现立即唤起了你的有关情绪，这种不是真正看到，而是在想象或回忆中重新映现的画面，这就是"内心视像"。我们可以把这些视像出现的运动过程理解为某些视觉形象在内心里的重现。

按照一般的定义，如《辞海》中对"形象"的解释："形象指文学艺术区别于科学的一种反映现实的特殊手段，即根据现实生活中的各种现象加以选择，综合创造出来的具有一定思想内容和审美意义的具体生动的画面。不

---

[1] 彭万荣：《表演辞典》，武汉大学出版社2005年版，第173页。

同艺术实践门类所塑造形象的方式不同，决定了引发内心视像的主要刺激点也不同。比如，文学使用书面语言文字塑造形象，音乐用音符旋律描绘形象，表演用人物行动塑造形象，而我们的广播电视播音与主持艺术，则主要是靠有声语言来表达和传递形象。"

所以，当我们拿到一篇稿件时，一定要先在内心想到和看到稿件中的人和事，充分展开形象思维，利用有声语言的表达技巧，尽可能地使受众也和我们一样也看到和感觉到这些人和事，这样才能达到由己达人的目的。因此，内心视像既是播音员主持人形象思维的产物，也是表达时言之有物的前提和基础。

作为语言艺术工作者的播音员和主持人，首先应该明白，任何一个词语所表示的概念，都是从许多个别的、具体的事物形象中抽象出来的。如一个简单的"山"字，每个人看到它都有不同的视像，有人看到这个字时，不是机械地见字出声，而是用文字符号迅速地刺激思绪，尽快反映到视觉中去，这样念出的"山"就是实实在在的山，有内容的山。如果我们遵循"字—词—句—段—篇"，由简到繁、由易到难、循序渐进的训练方法，有意识地提醒自己展开想象，我们的表达就会由表及里、言之有物。

那么内心视像包括哪些方面呢？

正如前文中提到，斯坦尼斯拉夫斯基将内心视像解释为用内心视线看到相应的视觉形象。既然要"看到"而且要真的"看到"，就需创作主体明确视像上的对象，否则"真正交流的意义和可能性就会失掉"[①]。在表演艺术创作中演员的语言行动要遵循这样的原则。而在主持创作过程中，这一原则也同样适用。

视像的范畴非常广泛，它要求我们从事物的各种外形轮廓中，看到具体的内容细节，从一个人的言谈举止、音容笑貌联想到其各种行为过程及心理活动。无论是静止的还是运动的事物，凡是能在我们头脑中留下印象的，乃

---

① [俄]斯坦尼斯拉夫斯基：《斯坦尼斯拉夫斯基全集2》，林陵、史敏徒译，中央编译出版社2012年版，第354页。

至于声音、光线、颜色、方位、时空等，这些想象都属于视像的范畴。当然，我们在播音和主持创作过程中去掌握视像，不仅要在头脑中感受到那些人和事，还要对之产生相应的观点和态度。如果我们不用自己的心理感觉系统去感受这一切，那么视像就会流于形式，与内容脱节，游离于稿件或节目之外，失去了存在的意义和价值。这里所提及的感受，是指我们从文字稿件中产生内心视像后，再通过进一步的理解与分析所体验出来的具体的感受。如果没有这种感受，内心视像就只会停留在理性认识的基础上，而不会形成自己的情感和态度，播出的稿件和节目就不会有血有肉、活灵活现，更谈不上有深刻的内涵。

例如，当我们主持一个为赈灾而举办的文艺晚会，在向观众描述受灾的情形时，我们的内心视像就要定格在灾区的现场：房屋倒塌、稻田被淹、道路冲毁、交通中断……在讲述解放军官兵奋起抗灾的时候，我们脑海中则必须联想到他们坚守岗位、严防死守、众志成城与洪魔搏斗的动人场景……只有把这些内心视像形象化、具体化之后，我们的思维才不会空泛，我们的语言才不会苍白，我们的表达才会声情统一、言之有物、动人心弦、感人肺腑，才会产生良好的表达和传递效果。毛泽东在《实践论》中曾提出："感觉到了的东西，我们不能立刻理解它，只有理解了的东西才更深刻地感觉它。"[①] 因此，我们在播音与主持创作中，只有在产生内心视像之后，再深入具体地去理解、分析和感受，抓住稿件和节目内容的指导思想和精神实质，才能使表达做到准确、贴切、生动、有活力。

我们平时在接触到一篇稿件或一个节目后，常常会出现这样的问题：这些内容和主题都分析到了，内心视像也想到了、看到了、感受到了，但在运用有声语言进行表达的时候，为什么自己的感情就表达不出来了呢？这个问题的症结与我们顾名思义、简单机械地把内心视像理解为"视觉中所产生的形象"有关。其实视像不是若干个静止画面机械无章法的拼合，而是由若干运动的镜头巧妙地组合而成。它可以此高彼低、此起彼伏、连续不断地关联

---

① 毛泽东：《毛泽东选集》（第一卷），人民出版社1991年版，第286页。

着、冲突着、矛盾着、变化着。我们只有意识到了这一点，才能使这一组组画面在头脑中活跃起来，运动起来，这样的内心视像才能具有生命力。

同时，视像是一种艺术的形象思维，它与日常生活中的形象思维不同。生活中的形象思维可以不受时间、地点、环境的影响限制，而播音与主持过程中的内心视像，则要受到稿件和内容的约束与限制。也就是说，语言表达的形式要时刻服从于稿件和节目内容，而不能超越它、游离它。生活中情感的积累，可能有几个小时、几天、几个月甚至几年的孕育形成过程，而我们在话筒前的播音主持创作则要求在短时间内就要把感情积聚到一定的高度和深度。我们知道，播音中是通过稿件词句概念的刺激，才迅速调动起相应的外在与内在感官，使身心都积极运动起来。从某种意义上说，这就是播音创作中必需的心理准备，也是播音创作的动力源泉。因此，播音员主持人必须建立那种能够迅速激发内心情感的视像。倘若调动不了情感，内心视像对我们来说就只是纸上谈兵，没有任何创作价值了。视像怎样才能成为激发情感的动力呢？这就要求我们把握内心视像的运动过程。

那么如何才能获得这种情感呢？我认为有四点基本要素很关键。

首先，加强刺激。感情是受外界刺激后的一种心理反应，很明显，这里有两个先决条件：第一，客观上要存在外界的刺激；第二，主观上对客观存在的外界刺激要有感受。不得不承认每个人对客观刺激的感受存在差异性，这种差异与人的先天素质有关。同样强度的刺激，有的人感受迅速、明显，有的人则感受缓慢、平淡。因此，那些先天对客观刺激反应迟钝的人，就需要加强感受，反复阅读作品，被作品一次次地刺激，不断累积这种刺激后的反应。

其次，关心生活。每个人对作品蕴含的感情刺激反应的强与弱、快与慢同感知的差异性有关，与其日常生活中的态度也有关。如果一个人平时对周围的一切漠然置之，无论外界有什么愉快、悲痛的事情都不会太明显地影响他的思想感情，甚至是无动于衷，那么他播讲的内容即使烂熟于心，对于受众来说也都可能反应不大。因此，热爱生活，关心生活，对生活充满热忱之心也是表达时产生真情、获取对象感的重要基础。

再次，注意积累。感情离不开对作品的倾心感受，即主动通过对客观外界的感知而受到影响，但也离不开感觉这一简单的心理过程——让客观事物的个别特性在人的头脑中引起反应。因此，凡是视、听、嗅、味、触等感觉在平时生活中给我们留下的印象，都必须牢牢记住。一旦我们在播讲过程中遇到这样的文字内容，就可以打开我们记忆的仓库，唤起一种对应的情感。

最后，借助想象。情感往往借助于想象的翅膀。一般来说想象越丰富，情感也就越丰富。如果我们在传播表达内容的时候，能一边从我们口中说出这些词句，一边从这些词句中"看"到它们的形象，那不仅能使表达绘声绘色，而且能由此调动起我们的情感，让内心视像点燃情感的火焰，在心中燃烧起来。情感与视像难分难离，主持人务必要在脑海中展开想象，让心中的视像与情感融为一体，让这种力与美的极限去打动受众，感染受众。

我们在克服感受差异、积极调动情感的同时，也要防止另外两种情况的出现。一种情况是，有些人对客观的刺激相当敏感，不需要多次刺激，也不需要利用某些外部手段就能很快将情感调动起来，但问题是把握不住分寸，缺少控制，一旦感情上来了就让其任意泛滥；不是从作品本身出发，而是以"我"为中心，大喜大悲、大愁大怒、不能自拔；自以为感情丰富，而忘记了主持人自己的身份，忘记了主持创作是一种艺术活动。这是不可取的。

另一种情况，就是我们平时所说的"热水瓶"现象。这种人应该说感情是丰富的，也是真实的，但往往只是热在心里，不善于表露出来，仅仅停留在自我陶醉的阶段，不能将自己的内心视像通过有声语言有效地传递给受众，与受众进行情感上的交流。因此，主持人不仅要倾心感受，情动于中，而且要善于将这种出自内心的视像"达于声"，让声音成为向受众传递感情的桥梁。

在西方传媒的定义里，播音员和主持人意味着一种职业性、权威性和个性化的力量。作为传播者，宣传的有的放矢、深入人心尤为重要。这要求传播者要与受众融为一体，变"有人来听"为"有人要听"。说话是要看对象的，播音与主持更是如此。努力地获得最准确最积极的对象感，才可以使播音员、主持人不但悦耳悦心，而且赏心。

西方的传播业对对象感也极为重视。我们知道,融洽的氛围是交流的前提。在当今大多数的受众都是以广播电视为背景声音的环境下,在这种媒介伴随性特性下,如何使文字脱离稿件飞入受众的耳朵并引领其深入其中,这几乎成了所有传播者的难题。面对"去创造有生命力的语言,并让它以自由的个性与听者坦诚相见"的这种极致化追求,传播者必须集中精力,调动情绪,把心思放于受众。

第三章 节目主持人的职业特征、意义和作用

- 第一节 节目主持人的职业特征
- 第二节 节目主持人的意义和作用

节目主持人和主持人节目是相伴而生、一起发展的，两者之间存在密不可分的依存关系。

主持人节目是指由主持人主导、运用交谈方式进行双向传播的节目结构形态。它是由主持人和节目两个部分构成。主持人与节目之间有互为依存和互为因果的关系。节目是主持人成长的土壤，而主持人也为节目增光添色。

节目主持人是指以"我"的身份在广播电视中组织、驾驭、掌握节目进程，与受众进行平等交流的大众传播者。他（她）总是以第一人称身份出现在广播电视媒体中，既是节目的主宰者也是媒体的代表。在传播过程中作为传播者，与受众之间是一种双向的互动传播关系，也是一种彼此平等的朋友关系。

第一节　节目主持人的职业特征

节目主持人相对于播音员而言有以下四个特征。

一、在节目中必须以主持人身份直接出现

主持人节目中的主持人具有双重身份，既是生活中的真实的本人，又是大众传媒的代表和标志。作为大众传媒中的节目主持人，既有真实的个人所有的气质、个性，又有媒体或栏目所赋予的特定内涵和规范，两者相互融合且和谐一致。

二、节目主持人是节目的核心

主持人在节目中充分发挥组织驾驭话题的能力。作为节目的核心，主持人的作用自始至终贯穿节目的全过程。

从节目的构思、策划到现场运转主持，从提出话题到讨论、解决论题，这一过程中，主持人驾驭节目是否自如，控制是否有度，最后播出的节目能否达到预期设定的效果，是衡量主持人能力的标尺。

三、话语样式独特

播音员一般是采用宣读式话语样式，要求字正腔圆。主持人则是用交谈式话语样式，要求亲切自然。新时期对主持人节目的要求带来了主持人语言方式的改变，这样的语言方式就是我们通常所说的谈话体语言。它既简洁明了又富有个性，同时充满了交流感。在主持创作过程中要求主持人更加注重"说"和"谈"。这样的语言既源于生活又高于生活，要做到与受众平等交流，要富有亲和力，要有对象感。

主持人的出现是传播过程中对人类最原始的人际交流方式的回归，这就要求主持人的语言要达到直接交流情感的目的。其语言必须要具备很强的交流感，这是主持人节目的又一个鲜明的特点。首先，主持人在节目中是一对一、面对面地和受众进行犹如朋友间的交谈。他们或是向受众传播信息、提供服务，或是回答受众的问题、帮助受众排忧解难，又或是就某个话题展开讨论，与受众交流看法，以求得共识。其次，主持人在驾驭话题、主持节目过程中始终"目中有人、心中有情"，真诚待人，以情感人，有浓浓的人情味，以特有的亲和力吸引受众，成为受众的良师益友。

四、个性鲜明

主持人长期主持某一节目,逐渐形成了与该节目整体风格相吻合的个性特点。通过主持人的思维方式、个性、语言、主持艺术和风度,形成了独具魅力的个性化形象和主持风格。

主持人的个性形象和主持风格是在长期的主持实践中逐渐形成的,它是主持人成熟的重要标志。凡是明星主持人无不具有鲜明的个性和独特的风格。也唯有如此,才能得到受众的认可与喜爱。

第二节　节目主持人的意义和作用

在我们对主持人节目和节目主持人的概念以及节目主持人的特征有了最粗略的了解之后，就可以探讨主持人的意义和作用了。

在探讨主持人这一职业的社会意义之前，我们可以先粗略了解"拟态环境"的概念。这一概念是美国传播学者李普曼于1922年在其著作《舆论学》中首次提出的。他认为，多数情况下，人们对于所生存的世界都不够了解。对于周边环境的调整是通过各种虚构作为媒介来进行的。真实的环境过于复杂，谁都无法全部直接体验，因此，必须由一个简化了这个环境的模式来方便人们对社会生活做出处理。在现代社会，这个环境则是由大众媒介对信息经过选择和加工后，重新向大众展示的环境，简言之就是由信息构成的环境。这个由大众传播所形成的世界并不同于真实的世界，但是却对人们的认知与生活情感、生活欲望、人生态度等产生决定性的影响。尤其在新媒体时代，信息的增量越发像空气一样包围着人们本身。而且，拟态环境不只是巨量静态的符号文本陈列，而是与现实世界相互联动，处于动态的建构变化中。网络媒介时代的无国界和交互性特征又使拟态环境对人们精神世界甚至客观现实世界的反作用力越来越明显，即人们的有限活动空间限制了"眼见"，于是对媒介所传播的信息的依赖性更强。而在大量信息的接收过程中，人们不自觉就受到传者的角度、态度、观念的影响。节目主持人是传播媒介的具象依附，是党和政府的宣传喉舌，其话语表达对构建积极的拟态环境就具有极为重要的作用。节目主持人这个职业在本质上是媒介人物。媒介人物则会以自己的有声语言、形体语言直接与受众进行交流，实现信息传播的目的。主持人的话语本身并不属于媒介事件，但是起到承载并传播媒介事件的作用。

因此，明确我国节目主持人这一职业的社会意义，对于从事节目主持创作大有裨益。

一、节目主持人的意义

在我国，伴随着节目主持人的出现，广播电视呈现一派多姿多彩的繁荣兴盛的景象。主持人给广播电视注入了活力，带来了勃勃生机。

节目主持人的出现，突破了我国广播电视沿袭了几十年的播音腔，促进了播音风格的多样化，使新时期广播电视节目形态各异，生动活泼，更具魅力。

节目主持人的出现，突破了广播电视固有的宣传模式和格局，为创建采编播一体化的新运作机制创造了条件，造就了大批采编播结合的新型人才，提高了从业人员的综合素质。

节目主持人的出现，突破了广播电视长期以来沿用的报刊部门的编辑中心制，编辑的部分审稿权下放，有的直播节目只审看提纲，从而逐步向主持人中心制、主持人责任制过渡，确立了主持人的中心地位。这是节目运作体制的一个重要改革。

节目主持人的出现，使广播电视媒体人格化，缩短了与受众之间的距离，增强了与受众的交流感。由于大众传播与人际传播的结合，从而使广播电视增强了开放性、参与性，搞活了节目，扩大了社会影响，提高了收视率和收听率。

节目主持人的出现使广播电视界增加了一个新工种，出现了新的人才。独具优势的主持人为新时期的广播电视增添了魅力，产生了明星效应。

节目主持人的出现，促进了广播电视系统人事制度的改革和人才交流。今天，电台、电视台以及网络媒体面向社会广泛招聘主持人，吸引了社会上的大批人才。现在各个媒体除了专职的主持人，还有各种业余兼职主持人，嘉宾主持和客座主持也不再是新鲜事。

节目主持人的出现，促进了广播电视系统教育制度和人才培训的改革。

为广播电视事业输送急切需要的合格的新型人才，引起了广播电视院校招生制度、专业设置、课程调整等方面的一系列改革。为了给主持人及时"充电"，广播电视院校采取多种办学方式，开办了各种类型的主持人培训班。

总之，节目主持人的出现是我国在体制上改革开放的结果，是大众传播领域的一次深刻革命，引起了广播电视界一系列的改革，给广播电视带来了深刻的变化。主持人的出现具有重要的现实意义和深远的历史意义，是中国广播史上的一件大事，而节目主持人这一职业发展得如此迅速，同其所具有的优势和作用也是分不开的。

二、节目主持人的作用

关于主持人的作用，在不同的节目类型当中有不同的体现，但从整体上来看，主持人作为传播链条中的重要环节，在传播活动中有共性体现。

（一）有利于安排丰富多彩的内容，提高节目质量

主持人形式的节目，包含多方面的内容，有新闻性的、知识性的、文艺性的和服务性的等。尤其是版块结构的节目，包含着广泛的、丰富的内容，彼此间缺乏练习。如果任其自然编排，难免造成各版块的内容像一盘散沙，成为"大杂烩"。这就需要有根线把若干内容精心组织、巧妙串联，使节目成为一个新的整体。节目主持人正好起到这样的作用。主持人通过对内容进行精心的组合、衔接、转换，实现各个单元之间的过渡，使节目层次分明、层层深入、环环相扣。主持人还要根据受众接受心理和收听收视习惯，将各类不同性质的内容交叉安排、有机组合，使整个节目和谐统一、浑然一体。

节目主持人的组织串联既保证了节目的完整性，又适应了多种内容合理安排的需要，为丰富节目内容和提高节目质量起到了很好的作用。在江苏电视台1986年新春大联欢节目中，主持人在长达七小时的时间里采用了"大版块"的主持人形式，按"祝愿—歌颂—展望"这一线索，以歌曲、戏曲等文艺节目为主，融"新闻""经济生活""文化与生活"和"你知道吗"以及广告等内容为一体。通过精心串联，使29个内容各异的小栏目都紧紧围绕整个版块节目的构思和编排需要，统一在一个确定的主题下，整个节目热烈、欢快、浑然一体。近些年来，中央电视台每年春节期间也都以这样的形式推出每天直播的《一年又一年》，以主持人的讲述、访谈穿插歌曲、专题、预热报道等内容，对即将过去的一年做出梳理总结，又为全国人民期盼的春节联欢晚会做了预热。同时浓郁了过年的气氛，也引领广大人民充满了对新年的憧憬和期待。这些看似关联不大的内容，经过主持人的串联，就成为一个和谐统一的整体。在每年的《一年又一年》节目中，都能诞生当年的"流行语"、大众关注话题，甚至推出新星，这也是节目受欢迎的体现。

（二）有利于节目风格多样化，使节目形式更加生动活泼

主持人不同于播音员，播音员的主要职责是通过声音表达感情，正式传达节目的思想内容。主持人要根据不同的节目类型需要，从自身播音特点出发，努力创造出多种节目风格，允许在保持节目总体风格不变的前提下，充分发挥个人的播讲特点，以促进节目风格的多样化，使节目形式更加生动活泼。

美国著名的《60分钟》（*60 Minutes*）节目的总编导就允许主持人保持各自的声调，不要求按一种模式、一种基调来播报新闻，这样自然促进了节目风格的多样化。该节目有六个主持人，他们虽然主持同一节目，但每个人的个性、播报风格却不尽相同。麦克·华莱士（Mike Wallace）和哈里·里森纳（Harry Reasoner）以高明的锲而不舍的采访作风著称，埃德·布雷德利（Ed Bradley）和莫利·塞弗（Morley Safer）以深刻、激烈、妙趣横生而闻名，安迪·鲁尼（Andy Rooney）以作家特有的观察力、分析力为观众所熟悉，黛安·索耶（Diane Sawyer）则以女性的热情奔放和彬彬有礼的面孔同观众见面。

由于主持人采用谈话方式播讲，语言生动活泼、亲切自然，加上主持人在创作过程中有较大的随意性和灵活性，这样就可以使节目富于变化、形式生动。

（三）有利于采、编、播各个环节之间的紧密合作，增强节目整体性

节目主持人最大的长处是打破了采、编、播长期分割的状况，为采访、编辑、播音的紧密合作创造了有利条件。

我国的第一位节目主持人徐曼老师曾经在一次研讨会上说过："节目主持人和编辑形成了一个不可分割的整体。主持人参加节目生产的全过程，从节目主题的确定到节目的合成制作，成了节目的真正主人，而不是像过去那样，念稿子就完事。由于主持人了解、熟悉、掌握了节目的各个环节，随时了解节目的意图，随时与编辑交换意见，在制作节目中可以充分发挥'我'的主动性。"这段话充分说明了主持人对节目整个制作环节的相互配合起到了举足轻重的作用。徐曼老师从自身实践体会中还得出了经验："主持人参加编辑制作，对稿件内容熟悉和理解，更容易在播讲中以情带声、以声传情，较好地体现和传达出编写意图。"

从编辑方面来说，由于编辑非常熟悉节目和主持人，就能从节目效果出发，把节目内容、表现形式编排得更适合主持人的特点，使主持人能更好地发挥个性；同时也更适合主持人串联组织，便于主持人发挥主动性，或穿插过渡，或铺垫呼应，使整个节目结构更加严谨。

编辑和主持人同属于一个节目组，在选题、选材、编写稿件和制作节目的过程中，可以随时同主持人商量，征求意见，改进工作。双方的紧密合作无疑有助于增强节目的整体性。

（四）有利于实行主持人责任制，增强主持人责任感

目前我国的节目主持人基本上分为两大类：采、编、播合一型和采、编、播合作型。前者被称为"全能主持人"，既是节目主持人，又是节目负责人，有审稿权；后者主要负责主持节目，有人称其为"明星主持人"，这类主持人部分参与或基本不参与采编工作，稿件由编辑负责，主持人不是节目负责人，没有审稿权。

相比之下，采、编、播合一的主持人有利于实行主持人责任制、节目制作责任制。但也要防止为了追求主持人责任制，盲目地把"合作"形式全部

变成"合一"形式，一定要实事求是。在现实的创作中，实际情况是复杂的，有些主持人可以当一个优秀的节目主持人，但却不适合当负责人。主持人是否要兼任负责人，也要根据实际情况而定。

实行节目主持人责任制，使主持人自始至终意识到自己在节目中所占的地位和应有的作用，自我意识明显增强，主动性得到充分发挥，始终不忘记节目的总意图，不忘记受众，增加工作的责任感，从而积极地、千方百计地驾驭好节目。

（五）有利于加强与受众之间心理上和感情上的联系，密切与受众之间的关系

播音员是代表电台、电视台与受众联系的，无形中使人产生一种庄重感、距离感。而主持人由于话语样式更加接近生活口语，在整体形象上最大限度地接近生活原态中真实具体的人，不以媒体和制作者的名义直接出现，而是作为受众的朋友和受众进行一对一、面对面的近距离交谈，这无形中可以缩短传播者与受众之间的距离，增加亲近感。

我们还可以通过分析主持人节目的传播特色来理解主持人产生的意义和作用。从传播者和受传者的角度看，主持人具有四个特色：

首先是个性化。大众传播和人际传播的主要区别在于：大众传播过程中传播者和受传者之间横亘着一些媒介物，这些媒介物既是大众传播的物质条件，又会造成传者与受者之间关系的非人格化。而采用主持人节目形式，其用意就是力图改变这种非人格性的关系。而主持人在传播者队伍中由于分工的要求，是最具有亲和力的传播者，是作为媒介向大众进行传播的中介人物。主持人以朋友的身份和与大众平等的关系，以其个性化的视角和个性化的表达方式进行传播。在传播中，主持人不仅重视传播的目的，同时注重受众的需求、受众的接受能力和习惯，使传播更容易被广大受众接受，从而缩短了传受双方的心理距离。

其次是人格化。在传播中，主持人节目形式赋予了主持人一定的自由和较大的创作空间。因此，在主持人想方设法满足受众各种各样需要的传播过程中，受众通过主持人的语言表达、文化品位和情趣格调，对主持人的价值取向、道德观念、文化底蕴、情感倾向、思维方式、表达特点、语言习惯、兴趣爱好乃至脾气秉性都会有较清晰的认识和评价。于是，受众会因为对某位主持人的信赖和喜爱而钟情于其所主持的节目。这就是主持人节目人格化的传播特色的来由。

再次是参与性。为了更有效地实现传播目的，达到优化的传播效果，主持人十分重视在传播中和受众的交流，十分重视受众的反馈。这种传播观念上的变革，又得益于高新技术在广播电视传播中的应用，出现了多种受众参与的节目形态。在参与型的主持人节目当中，受众能够与主持人或其他节目参与者进行直接的交流，他们是节目的重要组成部分，有时候甚至就是节目的主体。主持人节目中的这种参与型，使受众在传播中也享有一定的主动权，从而在很大程度上改变了受众只有决定是中断还是继续接受节目的那种实际上的被动地位。受众在主持人节目中可以能动地参与，这无疑极大地焕发了他们对媒体的热情。有了这种亲近感，自然就增加了他们收听收看节目的热情。

最后是人际性。人际性是指主持人节目把面对面的人际传播特色引入了大众传播中。美国传播学者约翰·斯图尔特（John Stewart）在其畅销著作《沟通之桥》中提出："人际传播是人们在谈话和倾听时，以最大化方式呈现人之存在的一种传播类型或一种传播种类。"[1] 而大众传播是"一个过程，在这个过程中，职业传播者利用机械媒介广泛、迅速、连续不断地发出讯息，目的是使人数众多、成分复杂的受众分享传播者要表达的含义，并试图以各种方式影响他们"[2]。在非主持人节目中，除了接收信息之外，受众与节目之间很难进入人与人之间的交流状态中。而主持人的产生则为传播中实现人际交流创造了条件，提供了环境，使传受双方有了真正的交流和及时的反馈，区别只在于人际传播的内容同时进入了以公开性和广泛性为特点的大众传播。然

---

[1] [美]约翰·斯图尔特：《沟通之桥》，王怡红、陈方明译，北京大学出版社2017年版，第27页。
[2] 胡正荣：《传播学总论》，北京广播学院出版社1997年版，第148页。

而这的确是传播模式上的一种突破,哪怕这种突破仍然应该纳入大众传播的范畴,但证实这种人际性使得大众传播的单向传播模式具有了双向色彩。

主持人在节目创作的过程中总是以第一人称"我"的身份为受众传递信息、介绍知识、提供服务,从而增加了受众的参与意识。受众可以直接向主持人倾吐肺腑之言,提出希望和要求。久而久之,主持人和受众之间就形成了直接的、密切的、比较固定的联系,这就在心理上和感情上加强了受众对主持人的亲近感和信任感。主持人在受众心目中占有的位置也就越来越重要,甚至会形成一定的权威性,从而使受众在不知不觉中自然地接受主持人的观点和主张,扩大了影响,增强了宣传效果。

第四章 节目主持人的工作内容

- 第一节 主持人对节目的前期参与
- 第二节 节目构思的基本要求
- 第三节 话题的操作与组合

主持人的基本任务是完成栏目的整体风格定向，同时以自身的特点强化和调整节目内容，提高传播质量。那么在具体创作过程中，主持人要完成哪些工作呢？

第一节　主持人对节目的前期参与

主持人进行节目的创作活动首先就是要参与节目的构思、策划。这是激起主持人创作欲望和找寻最适合的表达方式以达到最佳传播目的的前提。主持人只有主动参与、了解、关注节目的构思、策划，才能够真正成为提高传播质量的核心。

节目构思的要求是：独到的选题、鲜明的主旨、充实的内容、完美的表现形式。这也正是节目构思的关键。

主持人自身的复合性特征决定了其在创作过程中具有多维思考、复合属性的特点。一方面主持人在创作构思中要借助丰富的艺术手段创作美的艺术形式，另一方面主持人在本职上是大众传播者而不是艺术家，所以主持人的节目构思又区别于艺术创作构思。艺术家在进行创作构思的时候是根据自身的生活阅历、思想修养和创作个性来抒发自己的内心感受和生命体验的，他可以忽略欣赏者的心态，也可以不用考虑迎合欣赏者。但是主持人不行，因为主持人的工作过程是以个体思维为基础来体现全体创作人员群体思维的复杂精神活动。虽然主持人的构思也是基于自身的思想修养、生活阅历和创作个性，但他难免会受到传播体制、媒体性质、栏目宗旨的制约，同时还必须时刻关注接受者的要求和愿望。不管是哪一类型的节目构思，都必须要在栏目、接受者和自我之间找到最佳的契合点。

一、主持人进行节目构思的主要内容

什么是节目构思？节目构思是在栏目宗旨、特色确定的前提下，对节目的内容与形式进行的策划和提出的创意。

（一）确定选题，明确主旨

在广播电视节目制作的整个流程中，最初的也是最基本、最重要的环节就是确定选题、明确主旨。确定选题的基本要求有三：一是贴近生活，适应接受者的兴趣点，选题要带有普遍性，题材具有广泛性和丰富性；二是选题的确定要考虑导向的健康性和良好的社会效益；三是选题要符合国家的有关要求。

什么是节目选题？选题其实就是节目要说什么内容。

目前我国的广播电视节目选题有三个来源：一是上级主管部门布置的宣传任务，二是受众提供的题目、题材，三是节目制作者自己发现、寻找、策划的选题。而网络节目的选题一般有两个来源：一是当下社会生活中的热点、焦点性事件，二是通过大数据统计得出的民众关注度较高的内容。

节目的效果怎样，其中很重要的就是节目内容能不能吸引受众的注意。怎样才能吸引受众呢？当然应该在具体操作的过程中注意考虑受众群的关注点，即节目到底是做给谁看的。不同年龄层的受众一定有不同的兴趣点、关注点。如果说有哪一个节目在一开始确定受众群的时候就想抓住所有人的注意，那是不太可能的。老年人与青少年的关注点不一样，同样的年龄层但不同的社会体系位置也决定了具有不同的关注点和兴趣点。我们经常说的"老少皆宜"其实只是一个对大众传播效果的美好愿望。一定要注意观察生活、观察世界，一个无视生活的人是不可能找到好的选题的。中央电视台著名的新闻节目主持人敬一丹说主持人必须要有记者心态，其意思就是说主持人应该以记者的眼光去看世界，才能有源源不断的好选题。在实际生活中，有很多优秀的记者，他们的一些好选题都是源于长久的积累和思索而迸发出的灵感。

有了明确的选题，节目的构思就有了基础。在曾经的一线经历中，我个人有一个小小的经验：生活之大、素材众多，使自己觉得有好多话要向受众表达，有特别强烈的表达欲望。从播音主持的创作基础角度说就是有强烈的播讲欲望和创作冲动，但是没有办法找到一个合适的聚光点，不知道从哪里下嘴。这样的状况在很多初学者甚至是年轻的主持人的工作中是非常常见的。我们知道主持人是需要一个聚光点来作为突破口将大量的素材展开的，主持人要想做到以最快的速度吸引受众的注意就必须要把突破口设置得精准又与众不同。但这个合适的出发点不是随意就能够找到的，需要在生活观察的积累下经过积极的思考得来。其实主持人在创作中最怕的是什么？是在话筒和镜头前无话可说、废话过多。但是如果有了对生活和社会的观察与思考，同样的一件事情就可以有很多的触发点。在具体的创作实践中，一旦找到了比较好的触发点，思路也就豁然开朗。其实构思的触发点是多种多样的，不是只有一点是最好的，要根据具体情况具体分析。有时最好的触发点是某一社会现象，有时是某几句简洁的言谈，有时可能是某一相关生活事件，有时又可能是一个小小的生活细节。一旦抓住了较好的触发点，主持人就像是拿到了寻求节目主旨宝箱的钥匙。

但主持人在构思上仅仅能抓住好的触发点是不够的。在生活中我们经常会看到某一节目中主持人的切入点很好但是节目整体的深度不够。这其实就是在整体构思上没有进行深度的开掘。要想与众不同相对是容易的，但在此基础上同时做到令受众心服口服就有难度了。湖南卫视在前些年的《晚间新闻》节目中，主持人张丹丹和李锐在节目中的表现可圈可点，他们在每一条新闻的后面都会加上一两句自己的评论，而且总是以观众最关心的角度作为突破口，寥寥数语一针见血。中央电视台《新闻1+1》节目中以评论员身份出现的白岩松也是这样，他总是以简练的语言、反问的句式引起观众的思考。在一期讲述医院因医德而导致医疗事故的节目中，他在结尾时说："医务工作者的职责到底是医'生'还是医'死'？"就这一句反问，将事件的社会影响以及应该引起的社会思考便全部道明。

对事件的开掘，有时不在话多，而在准确。深度有了，格调自然就上去了。主持人在受众心目中的权威性也就可以确立了，这有点像打井，你可以在很多可能有水的地方钻探，但也许只有一个地方能钻出甘甜的泉水。

（二）广开视野，精选内容

在确立了节目主旨后，就需要选择素材了。从小学到中学，学习写作的过程中老师总是说要选择最合适的素材。其实在主持创作过程中对内容的选择也相似，在节目构思的过程中，主持人也应该精心选择最具有典型性、最富有表现力、最能说明问题的材料来充实和构架整个节目。我们知道主持人最重要的作用就是提高传播质量，可是这需要一个前提：明确传播的是什么？一般来说，很多主持人都认为节目传播的是观念、认识、信息还有知识。这样的认识是不够的。就像在表演创作中，角色的任何性格特点都需要转化为实际的行动才能够体现一样，这些观念、认识、信息、知识的表达也不可能是纯理念的表达，必须要渗透到相关的客观事件中，必然要在具体的内容中才能展开。所以素材的挑选和对事件、人物、背景材料的组合就相当重要了，而这就是内容构思的任务。但是在进行内容构思的时候还要注意以下三方面的特点：

1. 可听可视性

广播电视节目是利用电子手段进行传播的媒介，具有可听可视的特点，所以在选材的时候要尽量发挥这一优势，避免用单调乏味的素材。应注意，视觉和音响条件一定要好。在以往的实践观察中，我们发现同样的素材被不同的编导编辑出来会是不同的效果。尤其是当素材都是从其他节目中摘选出来的画面时，画质与音效都不尽如人意。有的编导直接就剪辑过来，但有的编导就会做一些必要的特技处理。这些处理虽不能使画面与音效更清晰，但是至少能把画面中要表现的主体突出出来并丰富了画面本身的信息量，效果当然会好很多。

2. 时间限制

广播电视节目受时间的限制是很严格的。每个节目都有固定的时长。所以在选材时要尽量选择那些内容充实、简短明了的材料。这样才能增大单位时间里的信息量。我们经常在生活中听到受众议论某节目的含金量很高，其实就是说在单位时间里该节目的内容更丰富更全面。如果必须要用繁杂的素材，主持人也一定要善于将素材进行梳理，采用最能说明问题的部分。

3. 广泛性

广播电视节目还有一个特点就是接受对象的多层次。虽然现在出现的栏目越来越多，节目的形态变化越来越丰富，但是受众普遍都是以休闲的心态打开电视进行接受的。由于当下的社会文化背景的变化，很多时候影像节目都是以"伴随性"的状态出现的。这就决定了节目呈现的面貌不能是沉重深奥的，必须是在轻松的前提下实现价值观的输出。所以，主持人在选材的时候就应该在节目允许的前提下多视角地进行选取，尽可能围绕节目主旨穿插不同类型的材料。只要所选取的材料符合节目主旨，同时组合的形式符合节目性质，即使不同的材料也不会使节目凌乱，反而会增强节目的说服力。

（三）不拘一格，择取形式

马克思美学和文学论中有一个很重要的问题就是内容与形式的关系。世界上的任何事物都有其内容与形式，都是内容与形式的辩证统一体。广播电视节目的内容与表现形式也同样是相互依赖、相互制约、相辅相成的辩证关系。

在广播电视节目中，内容立不住，形式再花哨也没有用，达不到传播目的。但是内容再好，没有适合的表现形式也无法吸引受众。我们都知道内容是主体，而形式是为内容服务的。虽然内容起主导和决定作用，但形式也绝不是消极被动的因素，因为形式会对内容的表达产生重要的影响。适当巧妙的形式不仅有利于内容的充分表现，还能增加节目的艺术感染力。在任何艺术形式中都要求内容与形式的和谐。

在精选内容后，主持人在构思节目的过程中一个很重要的工作就是考虑节目的表现形式。那么主持人应从哪里入手？这主要就是要确定节目的运作方式。所谓节目的运作方式就是确定节目用哪种形式展开以及展开的场地。因此，有必要了解不同主持形式和不同场地对节目内容表达所能起到的作用。

1. 从主持人演播的人员组合方式来看，可以分为独立型、伙伴型和群体型

（1）独立型

独立型就是由一个主持人独立主持节目。这种形式最大的特点就是主持人可以更专注地对节目的进程进行调控和把握。当某节目由一个主持人独立主持时，在节目现场中主持人不需要考虑与伙伴的配合，可以全身心地将创作注意力放到与受众的交流以及对自我调控的反馈上。这样有利于主持人最大限度地发挥出自身潜力，同时节目风格与主持人自身的个性魅力也能更突出集中地表现出来。所以，时间较短的（大约30分钟以内）而且内容比较集中的节目一般都会采用这样的形式。

通常来说，独立型主持人形式比较适合整点新闻、服务性告知、专题类节目等。然而有的专题类节目时间较长，也只采用一个主持人的形式。因为专题类节目基本上都是有贯穿主线的，需要受众在尽可能少的干扰下了解内容，主持人最主要的是起到提示作用。即使有的专题类节目在结尾时会加入一些评论，但这些评论也是相对缓和的，不会带有强烈的个人色彩。文艺作品的美是在接受者欣赏理解的过程中产生的，但不同的接受者会有不同的理解。节目主持人在传播过程中将所有的意图都面面俱到，反而会限制受众的思考空间。这有点像表演创作中的反衬，有时候要表达的情绪往往需要以相反方面的行动来进行表现才具有更强的感染力。另一种比较特别的情况是谈话类节目。一般来讲，谈话类节目的时长相对都较长，这是因为从人际交流的规律来看，无论是有关事件还是有关情感的谈话，都需要至少30分钟的时间才能将基本脉络捋清，但是这类节目通常也采用独立型主持人的形式。原因是在谈话类节目中需要主持人引导嘉宾由浅入深地进入到话题的最深层，这个过程需要对内容进行推动。而推动内容的动力是矛盾，矛盾的产生需要交流的障碍，但一定是有利的障碍。伙伴型或群体型的主持人形式较容易产生节外生枝的情况，反而不利于内容的推进。而且从人际交流的形式来看，两个人的面对面交流形式更有助于倾诉的实现，因此独立型主持人形式更符合谈话类节目的表现。

（2）伙伴型

所谓的伙伴型是指由两个主持人互相配合将节目进行完成。很明显，这是为了避免节目出现枯燥呆板的情形。并且当两个人在进行良好的人际关系交流的时候也容易给受众形成和谐的氛围感受。当节目内容相对多元时，两个主持人有互补的可能性，能增强节目的广泛性。可能大家也注意到伙伴型主持人通常都是采用男女搭配的形式，这样比较容易给受众以接近感，符合大众传播节目进行的规律。伙伴型的形式有比较广泛的适用性，只要配合得好，一般来讲任何内容都可以得到较好的表现。新闻资讯类节目通常采用这样的形式。有些脱口秀节目也会有两个主持人，但区别于新闻资讯类的伙伴型主持人形式的是：在新闻资讯类节目中的伙伴是"两头沉"的状态，两位主持人的作用基本相当；而在一些脱口秀节目中，虽然是以两个主持人的面目出现，但是两人的作用属于"一头沉"状态，即以一位主持人为主要表达者，另一位处于辅助状态。近几年广受追捧的《金星秀》就是典型。此外在一些小型的综艺晚会上也多采用伙伴型的主持人形式。

（3）群体型

所谓群体型主持人形式就是由三个以上的主持人联合主持节目。这样的形式很明显能营造热闹的气氛，使节目活跃生动。一般在晚会和栏目型综艺节目中会采用这样的形式，在特殊的座谈式的专题中也会采用这样的形式。这样的形式对于准备得很充分的内容是有利的，但如果主持人在前期策划中对节目的内容把握并不充分，就容易在创作中出现热闹有余但内容空洞的情况。采用这样的主持人形式的节目有很多，如《快乐大本营》《天天向上》《火星情报局》《奇葩说》等。但是在采用这样的主持人形式时一定要注意明确每一个主持人的角色和任务：有负责流程节奏控制的灵魂人物，有负责表演的彩色人物，有负责耍宝的调色板，有负责表达不同态度的"另类"代表……

2. 从主持人的演播空间形式上可以分为演播室固定主持、现场活动主持和两者交替主持

（1）演播室固定主持

这样的形式是指主持人在固定的演播室里，在展示相对固定的背景和节目标志的活动空间内，以大致相同的方式为观众主持节目。其好处是各环节比较容易保证节目的稳定质量，但空间毕竟有限，而且长期的固定场景也不利于观众保持新鲜感、好奇心。所以主持人如何在有限的空间内做出无限漂亮的节目，这需要动脑筋。在这类形式中有值得学习的楷模——《巅峰拍档》（Top Gear）和《艾伦秀》（The Ellen DeGeneres Show）。

《巅峰拍档》是英国广播公司出品的一档汽车节目。与人们通常所看到的《汽车杂志》之类的节目不同，这个节目的外景部分被誉为有着好莱坞级别的专业摄影，还有匪夷所思的试车创意。但最重要的是它的演播室部分并不是那么花哨，相对开放式的舞美设计上没有炫目的灯光，没有震撼的音效，整个演播室只像一个汽车发烧友的派对现场。最吸引人的是三位主持人的现场表现。虽然由于整体传播环境的不同使我们看来这几位主持人有点"大嘴"，但是他们的精彩表现的确让人忘记了演播室的空间限制。

《艾伦秀》的演播室在我们看来同样有些过分朴素了，与我国当下某些节目奢华夸张炫目的演播室不一样，这个节目的现场就是一个明亮干净的会客厅。北京卫视《春妮会客厅》将演播室设计成了主持人家里的客厅，墙上有大幅的主持人艺术照，茶几上还有零碎的小摆设，这些因素都是喧宾夺主。在《艾伦秀》中，观众关注嘉宾的注意力从未被打扰，同时在插播广告的时候主持人艾伦带着现场观众唱歌跳舞，也使大家没有怀疑自己就身在艾伦的客厅。但就是在这样朴素的演播室里，艾伦以自己的幽默机智与开放给观众带来了一次又一次完美的交流分享。

（2）现场活动主持

现场活动主持就是主持人在事件现场同步主持。这是最考验主持人的应变力、反应力、判断力、敏锐度和平时积累的一种形式。这样的形式能增加节目的现场感、时效性和可信度，所以一般在新闻性强的节目中使用。

（3）演播室固定和现场交叉

这种形式就是将（1）和（2）两者进行穿插。很明显，这样的形式是想将刚才两种形式的优点集于一体，但一般是以演播室为主。但是这种方式在穿插节奏的控制上有难度，如果两者内容之间的有机联系没把握好，容易使节目进行的流畅感被打断，也不容易给受众留下节目的固有形象，所以一般很少使用。

二、整理思路，制定大纲

确定了选题，明确了主旨，精选了内容，确定了形式，接下来就要写出文字大纲了。在文字大纲的写作上有一个整体的要求：思路清晰、条理分明、主持明确、语言恰当。

一般人都认为在广播电视中，图像与声音是最重要的，写作不是从业人员的必要能力。其实这样的看法有失偏颇。除了纯技术人员，无论是编导还是主持人，写作都是广播电视创作过程中十分重要的工作。在实际创作过程中，大纲的写作通常有两个部分的工作：一是非常简练粗略的内容流程安排。这是我们在本节中所谈的前期策划的任务。但是通常在这一阶段就会进入到节目中具体的文案写作，也就是广播电视写作的第二部分工作。

由于节目表现形式的不同，不同的节目会有不同的写法。叙述性节目和抒情性节目的写法就不一样，电视文娱节目的串联词和新闻的解说词写法也不一样，但是在总体上有一些技巧。广播稿件的写作主要考虑语言的可听性，电视节目文案的写作就相对要复杂一点。电视写作从广义上讲是指对整个节目的构思和流程的设计，写作的根基是从纯文学中来的，但是又与纯文学有明显的区别。在电视节目的文案写作中一定要把握电视表现特征，从电视语言的整体结构出发，充分考虑节目的流程、主体、风格、定位等诸多要素。同时还要考虑到音乐、灯光等的协调配合。

大纲中包括了内容流程的先后顺序、主持人的形式、演播室的形式、主要的逻辑线索，但是具体的文案写作就要复杂多了。电视写作要有明确的电视性特征。电视声画并茂的传播特点，最能营造强烈的现场感和表现丰富的气氛。因此，电视写作就应当牢记这种传播工具的交流性，多采用谈话式的语体，一定要避免使用过于书面化的语言。

电视声画并茂的传输特点还决定了在文案写作时要考虑到文案的功能。我们以电视节目解说词的撰写为例，解说词的功能是强化画面已有的信息，要根据创作需要，挖掘画面内的含义。解说词是对画面的补充、延伸、深化和概括。最重要的是对画面的简单说明和解释，一定要与画面组合为具有内在逻辑的有机整体，相互呼应和配合。

除此之外，节目串联词的写作要求是把握好节奏，渲染气氛，衬托主题，调动观众的视听情绪，传达感情，注意起承转合。新闻类节目的写作是新闻专业的一门基础课，其写作必须要遵循新闻的规律。在本书中不详细展开了。

总体来说，节目的构思要有特点、有广度、有生动的可视可听性。深入的构思还应该对节目的起承转合、疏密张弛、节奏、主线副线有所考虑。

在接下来的内容中，我们将为大家展示中央电视台《新闻1+1》节目的大纲和文案，希望有助于大家对电视文案写作的理解。

《新闻1+1》2018年8月27日

关于乐清"滴滴顺风车"奸杀案报道的大致结构文案（由于该节目是日播，因此节目组每天下午1:30开策划会，节目策划形成的文字内容就是大致的结构文案。这个时候嘉宾往往还不确定，短片内容也只是写个大概，问题也是简单粗略地列出来。这个大致结构文案的主要功能是让主持人了解当天的主题、结构和大概方向）。

没有安全，何谈"顺风"？

【开场】
用数字"110"来破题。

【PPT】
110

【评论】
"110"是大家遇到危险时的报警电话，在浙江温州乐清"滴滴顺风车"司机奸杀案中，滴滴的冗长处理，恰恰耽误了警方的工作，同时"110"也是上起郑州案件发生距离这起案件发生的天数。

【短片一】无法挽回的悲剧大致内容
【1】约谈
8月26日下午，交通运输部联合公安部运输服务司司长徐亚华在对滴滴的约谈中指出，两起侵害乘客生命安全的恶性事件，暴露出滴滴出行平台存在的重大经营管理漏洞和安全隐患，并立即要求顺风车业务进行全面整改。

南京也已约谈滴滴、美团网约车平台公司，要求及时清退平台上所有不合格的驾驶员，限期将营运数据完整、实时接入政府监管平台。

【2】约谈
更早之前，8月25日下午，浙江省道路运输管理局紧急约谈滴滴平台浙江区负责人。鉴于滴滴平台顺风车业务存在重大安全隐患，浙江省道路运输管理局要求滴滴平台立即整改，整改期间暂停其在浙江区域的顺风车业务。

【3】下线
8月26日，滴滴公布自查进展，两名高管被免职，并称自8月27日零时起，在全国范围内下线顺风车业务。

【4】社会氛围
观察。

【5】记者调查

在滴滴平台之前发布的道歉声明中则提到,案发时,车牌系犯罪嫌疑人钟某线下伪造。但是,记者调查发现,在警方办案时,向滴滴平台申请调取车主信息时,得到的就是这个"川A"牌照。对此,犯罪嫌疑人钟某也承认,他就是用的这辆车犯的案。

【演播室一】
【评论】
【PPT】关于嫌疑人钟某的车牌

滴滴平台:经核实,钟某此前背景审查未发现犯罪记录……在接单前通过了平台的人脸识别,但案发车牌系钟某线下临时伪造。

犯罪嫌疑人:未临时伪造车牌号。

警方:向滴滴平台申请调取车主信息时,得到的也是这个"川A"的牌照。

【电话连线】嘉宾待定

【1】您怎么看警方调查和滴滴披露信息完全不一样的情况?

【2】关于后续处理,除了滴滴自身的整改,还可能或者说还可以有哪些处罚?

【短片二】"滴滴几宗罪"大致内容
媒体的质疑,警方的声音等。

【1】上次事件后

滴滴顺风车在5月空姐遇害事件风头过去之后,又重新悄悄将乘客个人信息,从默认隐藏改成了默认公开。

【2】应对

客户投诉后的应对。

【3】内部重新评估业务模式及产品逻辑

社交产品定位。

【演播室二】

【评论】

【电话连线】嘉宾待定

【1】围绕下午的网络调查结果涉及问题

【2】围绕滴滴顺风车产品设计上的恶意

【3】监管方面

【短片三】"新经济怎么成为好经济"大致内容

【1】8月27日交通运输部

《国务院办公厅关于深化改革推进出租汽车行业健康发展的指导意见》明确规定:"……顺风车,是由合乘服务提供者事先发布出行信息,出行线路相同的人选择乘坐合乘服务提供者的小客车、分摊部分出行成本或免费互助的共享出行方式。"

【2】滴滴

据了解,今年2月,滴滴在台湾地区试水顺风车业务,结果被开了9张罚单,罚款金额高达1.8亿新台币,约4000万元人民币。于是滴滴不得不在4月下架了台湾地区的顺风车业务。

【3】货拉拉

杭州女孩遭货拉拉司机性骚扰不敢回家。司机称:"我就是这么有胆"。货拉拉回应杭州女子被骚扰:涉事司机跳单辱骂客户,永久封号。

【4】饿了么

事实上,相比网约车,网络餐饮在群体性和个体性安全问题上,面临着更大的危险系数和技术问题。

而主打网络订餐的美团、百度、饿了么等外卖平台发展得更早,积累的用户数也同样惊人,但移动互联网技术发展至今,依然没有有效技术手段能够监测外卖平台的违法行为,也没有明确的技术手段随时监控无证无照和餐厅实际卫生状况。

医学泰斗无辜被撞致死,外卖小哥问题频出该谁担责?

消息显示，事后饿了么从未表达歉意，将责任甩给第三方。

【演播室三】
【评论】
围绕新业态。
【连线】嘉宾待定
【1】我们的监管是不是还跟不上新业态的发展？
【2】我们有一些这样新业态的"怪兽"企业，但是发达国家却非常谨慎。您怎么看待这种现象？

《新闻1+1》2018年8月27日

关于乐清"滴滴顺风车"奸杀案报道的方案（方案是当天节目详细的策划内容。包括主持人的串联词、整个节目的逻辑结构、提问嘉宾的具体问题以及节目中将使用到的PPT等。一般当天20：00打印出来交给主持人，主持人可以按照这个方案执行节目，也可以只是参考方案中的元素，并不完全按照方案进行。这期节目的主持人白岩松就是在自己看了大量的相关资料后，参考策划转换成了他的表达，并且换了节目标题，又增加、更换了个别连线的问题）。

互联网平台，需要新监管

【导视】
【解说】
再发极端个案备受舆论质疑。
滴滴宣布：下线顺风车业务。
【同期】受害人家属
你们现在不是说过来道歉的事情，我觉得更多的是你们怎么去管理这个公司……

【解说】

自责　道歉

承认有不可推卸的责任

承认一切问题都是管理者的问题

【同期】交通运输部运输服务司副司长蔡团结

滴滴公司在9月1日前提交切实可行的合规化推进方案，我们将向社会公布。

【解说】

新技术　新经济　新生活

《新闻1+1》今日关注：互联网平台，需要新监管。

【广告】

【片头】10秒

【开场】

观众朋友，晚上好，欢迎收看正在直播的《新闻1+1》。今天节目开始，我们先来关注一个数字——110。一方面，这是谁都知道的报警电话。几天前，浙江温州乐清滴滴顺风车司机杀人案发生，当时接到受害者救助信息的受害者朋友，也拨打了这个电话，随后警方展开行动，但是因为滴滴公司处理报警时的搪塞推责和冷漠冗长的机械程序，让可能还存在的最后机会幻灭。另一方面，110，也代表着时间，正是在110天前，同样是一名女性，同样是搭乘顺风车，郑州空姐遇害案发生。（PPT）

【PPT】

110

【短片一】又一起滴滴命案

【解说】

顺风车产品，再发极端个案。四天来，在强大的舆论压力下，滴滴对外宣布，在全国范围内，下线顺风车业务。

【字幕】2018年8月25日

【同期】浙江省道路运输管理局副局长　叶卫军

一方面我们向交通运输部报告；另一方面鉴于滴滴顺风车司机接连发生杀人案件，说明在运营管理过程当中，存在重大安全隐患。根据相关法规，浙江省运管局决定责成滴滴平台立即整改，整改期间停止浙江区域的顺风车业务，直到整改到位。

【解说】

四天来，包括受害者的家属在内，社会各界几乎所有的声音，都在质疑着这家全国最大的网约车企业。最让人遗憾的是，"如果"那一系列失误，都没有出现。

【同期】受害人家属（待定）

大家都是有父母有子女的，你们摸着自己的良心看看，不要光顾着赚钱，而忽视了社会的影响，你们公司这样一件事情的出现，会引起社会多少的不安，你们现在不是说过来道歉的事情，我觉得更多的是你们怎么去管理这个公司……

【解说】

悲剧，谁也不希望发生；而一系列假如，也应该不存在每一个人的主观故意。但正如受害者家属所言，悲剧再次发生，公众更多的希望，就是滴滴能够真正地好好地管理自己的公司。

【字幕】2018年8月26日

【同期】交通运输部运输服务司副司长　蔡团结

从现在起不得接入不合格的车辆和人员，不得向未经安全审查的驾驶员派单，加快清退不合格的驾驶员和车辆。滴滴公司在9月1日前提交切实可行的合规化推进方案，我们将向社会公布。网约车平台运营信息数据要向全国网约车监管信息交互平台实时、全量、真实地接入，并确保数据质量。

【解说】

事件发生后，先是由浙江省交通厅介入。之后，交通运输部、公安部，在第一时间约谈滴滴公司，责令全面整改。今天，江苏省交通厅也发布消息，他们对滴滴、美团两家网约车平台公司，也进行了约谈。而在今天，该案一些重要的细节，仍有待于进一步查清。

【同期】犯罪嫌疑人　钟某

（你有没有更换过牌照？）没有。

（今年的8月24日、25日这两天你用的是哪个牌照在接单？）川A31J0Z。

（那你接受害人赵某某也就是这辆车吗？）是的。

【解说】

在乐清的这起案件中，犯罪嫌疑人使用的车辆，悬挂的是外地车牌。而按照温州本地的网约车规定，外地车应该无法办理网约车证。而在滴滴平台之前发布的道歉声明中则提到，案发时，车牌系犯罪嫌疑人钟某线下伪造。但是，在警方办案时，向滴滴平台申请调取车主信息时，得到的却就是这个"川A"牌照。对此，犯罪嫌疑人钟某也承认，他就是用的这辆车犯的案。

【同期】乐清公安局派出所所长

当天晚上滴滴公司向我们提供了犯罪嫌疑人钟某的身份信息，以及他的车牌号码川A31J0Z。最后我们警方查获的就是这辆涉案车辆。

【解说】

那么，下一步需要澄清的疑问是，犯罪嫌疑人钟某，是否使用了"川A"车牌注册了顺风车，而这个外地车牌，滴滴在最早登记时，又是否知情呢？

【演播室一】

【评论】

案件发生在四天前的8月24日，四天来，面对这样一起恶性案件，公众痛惜生命逝去的同时，也感到愤怒。相关部门约谈警示，媒体也在不断反思追问，大家震惊于凶手的残忍，更无法容忍企业对生命安全和社会责任的漠视。我们再来看看，刚刚短片中，记者采访报道过程中发现的一个新信息。

【PPT】关于嫌疑人"钟某"的车牌

○滴滴平台：经核实，钟某此前背景审查未发现犯罪记录……在接单前通过了平台的人脸识别，但案发车牌系钟某线下临时伪造。

○ 犯罪嫌疑人：未临时伪造车牌号。

○ 警方：向滴滴平台申请调取车主信息时，得到的也是这个"川A"的牌照。

【评论】

案发第二天，滴滴曾在道歉声明中提及，案发车牌是嫌疑人钟某线下临时伪造。但是犯罪嫌疑人和警方却给出了不同的答案。怎么看待这个最新情况，接下来马上连线一位嘉宾，中国人民大学法学院教授、《中国法学》总编辑张新宝。

【电话连线】中国人民大学法学院教授、《中国法学》总编辑　张新宝

【1】截至目前，滴滴方面对为什么会出现这种情况，仍未做出解释。您怎么看这个不一样的调查结果？两种认定对滴滴来说在责任方面会有区别吗？

【2】滴滴表示作为平台，对案件发生"负有不可推卸的责任"。交通运输部的表述是："不可推卸的重大责任。"（PPT）可是具体到责任方面，因为滴滴有点像中介平台的性质，只能更多强调社会责任、道德责任。这一次，交通运输部的评论文章中，提到了另一个词，那就是"法律责任"。（PPT）您怎么看这段表述？如果不再模棱两可，可以怎么做？

还应从立法上考虑增设惩罚性赔偿的规定，到了树立一个处罚的新标准的时候了。

【PPT】

……

回到"8·24"案件，除了将犯罪嫌疑人绳之以法，作为平台企业的滴滴及其负责人，要不要承担法律责任，该承担怎样的法律责任，有关方面应该认真研究，今后不能再模棱两可。

来源：交通运输部官方网站

【转场】

保障乘客出行安全是网约车行业发展的底线，没有什么比乘客安全更为重要。天下所有的父母都希望自己孩子平安回家，而不是觊觎那所谓的"3

倍赔偿"。也因此，对滴滴问题的反思和追问，绝不该到此为止，我们继续关注。

【短片二】滴滴几宗罪?

【标题】

5问滴滴：说好的整改呢?

屡犯不改！细数滴滴"七宗罪"，何时能整改?

滴滴的七宗罪：恐怖的信息泄露、"踢皮球"的客服。

【解说】

（画面：标题先出现）追问、七宗罪……这四天，舆论对于滴滴平台的质疑，正是源于不断被爆出的一个又一个不应该发生的细节。

昨天，已经被滴滴免职的客服部门副总裁黄金红也表示："这次事件，客服有不可推卸的责任，我深深地自责和愧疚。滴滴客服，注定承载着不一样的责任，也确实还有很多事情要做，一切问题，都是管理者的问题。"

【同期】赵某某的好友

（下午）3时左右，这个电话是我让我朋友打的，（滴滴）说一小时内回复我们，尽快帮我们联系到车主。

记者：之后滴滴平台给你们回复消息了吗?

没有。

【同期】赵某某的叔叔赵先生

我们也有跟滴滴取得一些联系，滴滴一开始有答复，要4小时以后失联或者出问题以后才能提供车辆信息和车主信息。

【解说】

是的，如果案发时，滴滴的处理不那么拖延消极，或许会有不同的结果。而案发当天，滴滴客服与警方的配合，也令人遗憾，联系了三次，他们才向警方提供了车主信息。

【同期】乐清市公安局宣教科科长　谢章安

大概（下午）5时36分的时候民警和滴滴客服进行了联系，民警和他联系的时候滴滴客服说查询相关信息大概需要3—4小时。

民警说情况比较紧急。

滴滴公司根据民警所说，他说这种情况可以加急处理。

【解说】

在要求警方出示相关证件后，18时13分，乐清警方收到滴滴公司发来的车牌及驾驶员信息。警方的三次索要用时92分钟，其实从18时4分警方把身份信息发到滴滴，到18时13分滴滴给警方发来信息，只花了9分钟。

【新闻播报】

滴滴承认，滴滴客服在处理此次事件时，流程方面仍存在很多问题，尤其是没有及时处理之前的用户投诉，在安全事件上调取信息流程烦琐僵化。

【解说】

除了当天的处置，滴滴官方的回应，也印证了这是一起本可以避免的悲剧。那就是在案发前一天，另一位女性乘客，曾经对本案的顺风车嫌犯进行过投诉，但遗憾的是，滴滴平台没有及时进行处理。

此外，三个月前，滴滴已经发生过空姐乘坐顺风车遇害事件。当时，滴滴曾公布要对顺风车业务进行整改，但是，此案发生所暴露出来的问题却说明，滴滴的整改并不到位。

【字幕】2018年5月16日新闻

【新闻播报】

滴滴公司整改措施明确，顺风车服务下线所有个性化标签和评论功能；合乘双方的个人信息和头像改为仅自己可见，外显头像全部为系统默认的虚拟头像。

【解说】

对于滴滴的上一次整改，有网友在8月22日发微博称，滴滴顺风车悄悄地又显示性别、头像等信息了，不过可以自己选择公开还是隐藏。而也有其他网友爆料称，滴滴重新开启了此前已下线的隐私功能，可以查看用户性别，在温州事件发生后，滴滴又再次关闭该功能。

【演播室二】

【评论】

出了这么多问题,现在滴滴是下线了该产品,而不少人也希望它永远不再上线。那么该不该取消顺风车呢?我们来看一个调查。(PPT)

【PPT】

调查数据更新中。

【评论】

近5成的人表示应该永久取消。怎么看待大家的选择,接下来继续连线,中国人民大学法学院教授张新宝。

【电话连线】中国人民大学法学院教授、《中国法学》总编辑 张新宝

【1】张教授,您怎么看待接近半成的人不再信任顺风车,或者说滴滴平台?您个人的选择又会倾向于哪种?

【2】讨论顺风车,绕不开的一个话题就是它的社交属性。滴滴方面表示现在要重新评估业务模式和产品逻辑,而我们也注意到,其实对于这种车辆应该怎么运营,我们是有规定的。(PPT)如果严格按照这样的规定去设计产品,是否意味着滴滴顺风车需要改头换面?

【PPT】平台公司应当将自责落实到行动上

顺风车服务与网约车经营型客运服务有很大区别,应当符合以下要求:一是应以车主自身出行需求为前提、事先发布出行信息;二是由出行线路相同的人选择合乘车辆;三是不以营利为目的,分摊部分出行成本或免费互助;四是每车每日合乘次数应有一定限制。

依据:《国务院办公厅关于深化改革推进出租汽车行业健康发展的指导意见》明确规定

来源:交通运输部官方网站

【3】另外我们也注意到,这次约谈的除了滴滴,南京市政府还约谈了美团网约车,高德下线了顺风车,嘀嗒之前也下线了相关社交功能。出了这么多事情,网友们其实都不太放心,指望企业的自觉吗?现在看来不能抱太大希望,监管部门能做、该做些什么?

【PPT】

南京市政府约谈滴滴、美团网约车平台

高德地图谈暂时下线顺风车业务：出于安全考虑，无关滴滴事件

此前，郑州空姐乘坐滴滴顺风车遇难事件发生后，另一款打车App嘀嗒下线了具有社交功能的"结伴频道"。

来源：综合媒体报道

【转场】

交通运输部的文章里还有句话：运输服务安全底线需要各方共同坚守。政府部门要对践踏法规和乘客合法权益的行为坚决严厉处置，绝不允许任何经营者打着创新的名头，挑战保障乘客安全出行的底线。还能怎么做？我们继续关注。

【短片三】新经济如何成为好经济？

【一组标题】

剥离社交功能，滴滴顺风车就活不了？滴滴顺风车，为何总想着要做社交？

主打的是出行还是社交，滴滴顺风车搞清楚了吗？

【解说】

事实上，从滴滴顺风车产品推出，公司所宣传的社交功能，就一直备受质疑。在今年5月"空姐顺风车遇害案"发生后，交通运输部明确表示，一些平台公司推出的顺风车业务增加了过多的社交功能，已经偏离了提供出行服务的本意。

【同期】中国政法大学传播法研究中心副主任　朱巍

我们出行只是为了安全、快捷到达目的地，并不想社交，特别是顺风车，每次拉一个人都是熟客，因为只有80%以上的路线重合的话，可能长期在一起。如果太多社交属性就会诱发很多人心中的恶，可能会受到被引诱恶的侵害。这种社交评价体系，平台应该管一管。

【解说】

今天零时起，滴滴已全面下线顺风车业务。

今天，媒体又爆出了货拉拉司机性骚扰女性的事件。

【同期】当事人小王

那个司机性骚扰被拒绝之后，就各种辱骂我和我的家人朋友，并多次威胁上门堵人。警察说建议找平台处理，后来那客服只是让我等着，等了好多天都没有结果。我现在有家也不敢回。

【解说】

对于这名司机的行为，该名女性的朋友，也予以了证实。

【同期】

当事人小王朋友：你怎么这么有胆呢？

货拉拉司机：我就是这么有胆，货拉拉都是这样的司机，都是这样搞。货拉拉司机就是明目张胆这样搞的。

【解说】

今天，在事发20多天后，在滴滴平台再出恶性事件后，在媒体开始集中关注互联网平台的社会责任后，货拉拉终于做出回应，称"女孩被货拉拉司机骚扰"一事，为司机绕开平台交易，存在"跳单"行为，且司机有电话辱骂用户行为，此两条已严重违反平台规定，货拉拉已将司机进行永久封号处理。

事实上，相比网约车，网络餐饮在群体性和个体性安全问题上，也同样面临着逐渐增加的危险系数。

上海急诊界泰斗，瑞金医院与华山医院急诊科创始人之一李谋秋，在今年2月24日，被一名饿了么送餐员撞倒，在抢救治疗1个月后不幸去世。有媒体报道，事发后，饿了么从未向当事人表达过歉意，而是将责任甩给第三方公司。

如今，新经济时代，在改变我们生活方式的同时，更急切地需要有效的监管。

今天，《人民日报》也刊登评论员文章称，近年来，从网络送餐平台背后的黑厨房问题,到电商平台屡禁不止的假货困境;从共享单车无序投放扰乱公共空间秩序,到移动支付引发的安全风险,如果说人身安全受到威胁只是一种极端情况,那么,新兴技术衍生出的新模式、新业态实际上为监管部门提出了更广泛的挑战。

【演播室三】

【评论】

新经济怎么成为好经济,而不是给人们带来新麻烦,甚至是危及生命。确实还是个难题。继续连线中国人民大学法学院教授张新宝。

【电话连线】中国人民大学法学院教授、《中国法学》总编辑 张新宝

【1】我们的监管是不是还跟不上新业态的发展?

【2】我们有一些这样新业态的"怪兽"企业,一下子就做到了世界第一,反而发达国家却非常谨慎,您怎么看待这种现象?

【结语】

新经济如何成为好经济?这是互联网经济向前发展绕不过去的必答题,也是今天社会治理的思考题。网络平台不能只有"资本思维",如果这样,最后只能是让人唾弃。

《新闻1+1》2018年8月27日

关于乐清"滴滴奸杀案"报道的完成台本(这是节目直播结束后,由速记员对照着节目视频做的场记,是节目最终呈现的内容)。

《新闻1+1》2018年8月27日完成台本
——血滴、泪滴,滴滴警报声响起

(播放导视)节目导视

解说:

再发极端个案,备受舆论质疑。滴滴宣布:下线顺风车业务

受害人家属:

你们现在不是说过来道歉的事情,我觉得更多的是你们怎么去管理这个公司……

解说:

自责、道歉,承认有不可推卸的责任,承认一切问题,都是管理者的问题。

交通运输部运输服务司副司长蔡团结:

滴滴公司在9月1日前提交切实可行的合规化推进方案,我们将向社会公布。

解说:

新技术、新经济、新生活。

《新闻1+1》今日关注:互联网平台,需要新监管。

评论员　白岩松:

您好观众朋友,欢迎收看正在直播的《新闻1+1》。

首先,今天我们的节目要从关注一个数字开始,这个数字其实大家非常熟悉——110。没错,这几天大家都在议论的是,滴滴顺风车司机的杀人案,几天前发生在温州乐清,当时受害人紧急求助,于是得到求助信息的人员也拨打了110报警电话。但是非常可惜的是当警方在展开行动的时候,遇到了冗长而不能够让人理解的漫长的程序,几乎失去了最后的机会。

另外这个"110"我们应该把它变成天数,就是110天。巧了,正好跟郑州空姐搭滴滴顺风车的遇害案相隔110天。这几天我相信人们很多议论滴滴的时候,都会感觉"滴滴"这两个字难道是被害人的血滴,难道是被害人家属的泪滴。这个滴滴声是不是在公众的关切之中已经变成了警报声和快下课的声音呢?来,我们今天关注这血滴和泪滴。

(播放短片一)

解说:

顺风车产品,再发极端个案。四天来,在强大的舆论压力下,滴滴对外宣布,在全国范围内,下线顺风车业务。

浙江省道路运输管理局副局长　叶卫军:

一方面我们向交通运输部报告,另一方面鉴于滴滴顺风车司机接连发生杀人案件，说明在运营管理过程当中，存在重大安全隐患，根据相关法规，浙江省道理运输管理局决定责成滴滴平台立即整改，整改期间停止浙江区域的顺风车业务，直到整改到位为止。

解说：

四天来，包括受害者的家属在内，社会各界几乎所有的声音，都在质疑着这家全国最大的网约车企业。最让人遗憾的是，如果那一系列失误，都没有出现……

受害人家属：

大家都是有父母有子女的，你们摸着自己的良心看看，不要光顾着赚钱，而忽视了社会的影响，你们公司这样一件事情的出现，会引起社会多少的不安，你们现在不是说过来道歉的事情，我觉得更多的是你们怎么去管理这个公司……

解说：

悲剧，谁也不希望发生；而一系列"假如"，也应该不存在每一个人的主观故意。但正如受害者家属所言，悲剧再次发生，公众更多的希望，就是滴滴能够真正地好好地管理自己的公司。

交通运输部运输服务司副司长　蔡团结：

从现在起不得接入不合格的车辆和人员，不得向未经安全审查的驾驶员派单，加快清退不合格的驾驶员和车辆。滴滴公司在9月1日前提交切实可行的合规化推进方案，我们将向社会公布。网约车平台运营信息数据要向全国网约车监管信息交互平台实时、全量、真实地接入，并确保数据质量。

解说：

事件发生后，先是浙江省交通厅的介入。之后，交通运输部、公安部，在第一时间约谈滴滴公司，责令全面整改。今天，江苏省交通厅也发布消息，他们对滴滴、美团两家网约车平台公司，也进行了约谈。

而在今天，该案一些重要的细节，仍有待于进一步查清。

犯罪嫌疑人钟某：

我没有。

记者：

今年的 8 月 24 日、25 日这两天你用的是哪个牌照在接单？

钟某：

川 A31J0Z。

记者：

那你接受害人赵某某也是这辆车吗？

钟某：

是的。

解说：

在乐清的这起案件中，犯罪嫌疑人使用的车辆，悬挂的是外地车牌。而按照温州本地的网约车规定，外地车应该无法办理网约车证。而在滴滴平台之前发布的道歉声明中则提到，案发时，车牌系犯罪嫌疑人钟某线下伪造。但是，在警方办案时，向滴滴平台申请调取车主信息时，得到的却就是这个"川 A"牌照。对此，犯罪嫌疑人钟某也承认，他就是用的这辆车犯的案。

乐清公安局派出所所长：

当天晚上滴滴公司向我们提供了犯罪嫌疑人钟某的身份信息，以及他的车牌号码川 A31J0Z。最后我们警方查获的就是这辆涉案车辆。

解说：

那么，下一步需要澄清的疑问是，犯罪嫌疑人钟某，是否使用了"川 A"车牌注册了顺风车，而这个外地车牌，滴滴在最早登记时，又是否知情呢？

（演播室一）

白岩松：

我手里拿的是 8 月 26 日的《黔江晚报》，看看这个家属面对前来道歉的滴滴公司的代表说的话："你们摸着良心看，你们出了几次事情了，你们不是对着我们，你们公司是对着全国 13 亿人民说话，怎样承诺自己的安全问题和服务问题，三个月前空姐的事情，你们不反省自己的公司的管理问题，导致现在的情况出现……大家都是有父母有子女的，你们摸着自己的良心，不要光顾着赚钱，而忽视了社会的影响。你们公司这样一件事情出现，会引起社会多少的不安。你们现在不是说过来道歉的事情，我觉得更多的是你们怎么去管理这个公司。"你看看家属在如此悲愤的情况下，不仅想到的是自己，还想到了公众。但是在公司的道歉的相关的声明当中，却被记者发现了这样的一个疑团。刚才在短片当中大家看到了，我们来看关于这个谜团，滴滴平台在自己的道歉声明中说，经核实，钟某此前背景审查未发现犯罪记录，在接单时通过了平台的人脸识别，但案发车牌系钟某线下临时伪造。这个时候显得平台的责任一下子小多了，因为这是他伪造的车牌，但是请注意，犯罪嫌疑人说未临时伪造车牌号，当然我们要听警方的，向滴滴平台申请调取车主信息时也是得到的川A的牌照，到底这是一个什么样的情况，到底是滴滴平台调查不清，还是涉嫌不诚信或者是撒谎，接下来我们来连线的是中国人民大学法学院教授，《中国法学》总编辑张新宝。

（电话连线）

白岩松：

张教授您好，您怎么看待平台滴滴道歉相关声明和警方最后的声明是不一样的？

张新宝：

首先来说这个滴滴顺风车，这种经营要对注册司机的若干信息进行核实，那么无论"川A"的牌照是真的还是假的，按照有关规定都不能够在当地注册做这一个相关的事情，所以在这点上存在过失。后面如果说被查证，说他是说谎，那么表明他对这个事情的认识是没有到位的，那么将要承担的法律责任更更一些，无论这辆车的车牌是真的还是假的，都存在审查不严的问题。

白岩松：

当一再涉及命案，所有的人都已经到了不能承受的状态下，有一个责任，现在已经上升到相关的法律责任。我们可以看到交通运输部官方网站说，回到"8·24"案件，除了将犯罪嫌疑人绳之以法，作为平台的滴滴及其负责人，要不要承担法律责任，该承担怎么样的法律责任，有关方面应该认真研究，今后不能再模棱两可。您怎么看待交通运输部官方网站涉及相关负法律责任的问题？

张新宝：

我想主要还是说这个企业的法律责任，我觉得最主要就是两个部分，第一个是行政监管方面的行政法律责任，第二个是造成损害的这个赔偿责任，那么这两个方面的责任过去可能都比较松，有的兑现，有的没有兑现。但是作为一个大公司来说赔一点小钱8万元或者10万元，根本对它起不到警戒作用，我们需要进行更深入的研究。根据已有的法律，和正在制定的，赔偿责任更重一些，对行政法律方面更有针对性一些。比如说最终正在做的存在严重问题的产品，让它下线，对它的牌照进行限制，还有可能进行一些行政方面的罚款，对它的主要领导进行行政处罚。这都是法律责任方面的。

白岩松：

好，一会儿有问题我们再继续探讨。其实发生这样一个事件之后，表面上看滴滴很快发了道歉声明，但是通过这个道歉声明感觉出很多人或者这个平台的很多人智商应该很高，否则不会创办这么一个快速发展的企业，但是情商实在太低，因为倒数第二句话激怒了所有的人。他强调的是不管什么样的责任，今后我们都要三倍赔偿，把钱当成了一个重点，跟所有人的期待背道而驰，最后"谢谢大家"这四个字让人觉得格外的讽刺和不舒服，因此不仅仅是一个情商不高的问题，使问题变得更加让人愤怒。究竟还有几宗罪呢，我们继续关注。

（播放短片二）

解说：

追问、七宗罪……这四天，舆论对于滴滴平台的质疑，正是源于不断被爆出的一个又一个不应该发生的细节。

昨天，已经被滴滴免职的客服部门副总裁黄金红也表示："这次事件，客服有不可推卸的责任，我深深地自责和愧疚。滴滴客服，注定承载着不一样的责任，也确实还有很多事情要做，一切问题，都是管理者的问题。"

赵某某的好友：

（下午）3时左右，这个电话是我让我朋友打的，（滴滴）说一小时内回复我们，尽快帮我们联系到车主。

记者：

之后滴滴平台给你们回复消息了吗？

好友：

没有。

赵某某的叔叔　赵先生：

我们也有跟滴滴取得一些联系，滴滴一开始有答复，要失联4小时以后或者出问题以后才能提供车辆信息面车主信息。

解说：

是的，如果案发时，滴滴的处理不那么拖延消极，或许会有不同的结果。而案发当天，滴滴客服与警方的配合，也令人遗憾，联系了三次，他们才向警方提供了车主信息。

乐清市公安局宣教科科长　谢章安：

大概（下午）5时36分的时候民警和滴滴客服进行了联系，民警和他联系的时候，滴滴客服说查询相关信息大概需要3—4小时，民警说情况比较紧急。滴滴公司根据民警所说，他说这种情况可以加急处理。

解说：

在要求警方出示相关证件后，18时13分，乐清警方收到滴滴公司发来的车牌及驾驶员信息。警方的三次索要用时92分钟，其实从18时4分警方把身份信息发到滴滴，到18时13分滴滴给警方发来信息，只花了9分钟。

新闻播报：

滴滴承认，滴滴客服在处置此次事件时，流程方面仍存在很多问题，尤其是没有及时处理之前的用户投诉，在安全事件上调取信息流程烦琐僵化。

解说：

除了当天的处置，滴滴官方的回应，也印证了这是一起本可以避免的悲剧。那就是在案发前一天，另一位女性乘客，曾经对本案的顺风车嫌犯进行过投诉，但遗憾的是，滴滴平台没有及时进行处理。

此外，三个月前，滴滴已经发生过空姐乘坐顺风车遇害事件。当时，滴滴曾公布要对顺风车业务进行整改，但是，此案发生所暴露出来的问题却说明，滴滴的整改并不到位。

新闻播报：

滴滴公司整改措施明确，顺风车服务下线所有个性化标签和评论功能；合乘双方的个人信息和头像改为仅自己可见，外显头像全部为系统默认的虚拟头像。

解说：

对于滴滴的上一次整改，有网友在8月22日发微博称，滴滴顺风车悄悄地又显示性别、头像等信息了，不过可以自己选择公开还是隐藏。而也有其他网友爆料称，滴滴重新开启了此前已下线的隐私功能，可以查看用户性别，在温州事件发生后，滴滴又再次关闭该功能。

（演播室二）

白岩松：

血滴、泪滴，不应该成为未来滴滴这样的一个企业的形象，但是有一种可能，是会的，那就是此时如果滴滴平台的相关负责人依然还有一种危机公关的心态，想尽早把这件事摆平，还会出现第三件，那滴滴就会成为滴滴的下课声了。应该这个时候的公关拆成两个字，要深深地去做功课，另外发自内心地关切所有人的关切，这样的企业才可能有未来，看看我们现在互联网的调查。滴滴顺风车多次出现命案，该不该取消顺风车？应该永久取消，不能让顺风车再出事？我们来和相关人士看这样的一个数据。

（电话连线）

张教授，现在已经暂时让顺风车下架或者是取消，也有声音说将来应该取消。您怎么看待这一点？

张新宝：

首先我比较抱歉的是我从来都不是滴滴或者是滴滴顺风车的用户，所以不能够自己做出特别深切的判断，这是一点。

第二点，像滴滴顺风车这样的商业模式，必须要按照它的初心进行运营，顾名思义应该是在合适的时间顺便地达到，而不是专门的司机开专门运营的车辆，所以他们没有按照当时所设计的模式，这就违反了国家的有关管理规定，造就了一批所谓的专职顺风车司机扰乱这个市场。同时它使这个营运模式搞得娱乐化、社交化，成为一个猎艳的工具，必须要进行彻底整改，只有整改后才有可能让它继续运营。

白岩松：

张教授一定也在思考这样的一个问题，接下来对于滴滴这样快速成长的互联网企业，今后在面对已经发生的这样的事情的时候，他要做出怎样的改变才能够有更好的前景？这里交代一个背景，就是客服在这件事情头一天就有投诉，但是道歉信里面说客服把这个事情忽略不计了。今天有很多当过滴滴客服的人说，他的客服有很多是外包的服务，基本上没有什么严格意义上的培训，说得最多的话就是"非常抱歉""给您带来了不好的用户体验"。如果这样的一种实习生来做客服，说一些几乎是隔靴搔痒的话，这种客服简直太让人担心了。那回到那个问题，您觉得作为快速发展的互联网企业，面临这样几起让大家关切的悲剧之后，应该出现怎么样的整改？态度应该如何？

张新宝：

我觉得资本追逐利益是它的本性，但是必须在符合社会公共利益的基础上，在达到各方利益平衡的基础上再去逐利。如果说高速发展的某一项营运，它的风险是不可控的，它带来的危害是极大的，造成的损害是人们不可接受的，那么这样的快速发展还不如没有。

白岩松：

张教授，一会儿有问题我们继续探讨。其实张教授这句话也在引发我们的思考，新技术快速地走到我们的面前，我们很多人都是新技术的受益者，但是出现的问题也逐渐在提醒我们必须面对一个事实：新经济如何成为一个真正的好经济呢？

（播放短片三）

解说：

事实上，从滴滴顺风车产品推出，公司所宣传的社交功能，就一直备受质疑。在今年5月"空姐顺风车遇害案"发生后，交通运输部明确表示，一些平台公司推出的顺风车业务增加了过多的社交功能，已经偏离了提供出行服务的本意。

中国政法大学传播法研究中心副主任　朱巍：

我们出行只是为了安全、快捷到达目的地，并不想社交，特别是顺风车，每次拉一个人都是熟客，因为若有80%以上的路线重合的话，可能就是长时间在一起。如果太多社交属性就会诱发很多人心中的恶，有的人可能会受到被引诱的恶的侵害。这种社交评价体系，平台应该管一管。

解说：

今天零时起，滴滴已全面下线顺风车业务。今天，媒体又爆出了货拉拉司机性骚扰女性的事件。

当事人小王：

那个司机性骚扰被拒绝之后，就各种辱骂我和我的家人朋友，并多次威胁上门堵人。警察说建议找平台处理，后来客服只是让我等着，等了好多天都没有结果。我现在有家也不敢回。

解说：

对于这名司机的行为，该名女性的朋友，也予以了证实。

（同期）

当事人小王朋友：

你怎么这么有胆呢？

货拉拉司机：

我就是这么有胆，货拉拉都是这样的司机，都是这样搞。货拉拉司机就是明目张胆这样搞的。

解说：

今天，在事发20多天后，在滴滴平台再出恶性事件后，在媒体开始集中关注互联网平台的社会责任后，货拉拉终于做出回应，称"女孩被货拉拉司机骚扰"一事，为司机绕开平台交易，存在"跳单"行为，且司机有电话辱骂用户行为，此两条已严重违反平台规定，货拉拉已将司机进行永久封号处理。

事实上，相比网约车，网络餐饮在群体性和个体性安全问题上，也同样面临着逐渐增加的危险系数。

上海急诊界泰斗，瑞金医院与华山医院急诊科创始人之一李谋秋，在今年2月24日，被一名饿了么送餐员撞倒，在抢救治疗1个月后不幸去世。有媒体报道，事发后，饿了么从未向当事人表达过歉意，而是将责任甩给第三方公司。

如今，新经济时代，在改变我们生活方式的同时，更急切地需要有效的监管。

今天，《人民日报》也刊登评论员文章称，近年来，从网络送餐平台背后的黑厨房问题，到电商平台屡禁不止的假货困境；从共享单车无序投放扰乱公共空间秩序，到移动支付引发的安全风险，如果说人身安全受到威胁只是一种极端情况，那么，新兴技术衍生出的新模式、新业态实际上为监管部门提出了更广泛的挑战。

（演播室三）

白岩松：

如果说到滴滴的顺风车只想到空姐的遇害案和这次乐清的遇害案的话就太少了。我们看到，截至今年5月四年时间，有权威出处涉及滴滴司机的相关事件你会发现，故意杀人案2起、强奸案19起、强制猥琐案9起、行政处罚案件5起、未立案的性骚扰事件15起。来源是《南方周末》。几乎每个月都有，涉及50个司机。53名被害人，而且均为女性，接下来继续连线张教授。

（电话连线）

张教授，您觉得面对这样的事情在处理的时候您会不会发现我们的新经济发展非常快，相关的监管跟不上，甚至连警察赢取时间的话都得等待、错过时机?

张新宝：

是这样的，我们面对高速发展的经济业态，我们的监管部门缺少必要的知识、必要的经验，缺乏相应的调查研究，我们的法规立法有一些是严重滞后的，那么在执行的过程中，有很多不作为，害怕出事。还有，觉得这样的经济发展可能是对社会有利的，对当地的经济是有利的，而不敢去作为，实际上你管得不好，任何一个业态都会走上邪路，最终会走向消亡。我们现在看到满地的共享单车会令人感到很痛惜，本身是一件好事，现在却满街都是。

白岩松：

必须向好的方向去发展，您看观众还会选择顺风车吗？30%的人说会；25%的人说暂时不会，过一阵再说；有44.48%的人说马上要卸载，显然遇到了相关的危机。最后一个问题张教授，我们很多互联网企业发展得非常快，但是迅速形成垄断地位其实很让人担心，您觉得在这方面您的思考和答案是什么？

张新宝：

国家必须要管。这个滴滴在开始的时候是补贴专车司机、补贴快车司机，搞很低的价格，试图打垮所有的竞争者，使自己建立一个垄断地位，垄断地位起来了以后，它或者是涨价或者是疏于管理，不顾自己的社会责任，置人民的利益于不顾。我觉得这个问题非常严重。我想国家应该在这个方面进行调查研究，反垄断反不正当竞争，不仅仅是针对几个大的外国公司或者是过去的那种传统公司，这些新型的公司是更加需要关注的。

白岩松：

好，非常感谢张教授给我们带来的解析。希望滴滴认真地去做功课。

★以上内容来自该栏目播出后的文字整理，略有修改。

第二节　节目构思的基本要求

我们从节目构思的内容中不难总结出一些基本要素。在节目构思的基本内容中我们知道主持人对节目的构思包括了主旨的确定、内容和适当的形式的选择等几个主要方面。那么显然节目构思的基本要素就是在进行以上思考的同时，应该顾及的各方面因素。

一、栏目意识

主持人在构思中一定要自始至终地保持栏目意识，也就是说要对自己即将主持的栏目类型和类似类型有相对全面的了解。对自身栏目风格的了解是主持人的首要任务。然后在完成栏目风格定向的前提下，对其他栏目的特点进行了解和分析，这样才能找到并发挥自己栏目的特点。

现在广播电视节目繁多，每个节目都在进行着争夺受众的电子大战。其实栏目之间的竞争从构思阶段就已经隐形展开了。因为构思是节目进行的第一步，节目的构思在本质上是创作集体的智力角逐。如果对自身节目、同类型节目都了解，就能够很准确地找到可以下手的特点突破口。一般不同类型栏目之间的差异是一目了然的，然而同类型栏目之间的差异就不太容易明晰了。通常比较难以辨析的是专题节目和其他节目间出现的交叉现象。比如纪实性专题和新闻性专题报道，这两种节目都强调节目内容的真实，不允许虚构和杜撰，在形式上和纪录片比较接近。对于初学者该如何辨别呢？首先，专题节目和新闻节目的出发点不同。新闻报道着眼于最新信息的传播，注重时效性，强调用事实说话；专题节目则着眼于教育感化，注重内容的生动和思想观点的鲜明深刻，至于事件发生的时间并不是最重要的。其次，两者对真实的要求内涵不同。新闻节目不仅要求基本事件要全部真实，而且具体细节也必须真实，是不允许组织拍摄的；但是专题是可以有组织拍摄的，有必要的话，某些内容甚至可以用拍摄和编辑手段进行渲染。最后，新闻报道往往是靠抓拍抢拍，所以在前期和后期的制作上有比较大的限制；专题节目则可以有比较充足的时间进行精雕细琢。由此可见，新闻性专题显然不能背离新闻节目的要求，可以由于新闻着眼点的不同进行素材组织，但必须完全真实，不能有一丝虚假渲染，还必须有时效性。而纪实性专题是以纪实的手法拍摄制作的，所以更强调教化作用，允许有适当的渲染强调。

二、接受者意识

在传播学中"接受者"这一概念一直都是用的"受众"一词。《中国大百科全书》新闻出版卷上的解释是：接收信息传播的群众。这个词原来主要是指演讲的听众，引入到传播学中就泛指报刊、书籍的读者以及广播电视电影的观众。也就是说，受众就是受传者、接受者、传播的对象。按照传播学理论，受众有多重角色：新闻产品的消费者、新闻符号的译码者、新闻作品的参与者和传播效果的反馈者。后来为了使传播者更清晰地认识受众的参与意识，李盛之先生将传者和受者分别改称为传播主体和接受主体。

在节目构思时为什么要有接受者意识呢？因为大众传播活动的终极目标就是接受者，所以这直接决定了在进行节目构思的时候不能忽略这一重要的群体。要想取得很好的传播效果，就必须了解他们、关心他们。而且还有很重要的一点，那就是传播效果到底如何，这也要以接受者的接受程度来衡量。另外，主持人还必须面对一个现实：节目主持人的能力和水平与观众的欣赏水平之间永远都在进行着竞技和较量。同时我们还应该时刻牢记，接受者是一个综合的群体，是由无数个体汇集而成的，个体与个体之间也存在差异。每天大量的广播、电视和网络节目就像是自助餐厅中的各种菜肴，受众自己爱吃什么就取什么。那么制作者怎样才能够争取让更多的受众吃自己的这道菜呢？这就需要在做菜的时候仔细研究、了解受众的爱好，从而设计节目制作的方法。只有这样才能在构思中有针对性，节目也才具有广泛性。

三、自我意识

节目主持人不仅是节目的串联者、组织者，还是节目不可分割的重要组成部分。自我意识就是主持人不可或缺的重要意识。节目主持人的个性是栏目风格和主持人自我个性的复合体，是受众心目中节目所依附的具象。主持人个体所具有的魅力和吸引力是争取更多收听率、收视率、点击率的重要因素之一，也就是说，传播者的威望与形象是主持人节目成功的法宝。这是加强传播效果的最有效的方法。但是有个性并不就意味着魅力，两者之间不能必然画等号，个性成为魅力还有很多条件的制约。

1. 个性的界定

个性是在一定的社会条件和教育影响下形成的一个人比较固定的特性。它包含于性格之中，却又带有强烈的突出色彩。性格是一个人在社会生活中长期以来形成的对人对事的态度和看法，个性就是一个人所特有的独一无二的对人对事的态度和看法。

节目主持人也是一种社会性的公众形象，主持人的形象气质要与受众的审美取向和观赏心理相契合。同时，受众对主持人在形象上的要求更倾向于知识结构、品格修养、主持格调和文化情趣等的高标准。总之，主持人的个人风格必须要有自己的特点，但在寻找特点的过程中一定要注意节目的个性与自身的形象特点及个性特点是否和谐、融合。

2. 个性的假象

不可否认，个性常常会被有意无意地隐藏起来或是被修正后以假象形式出现。比如电视台要拍摄一个小保姆的日常生活，在拍摄的过程中小保姆一定会穿上她自己认为最漂亮、平时工作时绝对不舍得穿的衣服，而且擦桌子时候的动作也一定比平时更加注意，于是被拍摄下来的并不是这个小保姆生活中的绝对真实。我们在学习的过程中也有这样的体验：孤独的时候一定和平时的自己是有区别的。这是因为人的掩藏劣势、发挥一般优势的本能在起作用。主持人也会有这样的情形：在舞台上的一切行动都必然比生活中真实的自己更漂亮，这种特别的在意，在表演学中被称为非角色欲望和非角色目的。主持人的这些非角色目的被称为"杂念"。一旦有了杂念，所有的行动都将是不自然的，出现的就会是个性的假象。当然，无论是演员还是主持人，其创作过程中有时也需要以个性的假象出现，只不过演员的任务是通过表现这些假象来准确完成其角色真实个性的展现，而主持人则是通过这些假象来更好地执行其作为节目串联者、组织者的任务。

3. 主持人的个性成为魅力的条件

主持人出现在受众眼中的实际上的荧屏形象，和戏剧艺术中典型形象是不同的：后者可以调动多种艺术手段使非我的艺术形象凸显于人们眼前；而特定栏目的荧屏形象虽然可以进行设计或调整，但展现得更多的是更真实、更完美的自我。这个出现于荧屏的形象，要被公众认可、接受并富有魅力，其实不太容易。

我们知道，在生活中个性明显的人比较容易给别人留下印象，但只有具有魅力的个性特点才能够给别人留下好印象。个性太突出或太不明显都不能使个性成为魅力，个性也需要适当的表现力。表演是感觉超越一切的职业，而主持人在以理性思维把握了节目脉络的前提下，在具体的创作过程中也需要借鉴表演创作的这一特点。怎样才能使自身的个性具有魅力并且征服受众呢？这就需要准确的人生感觉。现在的受众对于主持人的个人魅力空前重视，他们需要一个真实的人和他们进行交流沟通，他们需要一个能够了解他们的生活、理解他们的想法的朋友和他们共同分享节目时光。但这并不说明主持人在创作中就可以将自身生活中的魅力完全地加入节目控制过程中，而是首先应该将自己的位置放到受众中，想受众之所想，急受众之所急。如果主持人一味地追求自身魅力的展示，则势必会和受众产生距离感。对于大众传播者，"距离产生美"这句话不再是绝对的，距离的产生会导致交流的中断，而交流中断最终导致的就是传播的失败。

4. 个性魅力与规定情境的关系

在生活中有没有绝对的个性魅力呢？我们认为是没有的。在不同的规定情境下个性的表现也会有不同的效果。不妨举一个例子：大家集体爬山，其中一个姑娘的性格比较娇气，大家老是要在行进的过程中停下来等她，于是这个时候她的娇气就使得大家以后再有类似活动不会叫她参加了。可是如果她是和男朋友一起游玩，她的娇气却可能使她在男友眼中显得更加楚楚动人，更激发了男友保护她的欲望。可见，个性特点在有的条件下可能会变成缺点，但在有的条件下则会变成优点。也就是说，个性能否成为魅力是和规定情境密切相关的。主持人的自身个性其实也是自身性格中固定的、不易改变的特点。但我们现在所谈到的主持人的个性特点其实是指其自身性格中能够有利于创作的特点，即在创作过程中主持人所具有的能够使受众心目中的节目形象更富有魅力的特点。当然主持人的个性在向有利于节目创作的过程中转化是需要条件的，而且这方面的条件也是不确定的。主持人必须要根据具体的情况进行客观分析，充分确定转化的可能性，准确把握转化程度，这样才能增强节目的魅力。

主持人在进行创作的时候，是要在深入理解节目的最高目标的基础上，探索节目的流程，既把握住现场的气氛与节奏，又注意到受众的反馈，然后不断地加以应变，并最大限度地发挥自身的精神气质特点，从而达到节目的个性化。也就是说，主持人首先要把握好节目的整体风格，这个整体风格也包含了类型群体的个性特点，然后再涂抹上自我个性色彩。不过要记住，在具体的节目创作过程中，能够被涂抹上色彩的地方只是细节。就好比主旋律与插曲，主旋律表达的是整个基调，而插曲的作用是让主旋律有起伏、有亮点。这两者不可分离，只有结合在一起才能和谐。

四、策划意识

我们在本章中主要谈的是节目主持人的基本任务和作用，其中所涉及的策划其实都属于具体的动作策划。其实主持人对于节目的策划包括了多方面的含义。美国管理学家卡内基和梅隆大学的教授西隆认为：管理就是决策，而决策是通过策划以后做出的，所以策划就是管理手段和决策过程。也有人认为策划是对未来采取的行动做界定的准备过程。还有人认为策划是一种构想或理性思维程序。这几种说法都有合理性，但都不完善，因为它们都只是从某一个角度对策划进行了总结。实际上主持人对节目的策划是全方位的，目前传播界将策划归纳成了以下的几个大类。

第一，狭义的主持人节目策划。指视角新、立意高、开拓深、介入及时的主持人节目的谋划和组织过程。具体是对主持人节目的时机、手段、艺术特色等所做的策划。

第二，动作策划。它作为一种设计、决策和组织贯穿于整个节目的过程中，大到节目风格定位、宗旨确立、栏目设置，小到节目的摄录、手段使用等。

第三，广义的主持人节目策划。包括广告的安排、公关策划等。

第四，主持人节目事件的策划。指在某事件发生前，主持人和记者进行的设计，是对即将发生的事件做预测性报道的策划。

以上我们谈的都是具体策划过程中的基本要素，但在实际运用中，策划还要遵循一定的程序。

首先，在策划前要进行必要的调查了解，对与策划相关的环境进行分析。比如中央电视台在1996年策划《实话实说》节目之前，做了全国性的调查，发现当时这类节目在国内是空白的，只是在香港地区有一个叫作《妙论大卖场》的类似节目。所以中央电视台就坚定了信心去做这个节目，因为在形式上首先就因新颖而先胜一筹了。后来加上将真实性定位为第一生存要素，节目就具有了旺盛的生命力。而现在，无论是传统媒体还是新媒体，在这一阶段的调查中有了大数据的支撑，就更容易得到可靠的结论。

其次，要根据实际情况和需要进行策划目标的调整。北京电视台在推出《朋友》之初，最早的初定目标是将节目做成娱乐节目，而且策划之初的节目名称是《黑猫白猫》，在形式上类似于后来的《快乐大本营》。但是在调查后发现当时全国的类似节目突然出现得太多，于是策划者当机立断将策划目标进行了调整，结果《朋友》成为那一段时期国内情感访谈类节目中的翘楚。这就说明创作无定式，独到见真功。

最后，具体的动作策划。其中一项特别值得注意，那就是对方案的评价和论证。比如在 2000 年 11 月 29 日，中央电视台《东方时空》栏目大改版，推出了新的主持人和主持形式，节目的版块设置也有很大变化。但播出几天后发现效果并不理想，尤其是象征节目品牌的片头使观众不习惯，于是立刻换回老片头，并将主持人中心制改回老编导中心制。

而中央电视台的另一个节目《新闻会客厅》则是一个成功的典范。它的出现晚于《东方之子》和《面对面》等访谈节目，于是在定位上就特别注意找寻自身的特点。《面对面》的话题多半是非常严肃的或者是有争议的，采访的对象虽然都具有一定的新闻性，但更多的是作为争议的中心人物出现的。《东方之子》在选材上则是将目光盯在精英式人物上，侧重于突出杰出人物的成就，使观众看到这些人物的辉煌，分享他们的人生态度。于是《新闻会客厅》就以新闻人物为主要关注对象，关注当日或近期国内发生的重大新闻事件中的人，强调开掘新闻事件中当事人和关联人的亲历、亲为和亲感，侧重讲述新闻背后的故事。任何人只要是新闻中的人物，只要有故事和大家分享，无论地位高低，都可以成为这个会客厅的客人。由于定位准确，这个节目的"接近性"优势很快使它在观众心目中确立了自己的位置。

我们在这里还要特别指出的就是，策划实际上是对未来的预测，是人类特有的超前性的思维素质。美国哈佛大学企业管理丛书编撰委员会对策划的含义做了总结：策划是一种程序。在本质上是一种运用脑力的理性行为。基本上所有的策划都是关于未来的事物，也就是说策划是针对未来要发生的事情做当前的决策。简单说策划就是预先决定做什么、什么时候做、怎么做。那么策划的步骤是什么呢？就是以既定目标为起点，定出策略、政策以及详细的作业计划，并在目标达成后进行成效评估和反馈，从而返回起点开始策划的第二次循环。在广播电视节目中策划也是永不停止的，因为各方面条件的不断变化决定了节目本身要进行对条件的适应和改变，所以就必须随时进行策划和调整。实际上策划是一种连续不断循环的工作。

第三节　话题的操作与组合

话题是支撑主持人节目的梁柱。在节目制作和编播的过程中实行栏目化的结果是可以把不同内容、体裁、形态和长度的节目错落有致地串编为一个有机的整体，而栏目最终的体现就落在话题的编排和操作上。

一、话题的组合

主持人节目按内容性质可以分为新闻类、知识类、服务类、文艺类、少儿类、体育类和综合类。不管是哪种类型的节目，都离不开话题。话题的优化过程实际上是对话题进行最合理、最平衡的衔接和组合的过程。掌握了其中的技巧，就能够使节目产生最好的效果。可技巧绝对不是一成不变的，必须根据实际情况进行具体的分析。那么有没有大致可行的规律呢？当然有，目前我们在现有的基础上总结了以下一些经验供大家参考借鉴。

1. 层层递进式

先选择一个比较浅显、明白、易懂的话题做开场，随后步步深入。一个话题接一个话题层层递进，慢慢展开主题，加强力度，不断深化受众对主题的理解和把握。用形象的语言说也就是"剥笋式"。对话题的组合采取由近及远、由浅入深、由表及里的顺时递进的方式。

2. 中心辐射式

以一个主题为中心，多方位、多层次、多角度地展开话题。这种方式很容易使受众感到节目过程中信息量大，涵盖面广，视野开阔。但必须要注意的就是对主题的把握，不能在节目过程中离主题越来越远。这有点像写散文，形散而神聚。

3. 对比反差式

将两个或多个截然不同的素材成对地组合在一起，形成强烈的反差。这种方式非常有利于强化主题，给受众留下深刻的印象。

4. 主副线式

围绕主题设置一个主话题，用若干个小话题进行点缀和说明。这种形式在关于百姓生活的很多话题性节目中很常用。中央电视台以前的《实话实说》栏目就经常采用这样的方式。

5. 并列跳跃式

这种方式在娱乐节目串联中用得比较多。它是将看上去互不联系的素材组合在一起，最后揭示出内在的联系。这种方式比较容易同中心辐射式混淆。

其实具体的方式可以有很多，在实际运用中也经常有多种方式交替使用的情况，所以必须要根据具体的主题、素材、栏目形式和接受对象而定。

二、话题的操作

这个问题很难在没有具体案例的情况下说清楚，因为事物的变化是无时无刻不在进行的。

哪怕我们事先设计了具体的话题进行步骤，可是不同的主持人肯定也会有完全不一样的处理，只有通过积累经验才能找到最好的处理方式。其实在这方面应该更多地从记者的实际工作中借鉴经验。因为一有事件发生，记者就能立刻对此事是否具有新闻价值做出反应，应该怎样最大限度地发挥其新闻价值，怎样通过最短的时间找到最合理有效的突破口。记者的这种素质和经验都可以被主持人借鉴学习，从而在话题的具体操作上做到一针见血。

普遍来讲，新闻类和谈话类节目都喜欢开门见山。专题、娱乐串联引例入导比较多见。有时候也可以设置悬念，吸引受众的注意力。在节目结束的时候一定要注意首尾呼应。谈话类、专题类还要注意点评要点，归纳概括，深化主题。

其实真正的好话题只有在好的操作中才能达到最佳传播效果。在演播之前主持人就必须要先沉下心来仔细研究背景资料，进行相对周密的话题设计。在节目开始的时候一定要找到比较恰当的话题来入手，这样可以充分体现编辑意图，提高话题质量，达到事半功倍的效果。但是大家都知道在实际的主持创作过程中有很多情况都是突发的，事先设计好的开场话题有可能会和现场气氛不协调，从而影响嘉宾和观众情绪的进入，这时候就考验主持人的应变能力和经验了。而临场应变和对突发状况的良好处理恰恰是衡量一个主持人业务水准的重要因素。

总之，话题的组合与操作是节目主持人智慧的体现，也是主持人素质和功力的综合体现。作为一个主持人，在受众眼前的每一分钟都是之前所有努力的呈现。

第五章 主持人的状态

- 第一节 传者身份的定位
- 第二节 心理运动状态

中央电视台在早期推出的《为您服务》节目中，最早的一位主持人沈力老师曾经总结过主持人的状态，她说主持人的感觉大致可以分为四种类型：无感觉型、感觉空泛型、感觉错误型和感觉正确型。那么主持人怎样才能找到正确的感觉呢？究竟怎样的状态是主持人在进行创作时应该具有的呢？主持人节目形式最突出的特征就是以人际传播的方式进行大众传播活动。美国传播学教授唐·库什曼认为：人际传播中的沟通以其亲密性特征而不是疏远冷淡性特征，与纯交谈、礼仪式闲聊或浅交谈无共同之处。人际沟通是人们彼此变为好朋友或知己的中介，包含着有关人员独特自我观相互渗透的过程。为了使这种渗透成为可能，参与沟通的每一个人都必须表露有关自己独特自我形象的信息。

由此可见，主持人节目形式具有人际沟通的主要特征，那就是平等、亲和、不掩饰真我。于是就可以大致总结主持人在创作时的状态了。

第一节 传者身份的定位

现在我国对传播学的研究是比较热烈的，很多专家和从业者都热衷于传播模式的推敲。虽然"模式不可避免地具有不完整、过分简化以及含有未阐明的假设等缺陷。适用于所有目的和所有分析层次的模式显然是不存在的"[1]，

---

[1] ［英］丹尼斯·麦奎尔、［瑞典］斯文·温德尔：《大众传播模式论》，祝建华译，上海译文出版社2008年版，第3—4页。

但对模式的了解却有助于播音员主持人更加深刻地认识自身工作的社会性和重要性。

播音员、主持人是传播者，与受众之间的关系是线性传播关系和线性反馈关系。传播的内容、传播的形式其实在本质上不可避免地具有"强制"性质。但同时由于当下的受众获取内容的渠道与形式都非常多，这就决定了传播者必须要努力满足受众在信息、知识和欣赏娱乐方面的多重需要，才能真正成为吸引受众的心灵魔术师。

在中国历史的发展中，向来都非常重视语言文字的功能。在广播电视传播中，有声语言是首位的。即使在新媒体传播中，大量的网络节目也都是以有声语言作为主要的工具。有声语言责无旁贷地承担着主干或主线的重任。而语言是人们交际和交流思想的工具，在语言为载体的创作中，最高目标还是思想的交流沟通。此外，媒体的工作是进行大众传播，大众传播就必须具有引导这一社会责任。要完成引导广大受众，提升精神境界，净化社会生态的任务，就要向受众进行"灌输"，使受众"满足"。把受众未知却应知的东西通过艺术的方法灌输给他们，把受众已知与欲知的东西有限度地满足他们。那播音员、主持人在创作中应该遵循什么规律？这些都需要我们首先明确自己的身份。

一、服务者

在以往的播音主持理论研究中，对于主持人的身份认定表述是明确的：受众的良师益友；架设在节目与受众之间的桥梁……甚至有的播音员、主持人以智者、权威、"传教士"的形象出现在受众面前。这是因为党、政府和人民赋予了播音员、主持人在话筒前、镜头前的话语权，他们代表媒体和节目制作群体，把集体创作的结晶传播出去。但这绝不能说明播音员、主持人在创作之外也是权威、智者。播音员、主持人的话语权力只有在岗位上才能拥有，同时要认识到这个岗位不是个人领地，播音员、主持人更多的应该是服务者。

从传播过程中来分析，播音员、主持人在广播电视传播中履行的是传者的工作，处于媒介的前沿，是信息发布的始端，也是服务行为的起点。一切内容的传递都需要这个"前沿"才能得以展现。张颂老师在《播音主持艺术论》中说："传者的工作，就是汇天下之精华，集人类之大成，抒世间之真情，议万事之是非。"① 这些"大成""精华"并不完全来自播音员、主持人，他们只是节目创作群体的代表人物。所有的节目内容只是通过播音员、主持人的有声语言进行了驾驭展现，因此，主持人首先应该有宽阔的胸怀和谦虚的态度。

在节目创作过程中，节目采用什么样的形式？各个环节需要如何表现？灯光怎样配合？音乐怎样渲染？画面怎样切换？这些都是创作群体中的每一位工作人员的智慧结晶。每一位劳动者都是值得被尊重的，没有人愿意劳而无功，也不希望自己的心血付之东流。但是对于受众来讲，所有的尊重与赞美都给了播音员、主持人这样一个节目的具象依附。因此，主持人在创作群体中应该保持一个"卑己尊人"的态度，要认识到创作群体中的每一位成员的辛勤付出都是对节目质量的保证。但这里的"卑己尊人"不是绝对地放低姿态，而是正确认识到创作群体中每一位成员的重要作用，正确认识到自己作为播音员、主持人的岗位重要性和敏感性，不贪功、不自大，把职业面貌放在第一位。

但播音员、主持人真正做到"卑己尊人"是不容易的。张颂老师在《关于传者身份的思考》一文中这样说道："卑己尊人需要超尘脱俗，甚至脱胎换骨。这种自我改造、自我超越的功夫，那艰辛不亚于改造自然、改造世界的筚路蓝缕。走出人际传播的常态，进入大众传播的媒体，传者是不会轻而易举地做到卑己尊人的。"② 的确，播音员、主持人的工作性质中有一个很重要的特性就是"党和政府的喉舌"，而长期以来，中华民族的传统文化中老百姓对统治阶级一直怀有"敬"与"畏"。播音员、主持人由于在工作中承担

---

① 张颂：《播音主持艺术论》，中国传媒大学出版社2008年版，第10页。
② 同上书，第9页。

了"上传下达"的任务，很容易就会掉入"我就是权威"的意识误区。播音员、主持人只有时刻提醒自己是一个上情下达，下情上传的服务者，才具有做好本职工作的理性前提。

二、传播者

关于播音员、主持人的传播者身份，在新闻类节目中得到了最明确的体现。毋庸置疑，新闻类节目是广播电视的骨干节目。新闻有广义和狭义之分。作为上层建筑中观念形态的表现，新闻传播要求对已有的事实进行报道，狭义的新闻是对新近发生的事实的报道；广义的新闻就包括了评论等。在国际上，社会地位最高的主持人往往是新闻类节目主持人，我国的广播电视的改革也是以新闻改革为突破口的。近几年来腾讯视频迅速获得了良好的社会效应也是因为接连推出了优质的新闻类节目。

既然是传播者，就必须要尊重传播的规律。在很长一段时间里，我国的新闻播音员和主持人有时有意无意地将新闻传播与宣传的界限模糊了，一味地按照宣传规律，结果往往既达不到宣传目的，又达不到新闻传播的效果。在全球化语境的背景下，甚至还会直接影响媒体乃至国家的国际形象、信誉和公信力。

播音员、主持人首先应树立一个观念：媒体既有思想宣传功能，又有新闻传播功能；既不能以思想宣传替代新闻传播，也不能以新闻传播取代和否定思想宣传。作为传播活动中最前沿的播音员和主持人一定要明确新闻与宣传的不同点和重合点。我们知道，新闻是对新近发生的事实的报道，而宣传则是某种观念、意志的传播；新闻的价值着眼于"客方"，即努力满足受众的信息需求，而宣传的价值则着眼于"我方"，即宣传者的观念、意图如何被宣传对象所接受。

因此，在新闻类节目中，播音员、主持人的创作就必须要遵循新闻传播的规律。要尊重受众的知情权、参与权、表达权、监督权。在这样的指导思想下，再结合新闻节目的语言样式，才能出色地完成工作任务。

三、引领者

在广播电视传播中，受众的期待是从业者必须要重视的。对受众期待的满足以及满足的方式则是最考验创作者功力的。

广播电视是为人民服务的，播音员、主持人的工作也是为人民服务的。不得不承认，以往有不少的播音员、主持人将这句"为人民服务"理解得空洞而笼统，在创作结果的表现上也呈现多种想象："语气生硬的训导、嗲声嗲气的亲昵、冷漠苍白的叙说、有气无力的讲述……"[①]在这样的创作态度下，播音员、主持人不可能体现出内心的真挚和赤诚，受众会明显地感觉到创作者对自己所传播的内容的"不相信"。在这样的情形下，播音员、主持人不可能将传播内容中的正气有效传递，也无法实现媒体的引导作用。

媒体作为大众传播的媒介，其社会功能中很重要的一项就是舆论引导。由于受众是多层次的，受众需求是多方面的，因此，播音员主持人的引导就需要靠近受众。林语堂先生在《生活的艺术》一书中指出："一个博学的学者，须把那专门的智识消化了，并且和他的人生观察联系起来，才能够用平易简明的语句把这专门的智识贡献出来。"[②]这段话对于我们认识理解播音员、主持人的引领作用有两个方面的帮助。

首先，播音员、主持人要有强大的语言表达能力。语言是思维的体现，播音员、主持人作为创作主体，需要适应多层次、多角度的受众期待，要了解和熟悉一切人，要了解和熟悉人生。《红楼梦》中说"世事洞明皆学问，人情练达即文章"，这就是对播音员、主持人提出的广义备稿的标准。只有在这样的前提下，播音员、主持人才能在话筒前、镜头前触碰到受众内心最柔软的部分，才能够知道受众在接收信息时最大的需求是什么。同时，加上播音员主持人扎实的语言表达基本功，说出来的有声语言才能充满人生况

---

① 张颂：《播音主持艺术论》，中国传媒大学出版社2008年版，第17页。
② 林语堂：《生活的艺术》，湖南文艺出版社2016年版，第82—83页。

味，充满生命活力。

其次，播音员、主持人应该有正确健康的价值观、人生观、世界观。信息的传播目的是宣扬正确健康的观念，媒体的作用是舆论监督和导向引领。播音员、主持人作为传播行为最前沿，任何一句话都是在传递着价值观、人生观、世界观。在中央电视台《朗读者》节目中，一位企业家嘉宾和主持人谈起自己年轻时因为种种原因没能当上飞行员，当时嘉宾在和主持人的谈话里说道："幸好那时没有当上飞行员，如果当上了，到了四十岁退休，现在顶多是个维修工。"言外之意就是如果当上了飞行员，就没有现在的企业家了，维修工的社会地位是不如企业家的。这样的话语传递出来的价值观是有失偏颇的，作为主持人，应该及时地、恰当地纠正这样的言论，这不仅有关媒体形象，更有关社会影响。

笔者求学时，老师教导过我："播音员、主持人在话筒前和镜头前的每一分钟都是所有生命的呈现。"在受众面前，播音员、主持人的知识积累、品德修养、价值认知都是被放大了的，这个职业的社会价值也是不容忽视的。从业者只有真正地认识理解了"为人民服务"的真谛，才能无愧于传播活动的前沿阵地这一神圣岗位。

第二节 心理运动状态

播音员、主持人是在媒体传播活动中,以有声语言或以有声语言为主驾驭节目进程的人。有了在本章第一节中对播音员、主持人身份的正确认识,那么我们在创作中的心理运动也便有了依据。

一、创作中的心理运动

张颂老师在谈到正确的播音创作道路时,总结出了"深入理解—具体感受—形之于声—及于受众"这样的规律。但要真正实现这个规律,播音员、主持人的内心活动必须是丰富的、活跃的。

任何一个国家的媒体必然体现国家意志,都会为统治阶级服务。我国的国体和政体决定了各级媒体的政治方向和宣传策略,媒体必须要站在国家政策的立场上。此外,广播电视反映的是世界的风云变幻,社会的前进步伐,在信息的选择、传播内容的价值取向引导等方面都要坚定地站在国家原则立场上。因此,播音员、主持人的创作必须站在国家要求的高度,必须以辩证唯物主义为指导,并将其渗透到自己的内在思想感情中,融化到自身创作的独特感受中,甚至成为职业本能。

在播音主持创作中,有声语言是主要载体,但播音员、主持人本身则是创作工具与素材。如果没有思想情感的运动状态,在创作中表现出来的就是感情的空白与虚无,但这不代表播音员、主持人的创作就可以"万物皆备于吾心"。长期以来,我们都说播音员、主持人在创作时要从节目内容出发来理解内容,但仅从内容出发进行理解是不完全的。张颂老师在《播音创作基础》一书中这样写道:"'从内容出发'成了我们长期以来代代相传的原则,似乎它是一把万能钥匙,可以打开一切稿件的表达的大门……需要注意的是,'内容'只包括叙述、描写、报道、论证、介绍、欣赏的客观事理,它不包括采取的形式,即载体……不重视体裁,以不变应万变,难道不会使创作道路鱼龙混杂吗?"[①] 尤其在当下新媒体节目欣欣向荣的形势下,播音主持创作更不能单纯地从节目内容出发进行理解的第一步,一定要熟悉并了解表现形式,寻找到更加正确的表达方法。

但是我们要谈的播音主持创作的心理运动并不仅仅局限于此,还包括了更多的感情运动。播音主持创作有一个"改变形态"的工作特性:需要把文字稿件转化为有声语言,把内部语言外化为有声语言。在这样的形态改变的工作中,我们还必须要调动自身真实深刻的体验才能够完美完成任务。德国哲学家莱辛说过,处境同我们最相近的人的命运才能最深刻地触及我们的灵魂深处。而在实际的生活中也的确没有人会拒绝热情与真诚。只有在创作中真诚的情感运动才能使我们的传播实现价值。

节目主持人在创作中的心理运动是复杂的,我们只能从心理调节和主持任务的角度进行探讨。在实际创作中,无论是内部素质还是外部行动,主持创作的心理调节的方法都是多种多样的,都是遵循心理运动规律的。良好的心理运动和心理调节都来自自身良好的心理素质、平和沉稳的心境和强大的抗外界干扰能力。

二、镜头前的状态

在电视没有普及之前,我们通常说的是话筒前的状态,而非镜头前的状态。实践中往往有一个误解:播音主持阶段是创作的扫尾阶段。但实际上,播音员或主持人进入演播室的时候应该是整个精神状态刚刚进入创作的时候,接下来的过程是实现创作理想、达到创作目的的真正的创作过程。所以

[①] 张颂:《播音创作基础》(第3版),中国传媒大学出版社2011年版,第19页。

这个时候主持人的状态必须是积极的,在精神上和心理上都应该是最丰满、最灵动的时候。当一个播音员在话筒前的时候,对他的最基本的要求就是:全力以赴抓目的,精神集中播内容。这对于一个播音员来讲是正确的,也是必要的创作路径。尤其是电台的播音员,因为他们必须要在最短的时间内吸引听众,最有力的工具就是语言。这其中包括了本身的嗓音条件,还有开门见山、言简意赅的引言。但对于镜头前的播音员和主持人来讲,屏幕上所反映出来的形象是全方位的,主持人的形象与镜头画面的色彩、结构以及光效、背景音乐等环境因素所营造的气氛是否和谐都有密切的关系。所以讨论主持人在镜头前的状态,就必须要考虑到演播室的因素。但是这些因素涉及的范围大,不确定性也强,因此我们暂且单就主持人自身所应该具有的状态来进行探讨。

当一个电视节目主持人在创作的时候,整个演播室就成了他自己与观众同喜同乐的人生舞台。同时主持人还肩负着一个更为重要的任务——引导和控制舞台上所有"角色"的情绪和矛盾冲突的发展。所以这时候的主持人首先应该是充满激情的、情绪饱满的,但同时又必须是松弛和理智的。这似乎是矛盾的,一个人怎样才能做到既激情四溢又保持理智,既情绪兴奋又保证状态的松弛?这就如本书在"主持人的工作内容和基本任务以及在节目中的地位"里所讲的,主持人首先要参与到节目的前期策划中,将节目的宗旨、形式、内容、话题的组合脉络、自我与节目整体风格的协调等都了然于胸。这实际上也是主持人的备稿工作。人有一个心理现象:当对自己即将要做的事情心中有数的时候,你是不慌不忙的;当对自己即将要做的事情还不太了解、不太有把握的时候,就会非常紧张。还有一点值得注意的就是,当对外界的反馈有太多顾虑的时候、杂念太多的时候,人也是紧张、拘束甚至无所适从的。那么在了解了节目宗旨、内容、形式等方面的前提下,主持人在镜头前到底应该具备怎样的基本状态呢?答案就是自信和兴奋。

1. 自信

《现代汉语词典》对"自信"一词的解释很简单,就是"相信自己"。但是人在自信的时候有一个很重要的特征值得注意,那就是:当人自信的时候,他总是从正面积极地肯定自己的能力。这种肯定绝不是盲目地信任自己的能力，也绝不是一味地掩饰自身的弱点以求完美。真实的事物并不一定都是完美的，适当有度地袒露自己的不完美实质上也是一种优点，是人格层面完美境界的追求。所以要做到自信，首先要把握起码的一个重要因素——度，就是分寸。世界上的事情偏左一点或偏右一点都很容易，最难的就是刚好达到和谐的那一点。准确找寻到这一点需要主持人在生活中留意培养良好的人生感觉，要注意观察生活。在人世间总是有一把看不见的标尺衡量着万物，而这把标尺又总是随着具体情境的不同在发生着与规定情境相适应的变化。一个人要想彻底了解这把标尺的变化是不可能的，能够做到的就是尽可能多地掌握这把标尺的变化规律。从这个意义上来说，主持人需要的是从业者用生命的历练唤起大众的共鸣。主持创作是偏倚心灵的技巧，主持人是引导观众思维的魔术师，从事的是精神建设的工作。主持人在创作的时候不论是直接还是间接，面对的都是成千上万的受众。人在面对熟悉的环境和熟悉的人时会很自然，在面对不熟悉的环境和不熟悉的人时就难免有杂念，这在表演学中称作"当众孤独"。主持人在创作时就需要极其坚强的心理素质和极端强烈的表现欲望来支撑。因为当主持人面对镜头时，他或她并不知道观众是来自十四亿人口中的哪部分，他们此刻想的是什么，最想要看到的又是什么。这是每一个主持人都必须要经历的心理阶段，没有任何人能大言不惭地说自己从开始从事这一职业以来都是充满自信的。有的人在这样的状态下为了掩饰自己内心的虚弱，就故意摆出一副天下第一的架势，于是举手投足间流露出来的不是自信而是狂妄。观众总感觉主持人凌驾于观众之上，没有把观众放在眼里，心理的距离立刻产生并出现排斥，这时候的观众是不可能被主持人打动和引导的，就更谈不上与节目的融合了。还有一类主持人是在不自信的时候干脆完全真实地袒露自己，以为此刻的"真诚"会得到观众的谅解。这是片面地理解了"真实"的含义。这样的主持人表现出来的是谨小慎微，总感觉理不直，气不壮。观众有一个接受心理：当感觉到带领人不强于自己的时候是不会信服的，甚至会质疑和抵触。主持人在这样的接受心理下也是不可能得到观众的肯定的，更谈不上实现传播的目的。

那么怎样才能找到正确的自信分寸呢？必须遵循传播的基本前提：传播者与受众是平等的。主持人将自己的心态放平，把自己的创作过程看作和观众交流探讨的过程，像在知心朋友面前一样将自己融入观众中。主持人在创作过程中必须要迅速地将观众视为亲密的朋友，从更深层面讲就是主持人要有良好准确的心理定位。比如，丹·拉瑟在报道消息时可以保持自己内心较为真实的感受，像是在自己家里告诉人们今天世界各地发生的令人瞩目的欢乐或忧伤。在节目中，他会为世界上发生的残暴、灾难事件向观众表示歉意，也会为某位母亲舍命保护自己孩子而自叹不如。他在新闻事件的传播过程中将自己摆到了与观众一样的角度，和他们同喜同悲，这样的传播理念本身就非常人性化。

对于初学者而言，以上所谈的内容需要长时间的磨炼和个人的领悟。但有一些外部的形体方法可以帮助我们找寻适当的自信，比如目光坦然、动作自如、语调沉着等。在表演创作中，演员会利用有意识的行动去激发下意识的行为，而这下意识的行为越多就说明表演创作越成功。主持创作中也可以借鉴这些技巧。

2. 兴奋

兴奋是指人的某种情绪状态，医学上对它的解释是：大脑皮层的两种基本神经活动过程之一，是在外部或内部刺激下产生的，能够引起或增强皮层和相应器官机能的活动状态，如肌肉的收缩、腺体的分泌等。

我们在此所要探讨的兴奋是指主持人在创作中情绪的激动、振奋和思维的活跃。

我们可以想象，如果一个主持人对即将要进行的创作没有激情，还怎么能打动并说服观众也参与其中呢？也许人们很容易将兴奋理解为亢奋，认为主持人在兴奋的状态下很难保持沉稳。这其实是误解，主持人只有在对自己的创作充满播讲欲望的时候才能将热情点燃，思维也才能够随之积极和活跃。这样的兴奋与沉稳并不矛盾。此外，我们还要区别沉稳与冷漠。《焦点访谈》的主持人敬一丹一直以沉稳著称，但我们仍然可以感觉到她对自己所报道的事件是充满关切的。主持人的兴奋不是指上蹿下跳，而是要将全部的心灵投入到创作的激情中。这就像一个演员在舞台上进入了忘我的状态，将自己与正在创作的艺术形象融为一体，角色当笑他便笑，角色当哭他便哭。这样的创作才能够感染观众。

主持人要想使自己在进行创作的时候兴奋起来，就必须要在节目前期的策划、构思过程中投入精力与热情，深刻理解传播的目的和意义。有了对节目内容的充分认识，就会产生传播的欲望，也就有了我们通常所说的激情。而激情在主持的具体创作过程中又能极大地提升感染力。只有这样，作为新时期的主持人才能明确自己的职业责任是传播精神文明、传播主流文化，在社会转型期参与文化重构。

三、新鲜感

主持人既要在镜头前沉稳练达，对传播内容了然于心，同时还要始终保持着充分的对节目内容的新鲜感，去面对观众进行交流和传播。这对主持人来讲是不容易做到的，需要主持人具备高尚的职业道德精神。

对于节目主持人来说，新鲜感不同于我们平常所指的对某事物好奇探究的了解欲望，而是对于自身创作环境的所有信息在产生的反馈的验证、刺激下所激发出的播讲欲望。

经常会有主持人觉得自己几年甚至十几年主持同一个节目，对节目的形态、目的、意义以及流程都已经太熟悉了，完全没有了新鲜感。作为电视播音员，最致命的弱点就是失去了镜头前的新鲜感。缺乏新鲜感就丧失了激情，丧失了激情就会使观众看到一个对工作和生活没有兴趣的形象。主持人的形象首先要自然，其次要充实，在镜头前的振奋感和运动员保持竞技状态一样。我们所说的主持人的新鲜感是来自在工作过程中对所有信息产生的反馈的验证、刺激下所生发出的播讲欲望。在主持创作中，主持人要以有声语言为工具，调动自身所有素质积累来渲染、调动、控制节目，主持人的工作就是依靠自身的行动完成的。这就像演员的表演。演员需要心理行动、语言行动和形体行动来展现人物和故事情节，主持人同样也依靠行动推动节目进程。任何一个行动都必然会使节目进行的现场发生变化,这个变化实际上就是周围环境对主持人的行动发出的信息所做出的反馈。而主持人正是在不断地接收到这些反馈后及时对自己的行动进行进一步调节,并下意识地不断激发出自己的播讲欲望。在不同的规定情境下,同样的行动会得到不同的反馈,而主持人娴熟练达的标志就是能针对不同的规定情境做出较为合适的行动,并能及时地通过反馈对行动进行调整。

深刻认识了主持人创作的这个行动规律,相信每一次的创作对于主持人来说都是全新的工作,同时,每一次对内容的把握都是一次挑战,主持人就能够保持对创作的新鲜感。

第六章 电视节目主持人的魅力

- 第一节 电视节目主持人的魅力构成
- 第二节 主持人的魅力核心——个性
- 第三节 主持人魅力实现的途径

第六章　电视节目主持人的魅力

　　魅力是吸引人的力量。从性格上讲，魅力是一种人格特征，是一种稳定的心理倾向。魅力包含着深厚而丰富的心理内容，是人们心理机制与外部行为的统一。在人际交往中主要通过双向的交流才能将魅力展示出来。电视作为大众传播媒介，从本质上有别于日常生活中的人际传播。但是电视节目主持人在这一视听兼备的媒介中出现，使大众传播媒介模拟人际传播成为可能。电视节目主持人也越来越多地将人际传播的技巧带入到电视这一大众传播媒介中去，从而引发了电视节目主持人的魅力这一课题。

　　电视节目主持人的魅力是主持人通过电视这一大众传播媒介对观众产生的吸引力。电视节目主持人魅力的产生与主持人本身、电视观众以及收视环境都密切相关。由于电视将主持人的言谈举止、音容笑貌都呈现于观众面前，电视节目主持人魅力的产生也就和人际交往中对人的印象一样是从外貌开始的。因此，任何一位电视节目主持人都无法忽视自己的外部形象，从面部化妆、发型设计、衣服款式颜色到主持人的坐姿、站姿都要体现出符合节目要求的、能够为观众所接受的风度和个性。然而，外貌并不是决定电视节目主持人魅力的最主要因素。由于电视节目主持人主要是用有声语言和观众进行交流的，体貌之外所体现的思维特征是否与观众具有类似性也是电视节目主持人魅力产生的因素。在大众传播活动的特征中很重要的一点就是传播必须是传受双方有共同的意义空间。这意义空间当然也就包括了审美取向与格调。传播学学者认为，如果接受者认为信息的来源是一个与自己相似的人，就可能被说服；心理学学者认为，态度的类似性是人的魅力带有的普遍性的决定因素。类似的东西常常被作为一个同一体而感知，因此把同自己类似的其他人和自己一起组成一个单位。在一般情况下，人们对自己有好感，所以对那些被归纳为与自己同一单位的其他人就同样具有好感。由于电视节目主持人的外表通常比普通人要美好，电视节目主持人与电视观众的类似性就主要表现在对人对事的态度上。如果电视节目主持人与作为观众的普通人有相近性的说话、思考方式，能够让观众感受到主持人和自己同呼吸、共命运，自然就在观众心中产生了好感，这好感的进一步发展就成了魅力。中央电视台曾经有一个唯一以主持人名字命名的节目《一丹话题》，虽然这个节目存在的时间不长，但是其主持人敬一丹却专门把自己对该节目的总结和反思写成了《〈一丹话题〉得失录》一文，文中写道："我对自己有一个要求：经济话题由我来谈，不能把话说得像经济专家，求深度，也不能让观众觉得很艰涩，主持人如能以平常心去体味，以平常话去表达，就有可能深入浅出。我经常与观众站在同一起点上开始接触某个经济问题的ABC，随着采访的展开，又同观众一起一步步走向深入。"① 正是因为敬一丹能够以平常心去主持节目，才会让观众感到可亲可近，才能成为具有魅力的"十佳电视节目主持人"之一。

由于类似性涉及主持人这一传播媒介形象和观众双方，所以从理论上分析，还有一个观众是否同主持人类似的问题。所谓"物以类聚，人以群分"，不同电视节目的目标受众是有差异的，所以不可能要求所有的观众都喜欢看某一特定节目进而喜欢该节目的主持人。作为一名电视节目主持人首先要了解自己节目的目标受众是哪些，从而努力寻找与目标受众的类似性，向这部分观众靠拢，这样才会使魅力找到一个相对稳定的作用群。如果为了无限制地扩大魅力的作用群，而没有稳定的风格，反而会失去受众基础，使魅力无所依存。

以上是对电视节目主持人的魅力所做的静态分析。实际上，魅力产生的过程十分复杂，并非固定不变的。我们在本书中讲述主持人自我意识的时候谈到过个性成为魅力的条件，实际上魅力的消长是一个动态的过程，收视环境和收视心理都对电视节目主持人的魅力具有重要作用。如果一位观众第一次收看某主持人的节目时身处舒适的环境，内心又十分舒畅愉快，便倾向于对这个主持人产生好感。日后收看这个节目就会回忆起初次收看的美好感

---

① 敬一丹：《〈一丹话题〉得失录》，《电视研究》1994年第7期，第39—41页。

受，进而强化这位主持人在其心目中的魅力。除此之外，收视者的情绪、心理也都影响主持人在其心目中的魅力。因此，在某些特定的条件下，主持人是否具有魅力与其本身主持得好坏并无直接关系。主持人的魅力也不是一成不变的。有的主持人外形一般，但随着观众对他（她）的了解，他（她）的知识、性格、同情心都会增添他（她）的魅力；有的主持人则可能相反，日子一长，就失去了对观众的吸引力。此外，观众周围的人对主持人的态度如何也会影响到主持人在观众心目中的魅力。例如，某观众对某节目主持人并没有特别的印象，但其家人、朋友、同事等与其接触最多、最亲密的人都对该主持人做出一致的或好或坏的评价，这位观众也会受到影响，改变对该主持人的态度。

那么主持人的魅力该怎样形成呢？主持人自己应该怎样丰满自身的魅力呢？其实还是有章可循的。

第一节　电视节目主持人的魅力构成

一、电视节目主持人的魅力构成

电视节目主持人的魅力是依托于节目、依托于电视、依托于观众而产生的，所以它的构成具有多元性，具体表现在以下几点。

首先，它是电视节目主持人个性魅力与电视媒介魅力的结合。

电视以其视听兼备、传播速度快、覆盖面广的特征征服了观众。电视的出现给广播、报纸、电影等其他大众传播媒介带来了巨大的冲击。虽然电视出现得较晚，但是它以独特的优势进入了家庭，堂而皇之地成为第一大众传播媒介。它不仅影响人们的日常生活，而且对社会政治、经济、文化无不产生潜移默化的影响。电视这一充满巨大魅力的"方盒子"使电视节目主持人比其他明星更容易走入千家万户。同时，由于电视可以采用各种特技手段，将充满冲击力的画面带到观众面前，将发生于世界各地的事情呈现于观众面前，为电视节目主持人提供了既丰富又好看的素材，更使电视节目主持人成为视野开阔、能力超群的"英雄人物"。此外，包括灯光、摄像在内的一切技术使许多在生活中看上去十分平凡的人一到荧屏上就成了光芒四射的电视明星。可以说，离开了电视这一媒介的特征和魅力，节目主持人就失去了依托。

其次，电视节目主持人的魅力是主持人魅力与节目魅力的统一体。

任何节目主持人形象的魅力都离不开特定的电视节目。正是具有突出特点和个性的节目造就了具有魅力的节目主持人。反之，优秀的节目主持人又可以运用自己的魅力为节目大大增色。应该说，节目主持人的魅力与节目独特的构思、丰富的内容、灵活的表现形式所产生的魅力是一致的。节目主持人魅力的产生离不开节目从策划到技术人员整个创作集体的艰辛劳动。节目主持人也只有排除任何"非主持欲望"，完全从节目出发，才会具有动人的魅力。

最后，电视节目主持人的魅力是与观众共鸣产生的共振魅力。

前文我们已经论述过观众的心理、身体、精神状态以及环境因素对电视节目主持人魅力的影响。此外，观众是否会与节目主持人产生共鸣，还依赖于节目的内容、形式。应该说，没有好的节目，节目主持人的魅力也就失去了依托。那些构思新颖、信息量大、与观众生活贴近的节目是产生优秀节目主持人的肥沃土壤。不仅如此，节目播出时间的长短以及接触频率的多少也会影响节目主持人的魅力。心理学家日昂斯认为，接触次数的增多会增加好感。中央电视台《新闻联播》节目的播音员并没有在屏幕上过度展现个性魅力，而是更多地以国家媒体形象的共性出现在观众面前，但由于该节目每天在国家级媒体的黄金时段播出，是党和政府宣传的第一阵地，节目的重要位置无疑给主持人魅力的形成创造了条件。

电视是一门综合艺术，灯光、布景、摄像、化妆以及镜头的切换等构成的电视媒介的综合魅力也是形成节目主持人魅力的因素之一。虽然主持人的外貌不是其魅力的决定因素，但拙劣的照明会丑化主持人的形象。如果镜头的切换在充分展示个人风格定向的时刻出现问题，或者在编辑的后期剪辑中漏掉了精彩的段落……这些都会严重地影响主持人的魅力展示。所以，电视节目主持人必须主动协调好节目组内的各种工作关系。其实，主持人在节目中的地位类似于演员在影片中的地位，他（她）们的创作成果都和其他部门的创作成果一起成为导演最终作品的创作素材，只不过他（她）们是最终成品的直接具象代表。如果各部门通力合作把主持人的形象塑造好，一个有魅力的节目主持人就有可能出现于节目中。如果我们把一个节目比作一盘好菜的话，主持人的魅力好比调料，节目内容则是主菜。

二、在节目本位前提下寻找主持人本位

众所周知，不同类型的电视节目由于自身的传播特点，对主持人的素质构成也有不同的要求。比如，少儿节目主持人要轻松活泼；新闻类节目主持人要沉稳庄重；服务类节目主持人要热情而富有同情心；文艺节目主持人要多才多艺；谈话节目主持人要机敏幽默；等等。这些都是从节目类型入手对节目主持人提出的总体要求，是节目本位观念的一种体现。节目本位这种提法在我国是在 20 世纪 80 年代后开始被提出的。当时中央人民广播电台《午间半小时》节目主持人傅成励老师就在《主持人形象与节目的个性》一文中写道：主持人只能在节目方针规定的主持人形象的基本特征上去丰富和完善，不能与之背道而驰。其实这就是最早的节目本位思想的提法。中央电视台著名主持人沈力老师也在她所写的《谈主持人的个性形成》中写道：主持人应该根据栏目（或节目）内容的需要，拿出自己的见解，根据自己的感受和习惯，讲自己的话。中央电视台《新闻联播》节目播音员李修平也在《谈谈节目主持人的信赖感》一文中提道：主持人要使用适合于栏目内容的手段（语言、表情、动作）塑造与栏目内容相协调的形象，突出节目的特点。[①] 这

---

① 申家宁：《节目本位或节目主持本位》，《声屏世界》1994 年第 12 期。

种思想说明了应该按照节目要求设计和体现节目主持人的形象，这就是节目本位。在主持人的基本任务中笔者也曾经总结过：总体来讲，主持人的任务就是在完成栏目整体风格定向的基础之上适当地展现个人风格定向。这种观点要求主持人将自己作为节目的有机组成部分，保证节目的成功。当然在实际创作中，同类型的节目有不同的主持人，而无论这个主持人的性格倾向是什么，都会是成功的节目主持人。干练泼辣的海霞、清新亲和的欧阳夏丹、沉稳思辨的白岩松、诙谐幽默的崔永元、犀利机智的柴静、稳重大气的康辉、机敏活泼的文静……虽然各有特点，但同样都是优秀的新闻节目主持人。所以我们在树立节目本位的同时，不能单纯地将这种思想理解为每一类型节目只能由同一种气质的人主持，这将不利于电视节目的魅力和节目主持人个人魅力的展示。

我们在树立节目本位观念的同时，还要树立节目主持人本位的观念。电影界中倡导培养大明星和世界级表演艺术家，要有专门的人依照演员的特质创作剧本。而现代电视节目也应该以此为鉴，为具有超凡素质的节目主持人设立节目。中央电视台节目主持人李咏在《天涯共此时》节目中表现平凡，而在为其度身定造的《幸运52》中则将自身的夸张、感染力强、表现力强、反应快、轻松、善于制造现场气氛等特点发挥了出来，一下子就让观众记住了这个极富个性的主持人。在表演创作中，演员只有塑造出"这一个"性格，才能被观众牢牢记住，而对于电视节目主持人来讲，独特的"这一个"也是节目吸引观众的标签。

也许从以上文字中会令人产生一个误解：节目本位和节目主持人本位的概念是自相矛盾的。其实不然。节目本位是基础，节目主持人本位是节目本位发展的高级阶段。两者是相承关系。只有具有了节目本位所要求的基本素质构成，同时又具有了超凡特质的主持人才会成为优秀的人才。而只有优秀的人才才会被发现，才会专门为其设计节目。不过在目前，传统媒体在这一问题上还存在误解。

首先，节目负责人对主持人节目认识不清晰，认为只要有个人在节目中出现在镜头前就是主持人节目。有的主持人连节目前期过程都不参与，仅仅是节目的摆设，是为"主持人化"而做的主持人。编导等创作人员关起门来构思节目、进行想当然的策划，全都做好了才想起来找个主持人增加节目色彩。于是，按照自己脑子里已有的节目模式四处寻找所谓的主持人，至于对找到的人的性格、阅历、语言、特长等并不在意。只要节目的框架搭好了，稿子写成了，主持人化好妆就开拍。在这样的前提下，有进取心的主持人拼命在节目中找寻展示个人风格定向的空间，而无进取心的主持人则只要念稿子就行。等那些显露了才华的主持人在观众心目中站住脚之后，编导们又看好这种模式，于是又循着这种模式去找别人。好不容易找到主持人后，不是去研究面前这个鲜活的人的特点怎样和节目相结合，而是要求其隐藏自己的个性去做某某第二。这种做法其实是将节目成功的财富遗弃了，自始至终都忽视了主持人的个性和人性，将主持人作为了道具。这样的方式看似遵循了节目本位，实际上忽视了节目主持人的风格和个性，同时也是不了解主持人节目的表现。

其次，在节目与节目主持人的关系上，还要反对某些节目主持人片面突出自我，产生"非主持欲望"的做法。这种"非主持欲望"的产生是脱离了节目本位的，是个人主义的，是利用媒介实现杂念的表现。皮之不存，毛将焉附？这样的主持人是不会有魅力的，自然也就不配享受主持人本位所带来的荣誉和甘甜。在主持人本位的节目中，也不是代表着主持人就可以有完全自我中心意识，仍然还是要从观众心理出发，从提高传播质量出发，千万不能忘记主持人本位的节目是遵循节目本位的原则的。

第二节 主持人的魅力核心——个性

我们知道了主持人的魅力是受多种因素影响的,但无论是什么因素,都需要将节目主持人自身的个性魅力作为吸引观众的魅力核心。我们在主持人产生的意义和作用一节中和大家探讨过什么是个性,我们也知道了个性是决定人的特有行为与思考的概括化的心理活动系统。从人的外部表现来考察,个性是一个人特有的行为模式;而从内部机制来分析,人的个性是一个复杂的、整体的、相互作用的过程;从个性与心理活动的关系来看,个性又是一种静态的、概括化的心理活动。

电视节目主持人的个性魅力首先来自健康的个性。健康的个性是一种和谐发展的个性,是富有高度效能的具有创造力的个性,是体力与智力、知识与道德、性格与才能、理性与知觉、美的体验与美的表现等诸多方面获得高度和谐发展的个性。健康的个性具有以下特征:①对现实采取积极的立场;②对自己生活方面的事件具有能够理解其真相的能力,而不必借助于"精神防御";③具有自我认识能力;④具有抽象能力;⑤具有不断个性化的过程;⑥具有各特征功能上的自主性;⑦对挫折不屈不挠。

具有健康个性的人就像有一个巨大的磁场,能够向外辐射能量,吸引周围的人。表现在节目主持人身上,无论哪一类型的节目,无论是哪个节目,节目主持人的光环都能笼罩整个场面,成为节目现场的焦点核心。电视节目主持人应该发展健康的个性,避免阻碍人际吸引的心理特征。这些阻碍人际吸引的负面心理特征主要包括以下几点。

1. 不尊重他人人格，对他人缺乏同情心

主持人缺乏同情心，对他人缺乏应有的尊重和感情，都会破坏主持人的魅力。有的主持人在采访中为了急于获得信息，不顾采访对象的心理、身体、精神状态就急于发问，也是缺乏同情心的表现。令人遗憾的是，我们时常在节目中看到记者、主持人居高临下地采访呼吸困难的患病者，看到某些节目主持人故意煽情让采访对象落泪，我们还时常看到某些主持人似乎充满正义感地对违章、违法人员喝来斥去的场面。主持人一定要牢记自己只是一个舆论的报道者和监督者，不是执法人员，不是裁判官，自己的职业是让采访对象说真话，为受众还原真相。如果抱着居高临下、不尊重他人的态度，怎么可能完成沟通呢？

2. 以自我为中心，忽视他人的处境和利益

节目主持人虽然可能是节目的焦点核心，但只是节目的构成元素，最终是要为节目服务的。如果主持人总是"我"字当先，处处想体现"我"的重要性，无疑是"非主持欲望"的表现。从主持人话筒前的状态角度来分析，这种"非主持欲望"是属于主持人创作过程中的杂念，会影响到主持人最终任务的完成。我们知道主持人这一职业的产生是为了提高传播质量。主持人要通过完成节目整体风格定向和实现自身风格定向来达到提高传播质量的目的。但处处以"我"字当先并不是个人风格定向的表现，而是在破坏自身风格定向。因为离开了节目整体风格定向这一基础，任何自身风格定向都是不成立的，是令人反感的。

3. 对人不真诚，为自己获益而与他人交往

节目主持人的工作对象有可能不断在变化，实际上是没有时间和精力与每一位打过交道的人保持长久交往的，这是可以谅解的。但是目前的广播电视还存在一些不正常的现象，如有偿新闻、向被访者索要财物、为了获得个人利益拿节目做交易等。这些不仅仅是对人不真诚，而且是违反职业道德的，应当受到唾弃和指责。

4. 过分服从并取悦别人

这是很多刚刚参加工作的主持人比较容易出现的问题。很多初入职场的主持人会认为自己刚参加工作，没有资历也缺乏经验，如果过多地表达自己的意愿和想法，或许会给前辈造成自己不谦虚的印象。但实际上在一个节目的创作过程中，集体的智慧才是节目成功的保证。中央电视台在20世纪推出《正大综艺》节目时，选择了还在大学就读的杨澜作为女主持人，与她搭档的是当时已经家喻户晓的相声名家姜昆先生。但那时的杨澜在节目中表现出的敢于说话、敢于展现自己的不卑不亢的态度，让观众记住了这个充满书卷气又朝气蓬勃的女大学生。后来她和赵忠祥老师的合作也延续了这种大胆、清新的风格，在观众心目中增添了她那来自知识、才气的魅力。

5. 过分自卑，缺乏信心

有关自信心对电视节目主持人的重要性，我们在节目主持人的状态一节中已经做了详细的叙述。其实，主持人在创作现场的那种状态和演员在表演现场的状态很相似，都是处于当众孤独的情境。这样的情境需要有非常强烈的信念感才能冷静地完成任务。而这个信念感一定是由信心、勇气和孩子般的信任组合而成的，一定要充分地相信创作的假定情境，一定要充分相信观众的接受反馈。如果一味地缺乏自信，必然导致自己在创作的过程中"理不直，气不壮"，当然无法实现传播的目的。

6. 性情孤傲，不喜欢与人交往

电视节目主持人是一个需要熟悉一切人、了解一切人，熟悉生活、了解生活的职业。从业者必须是一个社交广泛、喜欢与人打交道的人。一个孤傲的主持人会给人"拒人于千里之外"的感觉。如果主持人与观众的距离拉大了，交流的前提也就同时被破坏了。观众没有了和主持人交流的欲望，主持人的魅力还从何产生呢？

7. 怀有偏见，不愿意接受他人规劝

再优秀的节目主持人都不是完美无缺的。俗话说"金无足赤，人无完人"，无论是来自同行还是观众的意见、建议、劝告，都要认真倾听和思考，言之有理的就虚心接受，固执只能引起观众的反感。同时，长期不听规劝，就没有进步，同样也会丧失魅力。

总之，在建立健康的个性，克服妨碍人际关系的毛病之外，要想增添

魅力，还要具有创造性，才能成为电视节目主持人领域中独一无二的"这一个"。

《国语·郑语》中史伯曾提出"声无一听，色无一文"的主张，唐代韩愈也曾经提出"惟陈言之务去"。作为电视节目主持人，没有独特的个性，便缺乏吸引人的力量。德国哲学家莱布尼茨说过："世界上没有两片完全相同的树叶。"俄国著名文艺理论家别林斯基说："在真正的艺术作品里，没有哪一个形象重复另一个形象。"如果走别人的老路，满足于一种受欢迎的模式，没有属于自己的东西，就不可能有魅力可言。齐士龙先生在他的《现代电影表演艺术论》一书中说过："一个人之所以成为一个可以为别人感知的具体形象，关键在于他除了具备人类共同的本能之外，还具有自身的个性，也就是独特性。当然，主持人也不能为了追求与众不同而把怪异当特色，而是应当从节目的形式、内容出发，从自己的语言、形象、风格等方面着手寻求突破。"[①]

创造性还有另外一层含义，是指主持人要在自己的节目中不断创新，不能总是重复自己，而应该不断地改进。当然这是对节目主持人提出的更高的要求。我们所指的不重复自己并不是指多换几件衣服或者多改变几次发型，而是指主持人要不断地在创作中总结经验教训，不断地从内心丰富完善自己的人格，这样才能不断地在节目中展现自己的优点和好品质。电视业是每天都要消耗大量脑力劳动的行业，电视业的发展就是不断地抛弃旧模式，寻找新样式的过程。再优秀的主持人在每天大量的工作过程中不断地向外"掏"自身的积累，也总有"空"的一天。观众在长期的模式中也会对主持人的一成不变产生"不过如此"的感受。所以节目主持人应该把握电视媒介的这个特点，积极主动地与节目创作组其他成员商量改进节目的内容、形式。同时要不断地"充电"，丰富自己的学识，不断展示自己的新境界，在稳定自己主持风格的基础上寻找突破口。如果主持人在处理不同内容、题材的节目时总是一个套路，就会令观众觉得"江郎才尽"。美国谈话节目主持人奥佩

---

① 齐士龙：《现代电影表演艺术论》，中国电影出版社2014年版，第5页。

拉·温弗瑞的节目话题十分广泛，从代沟到如何打扮，从性教育到犯罪问题，她总是亦庄亦谐，该严肃的时候凝神屏息；该轻松的时候就坐在台阶上毫不在意；有时候听到开怀之处，她还会蹦起来。她一切都是那么自然，使观众能不断发现她性格中的各个侧面，而永远无法给她下一个定义。这就是她的主持魅力所在。

第三节　主持人魅力实现的途径

在实际创作中，主持人该如何着手实现自身的魅力呢？

人的个性是有意识活动与无意识活动的统一。只有当一个人形成有意识的自我，具有一定的知识和经验，产生鲜明的立场、态度和社会活动能力的时候，才能表现出他的独特个性。然而，人的个性心理内容并不局限于有意识的活动动机，它还具有多种多样的无意识倾向。

首先，这种无意识是存在的对行为有所影响而未被主体所意识到的心理活动。任何创造性活动都要以高度熟练的自动化动作作为基础，而在这些动作中就表现出无意识的倾向。人在开始形成技巧与熟练动作时都要通过意识活动形成一个又一个的个别动作，但由于经常反复练习而形成高度自动化的动作定型之后，这一系列的个别动作就需要无意识活动的参与了。比如，在斯坦尼斯拉夫斯基理论体系中，无意识活动在演员的表演中占了十分重要的位置。演员在表演的过程中经常要通过有意识的行动激发下意识的行为，而这下意识的行为越多就说明表演越成功。电视节目主持人也是这样，无意识的动作、表情、脱口而出的话语在主持人活生生的魅力塑造中占有极为重要的地位。

其次，在灵感与直觉活动进程中表现出的无意识活动是有意识的创造性活动产生的前提。很多非凡的思想就来自于灵感的"一闪念"。电视节目主持人应该充分重视和发挥这些无意识活动的作用，抓住这些难得的瞬间灵感发展思想、设计节目、组织语言。

再次，在强烈的情绪爆发时，个体的某些动作表现出的无意识活动极为珍贵。生活中这样的活动大量存在，每个人的个性就是在这样的活动中展现出来的。主持人在创作过程中也是一样。当主持人在情绪强烈时所做的无意识活动其实是最能让观众感受到活生生的人的气息的，主持人的很多个性特征也正是通过这些无意识活动反映出来的。正因为无意识的活动是难以控制的，所以也是最真实、最生动、最吸引人的。

最后，人在高度注意的条件下产生的对其他非注意对象的无意识性也是展现个性特征的机会。我们所说的节目主持人在创作现场的状态类似于演员的"当众孤独"，演员在这样的状态下只有排除所有杂念，去掉所有的非角色欲望，才能完成任务。同样，主持人在创作现场也需要排除镜头和话筒前的"非主持欲望"，唯有此，才能真正做到对其他非注意对象的无意识性，才能通过下意识的行为去展现自身的真实魅力。

无意识活动在生活中是普遍存在的，在艺术领域里它的作用就更为重要。奥地利艺术心理学家安东·埃伦茨维希在《艺术视听觉心理分析》一书中讨论了"非具象形式因素"对艺术的影响。他认为"非具象形式因素"就是那些无法为理性所把握的无意识成分。[①] 在艺术中，它也许是一个旋律的多种不具形的音调变化，也许是画家草图上看似杂乱无章的信笔涂抹。安东·埃伦茨维希这样写道："有不少艺术家，当他完成了自己的作品，可以从创作的紧张状态中松弛下来的时候，他也许就开始用不同的眼光去看自己的作品了……他可能会发现一些新的形式效果，而当他构成自己作品的时候，他（很幸运地）并没有看出这种效果。这种效果是艺术家自动的无意识的形式支配的产物。我们可以设想，当艺术家头一次注意到自动形成的形式创造的时候，他过分具象化的表层知觉只能情不自禁地把它们加以变形。如果艺术家想在新的作品中再次创造同样的效果，他就会发现，现在出现的这些效果都是有意图的，在有意识的形式支配下创造出来的，这使他失望。他会发现，这种效果已经丧失了新鲜感和浑然天成的性质。如果这成了他习惯做法

---

① [奥]安东·埃伦茨维希：《艺术视听觉心理分析——无意识知觉理论引论》，肖聿、凌君等译，中国人民大学出版社1989年版，第12页。

的一个组成部分，他就会退化成为装饰主义风格。"①

　　电视节目主持人也是这样，如果将准备过程中或者某次节目中获得良好效果的下意识动作、表情、话语重新使用，我们就会发现，这些动作、表情、话语已经失去了初次的那种魅力。被重复的所谓下意识动作其实就已经是有意识的行动了，已经丧失了真正的下意识行为的情境本质。

　　推而广之，在主持人创作的过程中一味地模仿别人的风格也必将导致失败。艺术是可以从模仿开始的，但这不意味着一味地模仿会成就有魅力的艺术。齐白石先生说"学我者生，似我者死"，因为模仿出来的东西是不具有与情感冲击力紧密相连的非具象结构的。我们的创作可以从模仿开始，因为学习前人的经验是成功的必经之路，但一味地模仿照搬必是死路一条。

　　主持人在具有了自己的魅力之后，还要力图保持这种个性魅力，从而形成稳定的风格。节目主持人贵在头脑清醒，不为环境和别人所左右。要时刻考虑自己主持人节目的任务、自己的性格和身份，要珍惜自己建立起来的风格，要重视无意识活动在主持创作中的重要作用。只有做到这些，主持人才能长久地焕发出迷人的魅力。

---

① [奥]安东·埃伦茨维希:《艺术视听觉心理分析——无意识知觉理论引论》，肖聿、凌君等译，中国人民大学出版社1989年版，第97页。

第七章 不同形态节目主持人的素质要求

- 第一节 新闻性节目主持人的素质构成
- 第二节 新闻评论性节目主持人的素质要求
- 第三节 服务性节目主持人的素质构成
- 第四节 综艺节目主持人的素质构成
- 第五节 谈话节目主持艺术

主持人这一职业对从业者有共性的要求，必须要具备基本的素质修养：较高的政治素养、较深厚的文化素养、扎实的语言修养、较强的应变能力和对事业的执着追求。但是不同类型的节目由于自身表现形态的特点，又对主持人的素质构成有不同的要求。

第一节 新闻性节目主持人的素质构成

良好的新闻素质与新闻敏感、丰富的新闻阅历与扎实的采编导能力、较高的政策理论水平和深刻的判断分析能力、敏捷的现场应变和良好的口语表达能力，这是对新闻性节目主持人的素质构成的要求。

新闻性节目主持人集采编播于一身，是节目的核心人物，是节目成功与否的关键。在发达国家，优秀的新闻节目主持人在民众心目中是道德权威与智慧权威，是对社会的政治、经济、文化等方面产生影响的重要的人。

一、良好的新闻素质

新闻性节目主持人首先应该是一个新闻记者，然后才是主持人。必须具备新闻素质，尤其是新闻敏感性。

什么是新闻敏感呢？通常，人们把新闻敏感称为新闻嗅觉或者新闻眼光，是记者发现与识别事物的新闻价值的一种特有的素质。完整地表述出来，新闻敏感是记者对社会形势的敏锐的洞察能力，对客观事物的新闻价值的判断能力，以及对报道对象的迅速而准确的反应能力。有了新闻敏感，记者就能够对形势进行分析判断，同时迅速地找到新闻线索和新闻事实的价值，并且将新闻价值充分挖掘出来。可以说，新闻敏感是记者区别于其他职业的最大的特征，同时也是记者的新闻生命。

1963年11月22日，美国丹·拉瑟在达拉斯以他特有的新闻敏感，抢先报道了肯尼迪总统遇刺身亡的消息。他在四天四夜中连续写了一系列跟踪报道，由此获得上司好评并被提升为驻白宫记者。

美国著名女节目主持人芭芭拉·沃尔特斯也具备对新闻敏锐的觉察能力，她个人对于新闻的解读总是会穿过事件本身而去积极地思考原因所在。比如当听到全国产品净增5%的消息时，她就会去想"我们为什么增加产品？对观众来说这意味着什么"。沃尔特斯的这几个与观众利益息息相关的、颇有新闻价值的问题就反映了她灵敏的新闻嗅觉，说明她善于识别新闻、发现新闻。唯有此，主持人才能捕捉到独家新闻，才能挖掘出观众应知而未知、欲知的新闻。

中央电视台《焦点时刻》栏目主持人始终以敏锐的嗅觉关注着社会热点和焦点问题。他们明确提出了"独家""独到""独特"的追求目标。他们有关洋河污染、北京平台医院医疗事故、"银河"号事件、隆福大厦火灾、物价调整、中美知识产权谈判等问题的报道，在社会上引起了强烈的反响。正是因为《焦点时刻》报道的大量社会热点问题具有鲜明的新闻性和较大的新闻价值，所以该栏目也成了观众关注的焦点。

每一个职业都有自身的职业敏感，而新闻敏感也是新闻性节目主持人的职业敏感。从最简单的业务知识来说，新闻要有"五个W"和"一个H"，即"Who（谁）、What（发生了什么）、When（时间）、Where（地点）、Why（原因）和How（怎样了）"，概括成中文就是时间、地点、人物、事件的起因、经过、结果。但新闻敏感不是一般的职业敏感，它包含着更为重要的因素，就是政治因素与普世价值。我们要衡量新闻线索或事实是否重要，是否值得采访，新闻的传播要达到什么样的目的，新闻事件中哪些内容要重点报道，这一系列的问题都需要主持人从传播环境和人本角度出发进行判断。而这些才是新闻节目主持人综合水平的集中表现。

二、丰富的新闻阅历与扎实的采编导能力

美国名牌新闻杂志节目《60分钟》创始人和制片人唐·休伊特认为他们的节目之所以成功，原因有两条：一是它的哲学思想——讲给观众一个不知道的故事，二是它能吸收优秀的记者参加。这说明优秀的节目离不开主持人良好的记者素养。

根据有关文章介绍，美国三大新闻网的权威明星主持人从进入新闻界到担任主持人以前的工作经历平均在20年以上。在选择男主持人的时候，电视网的负责人看重的是他们的记者生涯，特别是那些曾经被电视网派驻到国内各地和国外受过严格磨炼的资深记者。只有这样的经历才能使他们具有丰富的新闻工作经验，具有高超的采访技巧。经过这样锻炼的主持人才能常常在各种复杂的现场应付各种棘手的问题，采访到独家新闻，搞到一些内幕消息；也才可能在时间紧迫的情况下依靠扎实的写作基本功，完成繁重的报道任务。

前文在探讨中西方主持人的差异的时候，曾经述及我国新闻性节目主持人大多数都是由播音员担任。他们有扎实的播音发声基本功，有声语言的表达能力也非常强，但相对来讲缺乏新闻实践和采编经验，因此在节目中表现出来的状态难免会让观众感觉"无过也无功"。那是否就说明新闻性节目主持人的语音发声就不重要呢？在学界曾经也探讨过播音与主持之间是否有严格的区别。有主张认为播音是严谨的、正式的声音状态和语言状态，主持是轻松的、生活化的声音状态和语言状态，两者有着严格的界线。但张颂老师认为，播音和主持的声音与语言状态就像是两极，在这两极之间还应该存在很多的中间状态。笔者十分赞同张颂老师的观点。新闻性节目主持人的语言绝不是播报式、宣讲式，也不完全是谈话式，而是既严谨又极富交流感的交谈式。这种语言不能是完全的生活化的语言，而应该是最大限度地接近生活化的语言，能够让观众在瞬时听清是第一位的，善于运用有声语言表达技巧

传情达意也是非常重要的。但同时，对新闻的理解、政策的把握、事件的挖掘和现象的解读，又是观众应知、未知、欲知的，这部分的内容真正需要主持人以自己丰富的新闻阅历和扎实的采编能力为基础。现在，我们已经看到越来越多的记者走上了新闻性节目主持人的岗位并且完成得非常出色，还有一些播音员出身的主持人在实际工作中注意吸取新闻实践经验，弥补了自身的不足，也成了出色的新闻性节目主持人。

三、较高的政策理论水平和深刻的判断分析能力

新闻性节目主持人在传播信息、报道新闻的同时，还要十分注重正确的舆论引导，要做受众的引导者。面对错综复杂的社会现实，要敢于揭示社会矛盾，剖析人生；通过社会热点、焦点问题的报道和分析，能在思想上给人们以启迪，留下有益的思考；要有敏锐的洞察力，能够预示社会发展的方向。

实践证明，新闻性节目主持人如果缺乏政策理论水平和判断分析能力，就必然会使节目缺乏思想深度，使内容陷入概念推演公式化、结论简单化的境地，缺少说服力，反之则会为节目增光添彩。记得有一次中央电视台主持人白岩松在赶往直播现场的路上遭遇了交通管制，差点耽误了节目的播出时间。于是在当天节目快结束时他发出了这样的评论：今天上班时我遇到了堵车，焦急中从朋友处得知今天因为有外交活动而实施了临时交通管制。外交活动我们要支持。我只是想提醒有关部门能否把工作做得更细致一些，比如提前告知老百姓，以便让老百姓提前规划自己的路线，因为"外交是大事，老百姓的生活也不是小事"。这一段评论就典型地反映了白岩松作为主持人的政策理论水平。此外，在《新闻1+1》"一带一路高峰会谈"特别节目中，白岩松也有较高的政策理论水平和超强的判断分析能力的展示。那次的特别节目一共做了四期，白岩松是最后一期的主持人，当天也是峰会闭幕的日子。于是在当天节目的开场白中白岩松这样说道："近些年来老百姓有很多特别的用词，比如'奥运蓝''两会蓝'，这几天又出了一个新词叫'一带一路蓝'……"简短的开场白表达了政府与民众对"一带一路"倡议的坚定支持

与拥护，同时也表现出中国举国上下对这一项目未来的美好愿景。这样的开场白既发挥了新闻节目的接近性，又表明了主持人对政策的态度。

国内外大量的事实说明，独到的见地和精辟的分析议论，最能够显示节目主持人的思想理论水平和形象，大凡这样的主持人都是富有魅力，最受观众欢迎的。

四、敏捷的现场应变和良好的口语表达能力

新闻性节目主持人经常要到现场采访和主持节目，要根据现场万变的情况随机应变、灵活反应，才能够应付自如。尤其是在直播现场，主持人的大脑要始终保持高度的注意力，随时处理各种意外情况。主持人要能对节目中出现的各种突发情况应付自如，或即兴报道、即兴评论，还要学会接别人的话茬，加以恰当地发挥引申。当出现纰漏时，要学会巧妙地加以掩饰；遇到意外情况猝不及防时，要机智地即兴解释。

在现场的采访和主持创作过程中，主持人既是现场的复述者又是现场的观察者，良好的口语表达能力就是必不可少的条件。口才可以显示一个主持人的价值，代表一个主持人的力量，这种价值和力量可以为新闻报道和节目增光添彩。新闻性节目主持人不仅要讲比较纯正的普通话，声音亲切自然、悦耳动听，最重要的是伶牙俐齿、善于表达。要有出口成章、即兴发表评论的口才，要有自然驾驭语言的能力和以情感人的本领。如果不具备这些能力，现场报道的任务就无法完成。2008年汶川地震时，中央电视台派往都江堰的记者徐娜就因为相关能力的欠缺，在2008年5月13日的灾区直播连线中效果欠佳。现将当时的录音记录呈现出来，大家可以从这个具体的例子中感受口语表达能力的重要性。

（演播室主持人是董倩和张羽，徐娜是现场连线记者）

董倩　　刚才我们通过一些短片了解了一下聚源镇中学的情况，现在我们就来连线此刻正在聚源镇中学、在都江堰采访的中央电

视台记者徐娜。徐娜你好。

徐娜　你好主持人。

董倩　请你现在给我们介绍一下你现在具体的位置是在什么地方。

徐娜　是这样的，我现在更正一下，我现在是在成都。因为现在都江堰的所有通信信号都已经切断。所以我现在……嗯……刚刚从聚源中学返回了成都，在一个酒店里接受……嗯嗯……在……在做这个连线。

董倩　嗯，那我问一下你为什么要在这个地方返回成都呢？你是不是到了前线去了？返回成都的目的是什么？

徐娜　嗯……是因为要做我们这一个……一个……要把我们……

董倩　我明白了，我明白了。

张羽　那信号原来是通的，为什么这时候又断了呢？是出现了新的灾情了吗？

徐娜　啊……没有没有没有。是这样的，这个……嗯……嗯……现在那边的信号……有的时候这个会断，有的时候会好。现在正在这个嗯……抢修过程当中。我说的是这个手机的信号，说的是这个手机信号啊。

董倩　徐娜，你今天是否观察到了整个聚源镇中学的一些救援情况？你是否在现场？

徐娜　我今天下午和晚上都在现场。嗯是这样的，我觉得这个中学的情况，嗯，现在这个救援的情况呢，嗯……整个的情绪氛围还是比较……毕竟还是个灾难吧，我觉得还是比较嗯，比较悲伤的哈。就像这里的天气一样，我觉得今天的温度虽然在18度左右，但今天一直在下着雨，而且气温也非常得冷，那很多这个爸爸妈妈……从昨天出事到现在，他们一直在学校的操场等着自己的孩子。嗯……那今天我遇到了一个妈妈，她在这个学校已经等了三十多小时，而且她今天告诉我说，她说因为这个学校是住校，孩子一直在住校嘛，那刚好那星期天那天是她孩子的生日,那在她送这个孩子回学校的时候,孩子特别高兴地跟她说了一句话。她说这是她14年以来……孩子是14岁哈,14,14年以来的,嗯……妈妈送他的第一个生日蛋糕。然后今天妈妈说到一点的时候,我真的我当时心里特别难过,因为我能够体会到她那种,妈妈的那种,那种悲伤……

董倩 徐娜,我想了解一下,今天因为有些学生被救出来了,那么对于那些被救出来的学生家长,当然他们会感到很庆幸,但是对于那些他们的孩子还是在底下生死未卜的家长,他们今天又是……你今天观察他们又是怎样的状态?

徐娜 嗯……我觉得是这样……嗯……现在的情况比我想象的要……要好,因为我觉得,嗯,很……现在的救援情况还是比较有序,因为很多这个……嗯,我们也看到,解放军跟警察他们带着大量的仪器还有警犬在这里已经奋战了有三十多小时都没有休息。那我觉得这个救援工作,今天我也问了一下,救援工作,嗯,应该是已经接近了尾声,所以我觉得嗯,在接下来的这个过程当中应该还是比较,比较顺利的。而且,但是我特别想表达的一种情绪是这样,就是其实我今天到了这个都江堰之后我看到每一个人的脸上这种表情都是非常沉默,真的……这个脸上而且都带着一种疲倦,因为我觉得从昨天开始到现在没有人,没有人真正地睡过,所以昨天……今天有人在说,他说这个是一个,对于成都来讲,对于这个都江堰来讲,这是一个不眠之夜。而且在这个城市当中就有很多人,这个不管是受灾的群众,还是救护人员,三十多小时都没有合眼……

董倩 徐娜,我想了解一下,刚才你说到了一个细节,你说对于聚源镇中学的这个救援工作已经接近尾声,因为刚才我们在演播室里面采访专家,他说在震后的72小时都是黄金救援期,

165

		你为什么说已经接近尾声了呢？
徐娜	嗯……嗯……因为是这样子，就是我今天晚上，因为我刚刚从那边回来，大概一个……嗯，不到一小时哈，那他现在嗯已经……我今天问了一下我们这边的救援的人员，他现在嗯……嗯……就是说他现在死伤的人数正在统计过程当中，而且现场已经基本恢复了正常的状态。	
董倩	好的，谢谢徐娜从成都给我们带来的关于聚源镇中学救援的一些最新情况。	

在这次直播连线之后不到24小时，网友就对徐娜发起了声讨。在这次工作中暴露出来的徐娜的新闻素质不合格的问题先不谈，重要的是她的口语表达能力也不合格。在大家密切关注的灾区受灾情况的现场报道中，不但没有给观众带来有价值的新的信息，而且个人表达也词不达意、拖泥带水。

世界上一些著名的新闻节目主持人，无不具有出众的口才，他们口齿伶俐、善于表达。例如，哥伦比亚广播公司《晚间新闻》的节目主持人沃尔特·克朗凯特的接班人丹·拉瑟就是美国公认的口才极好、风度极佳的主持人。他自20世纪50年代开始从事广播电视记者工作，以现场即兴报道著称。在他长达三十多年的记者生涯中，做过很多高水平的报道。他主持节目时语言流畅、简明清晰，从不拖泥带水。又如，享有盛名的广播电视新闻节目主持人爱德华·默罗，他出口成章，具有得天独厚的口才。早在中学时期他就表现出了卓越的演说才能。在大学的时候他主修演讲学，名列全校榜首。他思维敏捷，具有很强的现场口头采访和即兴评论的能力。他的口语广播一度成为美国广播的规范模式。

第二节　新闻评论性节目主持人的素质要求

新闻评论类的节目是伴随我国改革开放和民主化进程的逐渐加快而产生的一个新品种，它的产生是对传统新闻节目的补充、延伸和深化，是一种可以发挥广播电视优势、具有强大生命力的龙头节目，也是未来电台、电视台言论的主要渠道。它的出现是我国新闻节目主持人和我国新闻主持人节目日趋成熟的标志，是主持人关注时代变革、关心社会的责任感以及时代使命感不断增强的重要标志。它的出现也是传播媒介人格化的体现，有利于发挥主持人正确引导舆论的积极作用，以确保传媒舆论导向的正确性和权威性。

新闻评论节目的政治性、政策性强，对新闻评论节目主持人素质要求也高。

一、要有牢固的喉舌意识和导向意识

新闻评论节目主持人担负着"以科学的理论武装人，以正确的舆论引导人"的重任。舆论导向正确则人心凝聚，舆论导向失误则后果严重。主持人必须要时刻想到节目的选题、内容、思想是否符合党的方针政策和舆论导向，绝对不允许以个人好恶、感情、看法作为反映和取舍的标准，严格防范偏导和误导。

二、要有较高的马列主义理论水平和分析判断是非的能力

目前，随着改革开放的不断深入，社会生活的各个方面都发生着深刻而

广泛的变化，出现了许多新情况、新问题、新矛盾。作为"舆论领袖"的新闻评论节目主持人只有牢固树立马克思主义新闻观，切实提高理论水平和政策水平，才能明辨是非，用科学的理论揭示事物的本质。

三、要树立真理意识、敢于坚持真理

新闻评论节目主持人要树立真理意识，勇于站在时代潮流的前列；要勇于探索真理、宣传真理、捍卫真理；要正直无私、仗义执言，以君子坦荡荡的浩然正气来树立自己的和节目的形象，形成节目的风骨和品格。

四、要有高度的社会责任感和时代使命感

新闻评论节目主持人要以时代、社会为己任，视群众为生命，处处关心群众的命运疾苦，这样才能赢得党和群众的信任、欢迎。

一名好的新闻评论性节目主持人，最重要的就是做出人的一种精神。这种精神不能只来自"个人"的"人"，而要来自"人民"的"人"。也就是说，个人的出名并不是主要的，以社会责任为己任才是真正的心系受众，要把追求人格超越放在职业生涯的首位。

五、要有灵敏的新闻嗅觉、讲究宣传引导艺术

新闻评论节目主持人的新闻嗅觉首先反映在选题上，要从全党全国的大局出发考虑选题，即从"抓住机遇，深化改革，扩大开放，保持稳定"这个大局去权衡，预测选题可能产生的效果和对大局的影响。其次，新闻评论节目主持人要以敏锐的嗅觉捕捉尚处在萌芽状态的具有生命力的新事物，抑或抓住刚冒出的值得注意的带有倾向性的问题及时抨击，尽可能减少负面效应。

讲究宣传引导艺术，贵在注重说理技巧。苏格拉底在论诡辩术时总结过

说服别人需要的三个要素：人品诉求、情感诉求和理性诉求。新闻评论节目主持人在宣传引导时也应该注意在这些方面下功夫。在生活上严于律己，在思想上心系受众，在具体的创作中做到寓理于事、事理结合、循循善诱、以理服人、以情感人；切忌居高临下的生硬说教，以势压人，防止说理的简单化和教条化。

第三节　服务性节目主持人的素质构成

服务性节目是针对服务对象的实际需要和心理需求设置的。我们了解它的特色和主持要求之后就可以总结出这一类型节目主持人的素质构成。

服务性节目不能没有节目主持人，主持人的形象对节目的成败具有举足轻重的作用。主持人角色定位的准确性、特定性已经成了该类型节目的一大特色。服务性节目一般由若干个各具特色的小栏目组成，这些小栏目之间缺乏内在的联系，必须要通过主持人的精心编排来使"拼盘式"的结构成为一个完整的节目整体。主持人在节目中所起到的穿针引线的作用不仅能够有效地密切栏目和栏目之间的内在联系，赋予节目完整性，还沟通了荧屏、话筒和观众、听众之间的联系，便于彼此交流感情，是办好办活节目的关键。

服务性节目的特点决定了这类型节目的主持人一定要朴实无华、和蔼可亲、真诚热情。主持人一定要将自己与受众之间的关系摆正，要牢固树立自己的创作是为受众服务的观念，要想群众之所想，急群众之所急，要把群众的需要当作自己的需要，把群众的疾苦放在自己的心上。本着这样的观念进行自己的创作，才能够找到正确的创作方法和目的：语言方式上要采用谈心的方式，娓娓道来、循循善诱。

服务性节目要为受众提供生活服务，传播生活知识，培养人们健康的生活情趣和高尚的生活情操。其中，生活服务类节目所涉及的范围非常广泛，要求主持人不仅要了解生活，还要对生活充满热爱和热情；信息类服务节目非常强调实用性，主持人在创作中必须要把是否能给群众提供帮助作为首要目标，起到为社会各界通风报信、牵线搭桥、排忧解难的传播作用。

同时，服务性节目也有舆论导向的作用。比如引导群众怎样消费、怎样交际、怎样生活,都有倾向性,旨在引导人们热爱生活、创造生活、追求生活,培养人们健康、向上、乐观的生活情操,提高生活情趣。

从以上分析中,我们总结出以下几点服务性节目对主持人的素质要求。

一、要有为群众服务的精神和一片爱心

热爱群众,尊重群众,为群众着想,是服务性节目主持人最重要的素质。有了这一点,主持人才能和群众站在一起,想他们之所想,急他们之所急,为他们做好服务;才能视观众为上帝,把节目办到观众的心坎里,使服务性节目真正做到"适其需要,合其口味,与其交流,引其参与,为其服务,受其监督"。

中外许多优秀的服务性节目主持人概不例外。中央电视台最早的服务性节目《为您服务》的主持人沈力老师在谈到自己的创作经验时曾说道:"作为节目主持人,要处处为观众着想,应该不放过任何一个与观众交流的机会。我正是通过成千上万封观众的来信,与数以万计的陌生人成为熟悉的朋友。"一位评论家是这样评价沈力老师的主持的:"看了她的节目,不光学到了知识,也是一种艺术享受。确实感到她是在诚心诚意地为大家服务。"法国女明星玛霞·贝朗治主持的《喂,玛霞!》(*Hello Marsha*)节目,听众遍布欧洲、中东、北非和澳洲。该节目每天凌晨1点到3点以现场直播形式播出。在谈到主持节目体会的时候她说:"我并不是一个不知道累的人,我也不是不想爱惜身体,但想到我的听众有那么多忧愁烦恼,我的心情就不能平静,我要尽一切努力尽量帮助听众解决困难,给他们送去温暖和幸福。我热爱人生赛过爱我自己。"

这段话对我们是有启发的。服务性节目主持人的工作既辛苦又繁杂,如果没有全心全意为群众服务的境界和敬业精神,是很难做好这个工作的。

二、要有一定的生活阅历和知识积累

对服务性节目主持人来说，生活阅历越丰富，自然就越见多识广。越是经验多、体会感受深，就越有发言权，这样的主持人在主持节目时就有说服力。因此，一般来说服务性节目主持人不宜过于年轻。

服务性板块节目涉及的知识面广，内容杂。这一特点给主持人的知识修养提出了更高的要求。主持人文化生活知识越扎实、越丰富，就越能吸引人。所以当好一名服务性节目主持人要博览群书，广泛涉猎知识，要不断地充实自我，完善自我。

三、要有个性魅力

生活中每一个人都有自己的性格特征，主持人在屏幕上亦是如此。在创作中，主持人更应该是一个真实的、鲜活的人，而不是一个模具，应该有自己的喜怒哀乐。有个性才有活力，才能产生魅力；有个性也才能符合生活的真实，从而更加增强节目的说服力，达到最好的传播效果。

我们首先要正确理解主持人的个性与共性之间的关系。有的节目主持人以为强调个性风格就可以不顾节目，好像拿起话筒自己就是电台或电视台。其实每一个节目主持人的工作都是在节目这一平台上通过自己的智慧、才华、风格包括风度来进行的传播工作，而不能把节目当作个人表演的舞台。所以节目主持人要根据节目的内容和特点来调整自己，要在符合节目要求的前提下形成既有共性又有个人特点的主持风格。群众需要的是主持人个性与共性的统一，所以主持人要在坚持共性的前提下，努力发挥个性，形成独特的个人风格。服务性节目主持人的魅力离不开诚实、坦率，要向受众捧出坦诚的心，来不得半点虚假，只有这样才能赢得受众的信任。同时魅力也离不开主持人良好的形象和服务态度，或循循善诱，侃侃而谈；或耐心引导、情真意切；或平等待人、以诚相见。魅力还来自主持人的"目中有人，心中有情"，千方百计地调动自身感情和受众交流，引导受众参与节目。总之，服务性节目主持人的个性风格要与节目或栏目的整体特色相一致。

四、要有人情味

节目主持人是为受众服务的朋友，对受众要充满友情、深情，充分理解人，不能搞生硬的说教，更不能以势压人。

人情味，体现了主持人和受众之间的亲密关系。无论是在解答问题时还是在讨论问题、发表意见的时候，主持人都要做到晓之以理，动之以情，充满关怀体贴，增强亲和力和贴近性，这样的服务才能收到良好的效果。

第四节　综艺节目主持人的素质构成

所谓的综艺节目，是指综合娱乐节目。它涉及的内容广泛，凡是娱乐艺术的内容几乎无所不包。这一类型的节目是所有节目中娱乐价值最高的，通常会以变化多端的内容、新颖有趣的表现方式给受众的生活带来欢乐。1948年，美国电视屏幕上诞生的《明星剧场》和《城中大受欢迎的人》被当时的评论家称为电视的"巨型炸弹"，在电视发展史上被誉为"电视的一大突破"。综艺节目在制作上以"音讯诉求"的各种不同方式吸引观众，综合了各个类型节目内容与表现方式的精华。由于它的娱乐成分高，很容易给观众带来精神上的立即报偿，因此很容易被观众所接受。

要想完美地完成综艺类节目的策划和主持创作，就必须要明了各种类型综艺主持人节目的结构和制作方法。我们做节目就像写文章一样，当某一物象在我们的心灵中得到意向化之后，我们便希望有某种方式将这内心的感触表达出来。一般人在生活中都会对某物某事有所触动，但为什么不是人人都能成为诗人呢？这是因为我们被触动的时候，我们的主观占据着我们内心的绝大部分空间，而真正想表达的时候我们还应该从这主观中跳出来，从一个客观冷静的角度来重新将内心翻卷的主观以某种最为恰当的方式表达出来。这是需要训练的。就像书法一样，我们必须先了解和熟练写字时需要的某方面筋肉的协调运动。普通人是没有这方面的训练的，所以在生活中很多人都有成为诗人的可能性，因为很多人都有被某一事物打动的时候，但是没有张嘴的时候就不是诗人。像英国浪漫主义诗人威廉·华兹华斯（William Wordsworth）所说的那种"哑口的诗人"是没有的。同样的道理，主持人在进行综艺节目创作的时候，不应该做事后诸葛亮、看到节目之后才知道它哪里不错或者不好,而应该在创作之前就明确怎样做或者可能造成不好影响的原因在哪里。对内容的感受是天赋起主要作用,也就是主观占主要地位,而对形式的选择和实施则需要科学的训练和理解。所以我们要科学地了解什么样的节目结构有利于内容的表达,有利于主题的表达,有利于使节目成为一个有机整体,有利于节目主持时的正常发挥。这实际上是我们进行创作的前提和基础。我们知道任何创造都是旧经验的新组合,只有通过积累才能有创造的可能。所以,只有对原有的结构方式了然于胸,我们才可能百尺竿头更进一步,进行新的策划和创新。

现在我们来了解一下综艺类主持人节目的大致结构类型,具体如下。

1. 编年史诗结构

这种结构是大家非常熟悉的,是一种在大型纪念性的综艺类主持人节目或晚会中经常被采用的形式。比如最早的,也可以说是新中国迄今为止最优质的大型音乐舞蹈史诗《东方红》。一般来讲,这种结构的节目或者晚会多以历史事件的发展顺序或时间段来将节目分为不同的部分。比如民政部和原总政治部在1993年春节将至时,为纪念延安开展"双拥"运动50周年而举办的《正月里来唱新春》晚会,根据从1943年1月党中央、毛主席倡导"拥军优属、拥政爱民"运动(也称"双拥"运动)以来到1993年这50年里,在历经半个世纪的"双拥"运动中出现过的许多动人的事迹,把晚会分成了"辞旧岁"和"迎新春"两个部分。

2. 珍珠项链结构

这是我们在晚会中最常见的形式。我们先是有了一个个理想的节目,但这些节目是处于无序状态的,我们必须通过有机的串联来将节目组合成一台整体的晚会。也就是说,串联的目的实际上是使节目和晚会增强整体感、节奏感,提高趣味性、艺术性和思想性。

这种结构形式的主持人节目在前期准备的时候有一个方面特别值得我们注意,就是选择的节目数量不能太满,每一个节目都有时长,但它们的总和只能占到整个节目总长度的2/3多一点就可以了,这已经是极限。如果太长,主持人的串联就必须要相应压缩。我们都知道主持人在这类节目中的串联功能是要渲染主题、承上启下、活跃气氛。这实际上是主持人发动自身激情并感染受众激发激情，而激情的发动是需要过程的，所以应该给主持人留下充分的时间。但作为主持人自身来讲，也不能是无止境的，一定要懂得轻重处理。这就是实际创作的问题了，而主持人水平的高低也就在这个度的把握上得以体现。

主持人在这种结构形式的串联中还要特别重视悬念的设置。富有悬念性的串联是可以起到吸引和延续受众注意力的作用的。要运用适当的方式把晚会中最使人感兴趣的节目、演员或者其他具有吸引力的要素进行组合。

珍珠项链结构实际上是一种线状形态结构，而这条线就是主持人的串联。这种结构要和散点式结构区别开来，所谓散点式结构就是不集中在一处进行一台节目。中央电视台中文国际频道曾经在有一年的中秋晚会上采用过这样的形式，2018年的春节联欢晚会也是采取了这样的形式。它可以分为好几个演播场所，在具体的节目运行程序上可以采取平行并进的结构。主会场和分会场同时进行演出，这对于编导和主持人都是很大的考验，在设计上需要相当细致，对环节的衔接要熟知于胸才行。这样的形式一般不常采用。

3. **篇版块结构**

一台节目是由好几个篇章构成，每个篇章虽然都是体现了同一主题，但是篇章之间的内容是有所不同的。这种形式有点像写文章，节目设置得好，会显得章法严谨、段落分明，并且很灵活、很新颖、很精致。

4. **篇章组合结构**

这种结构很容易与篇版块结构相混淆，但是它们有一个重要的区别：篇版块结构中各个篇章虽然内容相对独立，但都反映的是同一主题，各个篇章之间是通过层层递进来反映主题的；而篇章组合结构中的各篇或各章可以在逻辑上相对独立，有点像交响乐的乐章一样，可以以乐章为章。

5. **段落组合结构**

这种形式一般用在一些比赛节目中。由于节目内容多，时间长，必须将节目分为不同段落，各个段落有自己的风格和特色，于是只能将不同段落进行分别组合。曾经流行的选秀节目就多采用这样的形式。

6. 组合回旋结构

这种形式需要投入很大的人力、物力，但是做成功了会有很好的效果。当下流行的明星真人秀节目就多采用这样的形式。这种结构在实际操作中需要大量的、细致的前期工作。

因为综艺节目具有娱乐艺术的综合性，在内容上具有兼容性和多边性，节目的形式也就很容易变化出新，所以为主持人的个性风格多样化和主持人的明星化提供了很好的条件。而且综艺节目具有广泛的娱乐参与性，也就容易建立良好的观众基础。综艺节目的这些特点，也对该类型节目主持人的素质构成提出了特殊的要求。综艺节目主持人是节目和栏目的标志，是决定节目成败的关键因素。一个优秀的综艺节目必然有一个优秀的主持人在支撑。主持人或者是文艺明星，不仅要熟谙文艺知识，还必须对文艺有极大的热情。在创作过程中除了要参与节目的策划和编导，还要善于承前启后、穿针引线，在节目现场必须有很强的渲染、烘托和调节气氛的能力。除此之外，综艺节目主持人还承担着在节目进行过程中巧妙灵活地介绍知识、传递信息、提供背景的任务。

总体来讲，对综艺节目主持人的素质构成有如下要求。

一、要有较高的艺术素养和丰富的文艺知识

电视综艺节目是指充分调动电子技术手段，运用独特的电视表现手法，如声光效果、时空的自由转换、独特的视觉造型等，广泛融合音乐、舞蹈、戏剧（戏曲）、小品、曲艺、杂技、游戏、竞赛（猜）问答等艺术形式或非艺术形式为一个整体对各种文艺形式进行二度创作，既保留有原有文艺形态的艺术价值，又充分发挥电子创作的特殊艺术功能，用以满足广大观众多方面的艺术审美和休闲娱乐等需求，给观众提供文化娱乐审美享受的电视节目形态。从这个定义中我们就能够看出，综艺节目本身对艺术形式的包容性很广，如果综艺节目主持人本身不具备较高的文艺知识和艺术素养，就很难在节目中将服务者、传播者和引领者的角色出色完成。中央电视台曾经有一台

综艺晚会,在晚会现场,一位民间乐器演奏家即兴弹了一段乐曲,请主持人猜这段旋律表达的是哪方面的情感。主持人一时语塞,幸好多年实践积累的经验帮助了她。她稍微停顿后自我解嘲说:"忘记了告诉您我是属牛的。"虽然晚会的节奏并没有因此而打乱,但观众欣赏的线性还是被打断了。

中外娱乐节目主持人的实践表明,这一素质对娱乐节目主持人极为重要。在美国电视史上,最受观众欢迎的娱乐节目主持人弥尔顿·伯尔勒本身就是一名著名的喜剧演员;埃德·沙利文虽然既不会唱歌又不会跳舞,但是对娱乐艺术有着强烈的兴趣和广泛的研究,并具有超凡的娱乐艺术鉴赏力;美国全国广播公司《今夜秀》(*The Tonight Show*)节目的主持人约翰尼·卡森(Johnny Carson)也是幽默风趣、机智善言。而我国的综艺节目主持人中有的当过演员,有的曾经是专业的乐器演奏者,有的是文娱爱好者,有的本身还有书法篆刻修养,都具有丰富的文艺知识。

近年来,我国的电视(网络)综艺节目已经很明确地走向了文化综艺的方向。

《汉字风云会》《我是演说家》《儿行千里》《中餐厅》《国家宝藏》《见字如面》《信中国》《诗书中华》《耳畔中国》等文化综艺节目大量涌现,并且收视率(点击率)居高不下。例如,网络综艺节目《我是演说家》第一阶段的总播放量就达到了 5.9 亿次;湖南卫视的《中餐厅》连续十一期稳坐收视冠军宝座,网络的累计播放量也超过了 26 亿次;东方卫视的《喝彩中华》首期节目全国 35 个城市平均收视率达到了 0.74%,电视观众达 1.28 人次,创下近三年全国戏曲文化节目收视纪录。大量的文化类的综艺节目打破常规、突破自身并取得了良好的效果。文化综艺节目是以文化的题材嫁接综艺形式,并将文化元素以现代技术呈现,在文化内容中融入情感,以形式吸引观众,以内容留住观众,兼具了专业性和娱乐性。这样的节目对主持人的艺术素养就提出了更高的要求:实现"高而不冷,传统又不过时"的传播效果是主持人的任务目标。这个目标的实现必然要求主持人具有较高的艺术高鉴赏力、评价力和充分了解对当下年轻人的审美。因此,具有较高的文艺修养、艺术天赋和丰富的文艺知识是这类型主持人必不可少的条件。

二、要有较强的临场应变能力和现场控制能力

在综艺节目的现场，主持人有可能会遇到许多事先难以预料的情况，只有具备较好的现场应变能力才可以化险为夷、应付自如。

在节目现场，主持人应该引导、控制场上气氛，而不应该被牵着走。具体体现为，主持人需要尽快把握现场出现的契机进行话题引导，并一直保持一种可以随时应变的兴奋情绪。其实现场控制能力主要是指把握现场气氛和观众情绪的能力。把握得体，就能够很好地打通节目与观众之间的联系。但把握的分寸感是否恰当则取决于主持人的对象感，也就是主持人对对象的了解熟悉程度，要明确对象爱看爱听什么，不爱看不爱听什么，喜欢主持人说什么，用什么方式说最能被对象接受等。

三、语言要有幽默感

莎士比亚曾经说过："幽默和风趣是智慧的闪现。"作为综艺节目主持人，要赢得观众的笑声首先必须具有引发噱头的锦囊妙语，别出心裁才能出其不意。语言的幽默诙谐风趣能展示主持人的魅力，可以吸引人，给受众更多娱乐，这也是娱乐节目主持人必不可少的素质。

四、要有较强的口语表达能力和即兴演讲能力

主持人不是朗诵者，不是念稿人，不能照本宣科，而是要善于在现场用口语说话。综艺节目主持人临场脱稿是正常现象，但在口语表达中要注意语言的流畅、节奏、重复、语速和简洁。

口语表达有严格的界定。语言交流通常有两个层次：最基本的是口语交流，这种交流是随意的；第二层是文字传播，文字传播要求信息的准确性，因此与日常口语最大的不同是克服随意性。在人类的传播中还有一个层次是

文学语言的传播，这种传播是对文字进行了加工之后的表现形象和思想的艺术形式。而主持人的口语不同于这三种形态。它不是自然状态中的口头语言现象，是较正式场合中带有一定的目的而使用的经过加工提炼的现想现说的口头语言。由此可见，主持人的口语不是单纯的人际交往的言语行为，而是属于大众传播的言语行为；其言语个性不受交际语境制约，而是受媒介意志制约；其语音要求规范，带有书面语色彩；其表达内容要有规定性，对信息含量和密度也有要求。即兴口语表达能力是主持人的必备能力，也是衡量一个主持人水平的重要标准。

第七章 不同形态节目主持人的素质要求

第五节 谈话节目主持艺术

广播电视与网络中以主持人谈话为主的节目都称为谈话节目，是由主持人、嘉宾和观众以演播室为基本谈话空间，围绕某一主题展开即兴交谈的节目形态。谈话节目的英文原文为"Talkshow"，所以按照字面的意思我们通常将其直接翻译为谈话节目或讨论节目。现在更多的人将其直接音译为"脱口秀"。这样的翻译更加生动和直观，我们可以一下子就感受到这类节目的最明显的特征——即兴。在这样的节目形态中，无论是主持人还是嘉宾，对某一话题的所有观点或者议论都是脱口而出的。由此可见，这样的节目形态对主持人的要求是全方位的，因此，谈话节目主持人的素质构成就比较全面。

为了更深刻地从节目形态分析把握该节目类型的主持人素质，我们首先对这个节目形态做一个简单的了解。

一、谈话节目的兴起与发展

广播电视的谈话节目在国外，尤其是美国，已经有相当长的历史。当下的网络谈话节目在形态上也是从广播电视的谈话节目衍生而来。这一节目类型从诞生以来就一直受到受众的欢迎。第一个谈话节目是美国马萨诸塞州斯普林菲尔德的 WBZ 广播电台在 1921 年播出的，所谈的内容是有关农业耕作的问题。在整个 20 世纪 20 年代，谈话节目大多都只是一个主持人侃侃而谈，而这个主持人也通常是某一方面问题的专家，因此并不能算是严格意义上的主持人节目。到了 20 世纪 30 年代，谈话节目的形式开始丰富起来了，有了嘉宾的介入和观众的参与。现在，我们已经将这一类型的节目做了更加细化的分类——以嘉宾言论为主的节目我们归其为谈话类节目，同时也将其称为访谈节目。在第二次世界大战前无线广播的黄金时代，谈话节目一直处于繁盛时期。以美国为例，在谈话节目兴起与发展过程中，先后出现了很多颇具代表性的经典节目。20世纪30年代末美国全国广播公司播出了《芝加哥圆桌大学》和《美国城镇工作会议》。1954年9月，该公司又推出了一档新栏目《今夜秀》。后来的电视史学家一般都把这个节目看作开夜间谈话节目先河的栏目。直到今天它的形式也还在被争相模仿。从这个节目的名称和播出时间我们可以看出，其话题的范围不受太大限制，凡事是观众感兴趣的事情皆可讨论。而且当时这个节目成功的原因主要有两点：一是主持人的幽默风趣。它的主持人是一个喜剧演员，具有敏锐快捷的反应能力和幽默搞笑的特点。二是现场观众的参与。在谈话现场，话题的讨论看似漫无目的，观众可以有机会和嘉宾一起各抒己见。主持人的幽默自然可以在现场制造大批笑料，而现场观众的参与也在传播形式上具有了极大的优势：现场观众的身份具有典型性和双重性。在这类节目中，更多的不是展示而是讨论，那么现场观众其实就是广大受众的代表，他们和嘉宾以及主持人之间的讨论无形中满足了更多受众的参与潜意识，于是也就更容易满足受众的肯定心理。同时，当人们意见相左时，各人的真实表现和节目本身最大限度地接近生活原态的讨论氛围又充分地满足了受众的另一个影像接受心理——窥隐癖。这样的节目形态设计符合传播规律，因此其成功也是必然的。

到了20世纪五六十年代，西方世界经过战后的经济重建，虽然人们的生活水平得到了提高，但战争带来的精神创伤还没有完全愈合，于是整个社会大众文化的需求就不会是对敏感而重大的社会问题或政治问题的重视。同时，在经济高速增长的时期，人们的生活节奏加快，压力增大，在工作之余需要放松，于是当时美国电视谈话节目的选题主要集中在娱乐事件和生活琐事上，大家共同追求的是娱乐性和喜剧效果。

到了20世纪70年代，在1972年又诞生了一个日间谈话节目——《唐纳修访谈》（*The Phi Donahue Show*）。从精神分析的角度来看，绝大多数人在夜间的思维比较活跃，情感表达的欲望比较强烈。谈话节目主要是以满足受众的倾诉欲望和唤起受众的情感共鸣为主,所以这一类型的节目播出的最佳时段应该是在夜间。但《唐纳修访谈》的播出时间是下午,这一限制决定了在这一时间段里收看节目的人群大多是家庭主妇,于是以往在夜间播出的谈话节目惯有的喜剧性的表演色彩被淡化。主持人以敏感的有点女性化的面貌出现在了广大女性受众面前,所选取的话题和进行的讨论也以体现"活生生的本能冲动和未加雕饰的真实感"为最高目标。于是出乎意料地,一个谈话节目在日间播出也能大获成功,并且一直将自己的繁盛时期延续到了20世纪80年代,最鼎盛时全美有二百多家电视台播出这档节目,几乎占据了当时全美的市场。

直到现在,美国的谈话节目也分为两大类:夜间谈话节目和日间谈话节目。夜间谈话节目的典型成功范例是哥伦比亚广播公司大卫·莱特曼(David Letterman)主持的《大卫深夜脱口秀》(Late Show with David Letterman),日间谈话节目的代表是奥普拉·温弗瑞(Oprah Winfrey)主持的《人们在谈论》(People are Talking)和后来她所主持的从20世纪80年代一直红火到90年代的《奥普拉脱口秀》(The Oprah Winfrey Show)。

当今的电台、电视台、网络,不仅谈话节目方兴未艾,还成为一种"时髦的样式"。总结起来,谈话节目有以下大致特点:

①谈话节目主持人几十年来都是由一人担当。

②主持人个性突出,言语风趣。

③有特邀嘉宾,并且大都以具体生动的生活实例现身说法地展现节目主题,表明自己的观点。

④现场观众积极参加,他们或是触景生情地讲述自己的故事,或是为某嘉宾出主意,或是表示支持某嘉宾的观点,或是陈述自己的不同见解,甚至还在现场探讨自己感兴趣的问题。

其实谈话节目的兴起和发展是和整个时代、社会的发展需要分不开的。在第二次世界大战后随着战后文化重建和经济重建的开展,社会秩序和人们的生活重新走向了安定。于是人们的超越性需求开始复苏,对生活品质的要求从偏重物质需求转向了追求精神层面的和谐与展现。伴随着超越性需求同时出现的就一定是人们自我意识的强化。而自我意识必然是认识自我、展现自我、实现自我和超越自我的螺旋上升循环。当人们意识到自我存在的时候，需要得到肯定的心理满足，而这种心理满足必然是要通过对自我的展现才能得以实现。当人们实现了自我之后所得到的肯定又会促使自我认识得以提升到更高层次。在这样的心理需求下，彼此的交流、沟通和讨论就成了最直接和最有效的手段。当下由于网络的出现，人们的社会交往方式有了很大的变化，很多人通过社交软件足不出户就"结识"了更大范围的人，但是这样的交往是处于一个虚拟的空间。在虚拟空间中人们似乎可以毫无保留地展现自己内心最隐秘的世界和想法，但是这样的方式对人类的生物性本能——人际交往的需求是无法满足的。同时，长期的虚拟交往会严重阻碍人的社会融合能力，并带来一系列的精神和心理疾患。相反，在一段时间的虚拟交往后反而会更加促使人在精神和心理上对现实世界的渴望。而谈话类节目的参与性和话题的丰富性则是最佳的满足人们在现实世界中精神交流的优势。正是这样的社会心理原因，即使在网络传播时代，综艺节目、新闻资讯节目都受到强烈冲击的时候，谈话节目的形态依然广受欢迎。

二、谈话节目的优势与特点

我们说广播电视节目具有大众传播的优势，而主持人节目同时还具有人际传播的优势。什么是人际传播呢？传播学家施拉姆认为：人际传播就是两个人或两个以上的人由于一些他们共同感兴趣的信息符号聚集在一起。而交谈则是"人与人之间思想感情的口语传播活动""是人与人之间相互进行的信息交流"，由此可见，谈话节目实现的是最基本、最普通的人际交流——对话式人际交流，它也是实现人际传播的最有效的途径。谈话节目的优势和特点具体如下。

1. 融人际传播与大众传播的优势为一体，互动性强

在谈话节目中，主持人、嘉宾、被采访对象、现场观众是以面对面的人际传播方式进行最接近生活原态的正常谈话，同时又通过电子媒介实现大众

传播的目的。话题的进行也并不是简单的一问一答的关系，而是通过互相讨论甚至辩论，实现交流、影响、启发、激励等一系列的互动过程。在这个过程中，受传者不再处于单纯的接收信息的被动地位，传者也不再处于单纯的传播的主动地位，他们之间的关系因为交流而不断地发生着变化。这就实现了节目现场的传播多向性互动关系。同时，媒介外的受众因为在潜意识中将现场观众定位为自己的代言人，他们的思想感情也会随着节目现场的行进而流动，他们在心理上将节目视为一个整体，而自我内心所营造的规定情境又将这个整体和自己定位成交流对象。于是收看节目的过程实际上又是完成人际传播的过程。

这样丰满而立体的过程一定会比平面、单向的灌输效果好得多。比如中央电视台曾经的金牌谈话节目《实话实说》中有一期叫《不打不成材》。主持人先是请一位嘉宾讲述自己的观点：在必要的情况下可以打孩子。这个嘉宾从自身的成长经验角度谈出了自己为什么持这个看法，事实上也有一定的说服力，因为他后来成了一名优秀的外科医生。然后，主持人又请了另一位嘉宾谈出了她的不同观点：不能打孩子。这个嘉宾从孩子的心理承受角度谈了自己的观点。两个嘉宾之间的观点碰撞必然会引发观众的思考。节目通过嘉宾之间的辩论使观众的思维得到充分的调动。在教学中，老师的任务不仅仅是告诉学生是什么、为什么，最重要的是要让学生自己的思维活跃起来和老师共同探讨。而这样的立体的探讨得到的结论比单纯灌输所了解的理论更有说服力，也更能深刻地镌刻在接受者的脑海中。

2. 以真实性为生命，以平民性为本色，以参与性为特征

谈话节目的真实性体现在两个方面：首先是话题所选取的事件本身的真实性，其次是传播的真实性。其中传播的真实性从哪些方面来看呢？所有节目的参与者一定说的是自己的真实想法和感受，表达的是自己的真情实感，假话、空话、套话是不可能打动别人的。

从主持人来讲，首先要以普通人的形象出现，不要端着架子使观众从心理上与自己产生距离。在实际生活中，人们总是更愿意与心理定位和自己比较接近的人交流。传播活动的特征之一也是只有传、受双方形成某种社会

关系，才可能实现传播。如果看到心理定位比自己高的人，你在跟他交流之前一定会有这样那样的杂念，也就是心理负担。你会担心自己所说的是否能得到对方的肯定，自己是否会被对方轻视，对方是否能给自己充分表达的机会……当你心存十万个为什么的时候你还能敞开心扉无障碍地交流吗？显然不能。所以谈话节目主持人千万不能在形象上给观众以强势感。同样，当你面对一个心理定位比自己低的人时，你可能会因为自己与他的交流无法使自己得到进一步的启发激励而丧失兴趣。也许善良的你会尽量考虑用对方能接受的方式重新组织自己的表达，但这时候由于对表达的重新解构，使你言不尽意，同样也会丧失兴趣。所以主持人也不能以故作卑微的形象给观众造成弱势印象。还有，主持人也不能模仿他人。其实当一个人以别人的形象当众效仿的时候，也是自己没有肯定自己的心理体现。我们的心灵就像一个盒子，无论它材质如何，体积总是有限的。当然随着我们阅历的增长，这个盒子的体积会慢慢变化，但这变化是因为"我"的思想境界的变化而来的，其原点依然是"我"而非他人。当我们的盒子里"装"了别人的时候，"我"的空间自然被挤占，甚至彻底被自己所遗忘。我们不能绝对地说当我们身上出现别人的时候就一定会失去光彩，在特定的规定情境下这种来自别人的光辉会映衬得我们更加光彩照人，但这仅仅只能是主持人身上的一件装饰品，主体还应该是"我"。如果身上一味地出现别人，观众会因为我们缺乏自己的生气而感到乏味。魅力的产生在于独特的感受，毫无特色的形象是不可能有魅力的。最好的方法就是以真实的自己出现。世界上没有人会拒绝真实与热情。当主持人以真实的面貌出现的时候，主持人的轻松与自然会使自身所有的反应与行动体现了仅属于自己的特征，此时此刻的主持人才能给观众留下深刻的印象。

  从编导的角度来讲，真实性体现在节目的传播过程中。谈话节目是以各方真实说话的过程中思想态度的碰撞吸引观众的，而这种碰撞往往产生于意料之外。所以谈话节目不能事先彩排，不能重复。有的编导为了制造噱头，会教嘉宾或现场观众说话，这是很愚蠢的做法。可以事先告诉现场观众准备问的问题，但是绝对不能让被提问者事先知道这些问题。因为这样做的目的也是让大家看到被提问者最真实的第一反应。如果被提问者有所准备，那这种情况下的回答和反应就失去了一定的真实性。

所以真实的话语、真实的过程、真实的人和事才能真正实现情感和观点的真诚交流，也才会以感人的力量赢得观众。

平民性是谈话节目的价值追求和审美追求。谈话节目之所以受到广大观众的欢迎，其中一个很主要的原因就是其给老百姓提供了一个平等说话的机会，所以在选题上一定要注意去选贴近百姓生活的话题。一定要根据老百姓生活的变化选群众所关心的话题，这样的内容才会真正富有时代气息。这样也容易使老百姓接受。而且老百姓在讨论自己熟悉的问题时也会有浓厚的兴趣和更多的议论。谈话节目千万不能做成官方论坛、专家论坛，要让整个节目在观众的讨论中引起话题交锋，中间可以有专家发表意见，但是专家一定要以观众的姿态出现，而且专家的话也必须是在适当的时候说出来，避免专家发表见解之后普通观众产生畏惧心理。

需要牢记的是：谈话节目中主持人一定要营造平等和谐的谈话气氛，要引导观众完成整个谈话的过程。因为谈话节目的生命力就在于它体现了一种思维方式，体现了一种人文关怀：每个人都有平等说话的权利。

3. 以辩论性为节目本色，以谈话体语言为传播手段，追求个性化的主持风格

在我国，谈话节目兴起之初，节目内容很注重教育性、指导性、政治性，讨论的话题也多集中在不太敏感的社会问题上。直到今天，强势媒体的谈话节目也依然保持了这一宗旨。但现在越来越多的媒体，尤其是网络媒体，谈话节目题材涉及广泛，在坚持正确的舆论导向和弘扬先进文化的同时，选取的题材更加多样化和年轻化。

众所周知，对于一个话题，要想谈起来，就必须要在讨论的过程中具有争议性、对抗性。那么在选题的时候就要找那些既能抓住受众注意力又能与人们的生活密切相连的问题，也就是既有贴近性的同时，还存在矛盾与困惑的问题。只有这样的选题才能引起激烈的讨论。其实这也是谈话节目话题的生命力所在：其一，选题是否紧扣人们既关注又困惑的现实生活问题或社会问题；其二，讨论的深度是否达到了令人有所感悟并消除或减少困惑的程度。这不仅是对整个节目选题策划的要求，同时也是对主持人现场提问水平和串联的要求。提问的时候问题越具体越好，这样比较容易让参与讨论的人们"讲故事"，而通过具体的事例讲述出来的观点更具有趣味性和说服力。此外主持人切忌在节目过程中向某观点"顺拐"，如果是有几方讨论，主持人可以引导几方观点的持有者进行辩论；如果只是主持人和嘉宾，那么主持人一般情况下是绵里藏针地和嘉宾"拧麻花"。

此处就必然地要谈到谈话节目主持人的语言风格问题了。顾名思义，谈话节目一定要谈、要聊，千万不能做成报幕、播音。语言一定是生活状态的规范口语。规范口语与书面语有很大的区别，与日常口语也有很大的区别。人类的语言样态是多种多样的，一般来讲，语言交流有三个层次：口语交流、文字传播、文学传播。其中口语是一切语言的源泉，是语言中最活跃、最有生气的部分。人们的口语来自生活，具有强大的社会功能。但是在谈话节目中主持人的语言绝不同于生活原态的日常口语，而是规范的口语。规范的口语与生活原态的日常口语是有区别的：①日常口语是人际交往的言语行为，规范口语是大众传播的言语行为；②日常口语的表达对象带有选择性，规范口语的表达对象是公众性的；③日常口语的言语个性要受到交际语境的影响，规范口语的言语个性则受媒介意志控制；④日常口语是生活原态，不带有书面语色彩，规范口语则会在必要时带有书面语色彩；⑤日常口语不讲究语音的规范，规范口语则对语音规范有要求；⑥日常口语表达的内容无规定性，可以边想边说，规范口语的表达内容有规定性，必须有准备地边想边说；⑦日常口语不强调信息的含量和密度，规范口语则强调信息的含量和密度。由此可见，在谈话节目中并不是要求主持人把编导写好的稿件转换成自己的话说出来那样简单，而是需要主持人有很强的语言驾驭能力和口语表达能力。

总之，广播电视谈话节目在我国是最近十几年来开始兴盛的节目形态，但在国外尤其是美国已经有了相当长的历史。谈话类节目兴起于海外，是海外电视媒体容量很大的一种成人节目，英文为"Talkshow"，我国香港地区将其翻译为"脱口秀"，也就是我们常使用的"讨论节目"和"谈话节目"

这样一个概念。它的基本形式是一个主持人和一个或者几个嘉宾，包括现场观众，围绕着各种普遍关心关注的话题，展开群言式的讨论，而这个讨论的过程，也就是电视节目拍摄的过程。

在美国，五花八门的谈话节目占到了美国电视节目总量的40%左右。在我国大陆，最早的电视谈话节目是1993年上海电视台创办的《东方直播室》，截至2007年，我国的电视类谈话节目已经达到两百多个。后来在娱乐节目遍地开花的时候，我国的电视谈话节目出现了短暂的萎靡。但是随着网络传播的普及，很多新的谈话类节目又受到了大众的喜爱，如腾讯视频的《和陌生人说话》、爱奇艺的《奇葩说》、优酷的《圆桌派》等都有不错的点击量。从本质上讲，谈话节目是一种节目形态，因而不能把它称为节目类型。它和新闻节目、娱乐节目的划分标准是不同的。新闻节目是从节目内容角度划分的，娱乐节目是从节目功能角度划分的。但无论是什么功能、什么内容的节目，都可以采用对话的形式进行。

三、谈话节目主持人的素质要求

根据上文的论述，我们了解到谈话节目具有以下优势：

①融人际传播与大众传播的优势为一体，可以发挥双重传播优势，互动性强。

②以真实性为生命，以平民性为本色，以参与性为特征，追求真实的朴素的美，具有感人的魅力。

③以辩论为节目本色，以谈话语言为传播手段，追求个性化的主持风格。

因此，各种形式的谈话节目活跃在荧屏上，于是竞争激烈的电视和网络谈话类节目也对主持人提出了更高的要求。如何提高谈话节目的主持艺术？谈话节目主持人应该掌握哪些方法技巧？谈话节目主持人需要哪些素质能力？以下我们将从主持人的身份定位以及如何营造谈话氛围，如何表达、倾听等方面进行探讨。

（一）谈话节目主持人的作用和身份定位

要讨论谈话类节目的主持艺术，首先需要对节目当中主持人的身份定位有一个明确清晰的界定。

谈话节目又被称为"主持人的节目"，在电视谈话节目里主持人处于中心位置，是节目的灵魂和核心，主持人是谈话节目的形象代表。谈话节目强调主持人的明星作用，有时候谈话节目名称和标识的一个共同特点就是突出主持人作为栏目符号的地位。因此这类节目的主持人想对固定，因为对一个节目而言，主持人无疑是最鲜明的标志。在我国，崔永元、陈鲁豫、杨澜等主持人都成了谈话节目的品牌和标志。在美国，奥普拉·温弗瑞从1986年开始主持了19年的以她的名字命名的谈话节目。现在风靡美国的《艾伦秀》也是以其主持人艾伦的名字直接为节目命名的。一直主持《大卫深夜脱口秀》的大卫·莱特曼曾表示：主持人在节目开始是引言人，中间是串联人，结尾是总结人，同时还是全程节奏的控制人。所以说，谈话类节目主持人在节目创作的过程中打下的个人烙印是其他节目类型无法比拟的。从来没有一种节目类型给主持人如此大的表现空间。在节目录制过程中，主持人既要完成与嘉宾和现场观众的谈话，又要考虑节目的大众传播需要，同时为了赢得更多受众，主持人还要时时想受众之所想。这就要求主持人同时扮演嘉宾的朋友、节目代言人、受众代表三重角色。所以从一定程度上看，优秀的谈话类节目主持人也成了稀缺人才。能否成功地主持一档谈话节目从很大程度上已经成为衡量一个主持人含金量的重要指标。

1. 嘉宾的朋友

对于主持人来说，主持谈话类节目要做谈话的轴心，而不是做观点的轴心。要作为普通人与参与者平等交谈，是参与者的朋友，需要的是主动热情地和大家讨论问题，而不是以教育者、明星的身份出现。平等是交谈的前提，耐心倾听是交谈的态度，主持人应该和节目的参与者相互尊重。

中央电视台在1996年开播的金牌谈话节目《实话实说》的主持人崔永元，让大家认识到了真正的谈话节目主持人的能力。崔永元先生曾经跟大家交流过他的建立"谈话场"的经验：面对谈话对象，主持人必须对自己在交谈中的身份有一个准确的定位。通过观察可以发现，他在节目中与谈话对象交流时，其身份就像是嘉宾的朋友、同学或是年龄相仿且有共同语言的邻居一样。传播不仅仅是传播者向受传者传递信息的单向过程，而是具有信息交流的双向性质。传播者、受传者总是在互动之中，角色是不断相互转换的。主持人对自己的身份认定会通过语言举止反馈给嘉宾，当主持人不仅是个"传声筒"，而是转换成了一个朋友的角色时，嘉宾会感受到来自交流对象的亲和力，从而更多地展示自身日常化、个性化的一面，从而使谈话自然、深入。

陈鲁豫在自己主持的《鲁豫有约》节目中也非常注意这一点。她在与嘉宾谈话的过程中总是面对着对方，眼神温和而自然，带着沉静的笑容。鲁豫对待嘉宾如同对待生活中的朋友，既不仰视也不俯视。她总是采用设身处地地为嘉宾着想的谈话方式，总能让嘉宾们在节目现场对她说出心里话。记得她访谈著名歌手毛阿敏，询问其偷税问题时，就用了非常为对方着想的语言方式。

鲁豫　　你当时想过没有，天啊，我有可能要坐牢，这个你想过没有？
　　　　（用这种假设性的第一人称方式，使问题不那么敏感，柔和很多。同时话中的信息量也很大。）

毛阿敏　没有。我的本意从来没有这样，唱歌我不是第一个出名的。中国文艺界也不是我第一个开始演出挣钱的，我都是按前辈怎么做我就怎么做。别人没有事情，我想我应该也没有事情的。哪想到都发生在我身上了。

在这段问话中，偷税是一个很严重的问题，鲁豫本来是可以质问，或者理性地从法律角度提问。但是她没有，她很敏感很体贴，像嘉宾的朋友那样细心保护着对方的感受，用了一句设身处地的内心独白"天啊，我有可能要坐牢"。这样，自然不会引起对方的反感，从而保障谈话的顺畅进行。

2. 节目代言人

媒介信息是主持人传递给受众的。由于节目本身是抽象的，受众必须依靠可感的具体事物来认识节目。在受众眼里，主持人是照片，他们的观点往往被认为是节目的观点，他们的形象也往往会被认为是节目的形象。因此，对于广大受众而言，主持人是节目的代言人。

有时候，主持人和嘉宾随意的谈话，看似无为，其背后却是主持人的有为，那就是在节目制作前的大量资料收集，在人际交流前对嘉宾的分析和了解，预先构思的主题和设计的问题等。

在谈话类主持人节目中，主持人的任务已经不是单纯意义上的主持，而是需要介入到整个节目的整合制作之中，才可能在现场把握谈话的节奏。在担任《实话实说》的主持人期间，崔永元就曾经说过："对于谈话节目我是完全介入的……就是说我每一期节目都是从头到尾参与的，编完片子我还要去看，工作量是非常大的。"

3. 受众的代表

主持人的舆论领袖身份可以被切割成两个方面。一方面，从上而下看，主持人是节目形象的代言人；另一方面，从下而上看，主持人必须代表受众，站在受众的立场上，探寻受众喜闻乐见的内容。只有这样，才能使节目有好的收视率，也才能使节目的观点被受众思考直至接受。

那么，主持人怎么才能更好地代表广大受众呢？一句话：想受众之所想。电视媒体经过话语霸权的时代之后，媒介已经资源过剩。受众在接受媒介的时候，可以付出经济上、精力上、时间上的代价，但是绝不会乐意再次付出人格上的代价。也就是说，受众不再仰视媒介，媒介也不再是受众的训导者。受众在收看谈话类型的节目时不再希望自己与节目中的人物不相干，不再希望自己只是一个旁观者，他们渴望满足自己的好奇心和窥探欲，甚至希望能够与自己的内行产生即时的碰撞，从而在内心深处获得满足感。因此，既然受众的心态是参与，那么作为这一类型的节目主持人就更应该作为受众的代表，受众想听嘉宾说些什么，主持人就和嘉宾聊些什么；受众的接受习惯是什么，节目就怎么表达。从传播的特点来看，传播的实现需要传者与受者之间有共通的意义空间。主持人必须要首先了解受众的意义空间范围，只有这样，才能使节目中所传递的正确价值观润物无声地使受众接受。在具体的过程中，不同的主持人可以有不同的个性化的表达方式，但这个目标却是大家共同努力的方向。

（二）谈话类节目的主持艺术

1. 营造良好和谐的谈话氛围

对于谈话节目主持人来说，如何为参与者营造一个相互谈话的现场氛围至关重要，而且要贯穿节目始终。节目主持人有时能和嘉宾谈得很好，但是观众却提不起精神。他们或者没有听进去，或者没有领会到，抑或没有共鸣。面对这样的问题怎么办？其他类型的节目，比如综艺节目可以用"热场"的方式事先把观众的情绪调动起来。但是对于谈话节目来说，嘉宾和观众是节目的直接参与者，他们的情绪直接影响到节目的质量，这就对现场的氛围提出了更高的要求。

在具体的创作中还是有一些经验和技巧可以运用的。通常，在节目开始的时候，主持人可以在节目主题的外延范围内与现场的观众、嘉宾聊天，用平易近人的方式放松大家的情绪。同时还能在这样的"闲聊"中让大家互相了解。其中还有一点重要的作用：通过这样的方式，有可能立刻了解现场哪位观众的言语方式比较幽默，哪位观众有自己的观点。创作现场，就是这样"普普通通、平平常常"的说话，大家的情绪都被调动起来了，也就自然进入谈话现场营造的情境中了。

同时，节目刚开始前还要设法消除参与者胆怯紧张的心态，让大家以平常心参与谈话，说真话、说实话。使参与者感到主持人是他们的朋友——只有在传受双方心态平等的前提下，传播的效果才能得到最大限度的实现。曾经有一位优秀的谈话节目主持人在交流创作经验时说："我不希望在谈话节目现场有崇拜，那就没法做节目了。我有很多技术手段，比如说我在现场介绍演员某某，作家某某，老师某某。从来不说著名演员、著名作家。我希望大家都平起平坐。"

谈话节目贵在"谈"。有了良好的谈话氛围，只是为谈话创造了条件，并不等于就能谈得成功。很多人受"知之不言""讷于言"等传统思想观念的束缚，一般不愿在公共场合尤其是在媒体上多说话，这也是谈话节目不容忽视的一个问题。所以主持人在节目的进程中，无论是介绍情况、现场提问、即兴点评，乃至互相交流都要随时注意营造好轻松、平和、真实的谈话氛围。谈话主持人不做观点的轴心，不要把观点强加于人，不要轻易给各种观点下结论，要学会启发、引导，给人们提供思考的平台。谈话主持人始终要做谈话的轴心，不是以"我谈"为轴心，而是要设法鼓励引导"大家谈"，使不同的观点相互碰撞。节目的设计要符合谈话的逻辑，要做到这些非常不容易，因为在电视上自然地说话比平时要难得多。原因在于现场人群的观念和心态与平时不一样，现场考虑的环境和技术不一样，最重要的是在创作中主持人的语言是规范的口语而不是日常的口语。在节目现场，主持人的话语对象是公众而不是日常口语中的选择性的个人；主持人的话语要受语法规范的限制而不是像日常口语那样自由；同时在创作中主持人话语的信息含量密度远远大于日常口语的信息含量和密度；而且主持人所表达的内容还具有规定性。

德国社会学家哈贝马斯提出，任何一项成功有效的沟通行为都要满足四项要求：第一，言辞意义是可以理解的；第二，言辞内容是真实的；第三，言辞行动是正当得体的；第四，言辞者的意向是真诚的。缺乏了其中任何一项，都可能出现无效的沟通。这四条原则也对谈话类节目主持人营造和谐的现场人际沟通氛围有着重要的参考价值。

2. 采用准确恰当的表达方式

（1）全新的思维

谈话类节目主持人的表达方式是和该主持人的思维方式密切相关的。作为谈话节目的主持人要思维活跃，反应敏捷，讲究说理的艺术。这是现场创作过程中瞬息万变、不可知因素很多的需要所决定的。组织、驾驭话题，成为讨论的组织者、引导者，要围绕节目主题组织现场的参与者进行讨论，重点问题要深入讨论，详细分解；次要问题或与主题关系不大的问题要一带而过，巧妙回避，尽量少占用时间；涉及游离于主题之外的话题要及时扭转，及时引导到主题上来。在组织和引导中，主持人要有全新的思维方式，随机应变，既要放得开，又要收得拢；既要从整体上把握节目，又要灵活反应，善于指挥调度。总之，讨论到什么程度，达到什么目的，主持人要心中有数。

（2）真诚地"露拙"

我们经常看到一些谈话节目主持人在节目中，语言流畅、条理清晰、一贯到底、无懈可击。当然这和录制后的剪辑有关。但是这样的主持人有时反而会让受众有疏离感、距离感。主持人的"亲和力"主要以是否受受众喜欢来衡量。怎样让受众喜欢呢？其实很简单，主持人在创作中要不怕"露怯"。主持人不是全知全能、不是机器，在讨论过程中的"不知"和言语过程中的"生活原态化"都是真实的细节，更能让人感受到真实可信。甚至在有些时候对自己的"不知"进行调侃，不仅能够活跃现场的气氛，还能够让受众从心里感受到谈话现场的交流。例如崔永元在主持《实话实说》的一期节目时，有一位下岗女工谈到自己曾经在家具厂打工却分不清家具材质时，崔永元插话道："是挺不好分的，一次我爱人让我去买家具，我在店里问好了，是全木的，拉回家一看，我爱人说'你是全木的'。"正是这样的"拙"拉近了主持人和观众的距离，让观众更喜欢主持人。

（3）巧妙地"打断"

有时候为了让参与者有更多的发言机会，也为了把握话题的方向、层次，主持人要学会对嘉宾或观众较长的发言进行及时"打断"。只是打断的方式方法十分重要，既要尊重说话者，不能扫了别人谈话的兴致，又要让对方理解主持人的意图。具体的打断方式有很多，意图不同，打断的方式就不同。它们常常是相互交融渗透的。可以用请求的方式打断，获得对方的理解；也可以用先道歉后打断的方式求得对方的谅解；或者直接用"等等""停停""慢点"之类的语言直接坦率地表明自己的态度。当然这种直接的方式往往用于主持人没有听清或没有理解说话者的说话内容，或者主持人怕观众没有理解、没有听清的时候，让说话者或重复，或更正，或增补。还有两种方式也是谈话节目主持人在打断对方说话时常用的。一种时"重叠式"，就是主持人用超过对方的音量和语速重复当前说话人的话语，以此表明想打断对方，让自己获得说话的机会。另外，当主持人发现说话者的话语和目标不一致，快要跑题的时候,就要用"重寻话题"的方法来打断对方,让话语重新归向主题。

谈话类节目主持人在具体的创作过程中,常常要糅合地运用这些方法。我们在很多谈话节目中看到存在话题"跑、冒、滴、漏"的现象,当然其中有很多其他因素,但是仅从主持人主持艺术技巧的角度讲,这些现象和没有掌握好打断的方式有很大关系。

(4)适当的幽默

谈话类节目与其他节目形态最大的不同,就是靠语言取胜。比如娱乐节目可以凭借有趣的游戏环节的设置来取胜;新闻性节目可以凭借自身的新鲜信息取胜;服务性节目可以凭借手中对内容的需求取胜。谈话节目就是依靠所谈的"话"取胜。在美国,谈话类节目在功能上被划归为娱乐节目,就是因为谈话节目主持人的语言的"核儿"就是幽默风趣。

不同的主持人对幽默的理解不同,操作起来的品格趣味是不一样的。在东西方文化中对"幽默"内涵的理解也存在巨大的差异,但值得一提的是,无论在西方还是在东方,"幽默"都是一个号称被赋予上千种定义的概念。

就现代汉语"幽默"的释义来看,它与"滑稽""讽刺"是一组近义词,但是三者之间又有明显的区别。"幽默"比"滑稽"含义更广,也更高超。老舍先生在《什么是幽默——答文学问》中说过:"滑稽可以只是开玩笑,而幽默有更高的企图。凡是只为逗人哈哈一笑,没有更深的意义,都可算作滑稽,而幽默则须有思想性和艺术性。"[1]

被广大的受众所喜爱的谈话类节目主持人,大多都是运用幽默的高手。幽默可以帮助主持人实现现场的自然交流,激励在场的每个人畅所欲言,能拉近主持人与嘉宾及现场观众的距离。一般来说,幽默对于谈话类节目的激励作用除了活跃气氛之外,还至少有以下两个方面的作用:一是用以纠偏。在谈话类节目中,嘉宾难免会出现某种错误认识,如果主持人采用正面批评的态度,与节目语境不符,效果也不好。幽默则能很好地解决这个问题。二

---

[1] 老舍:《济南的冬天:老舍散文经典》,吉林出版集团股份有限公司2017年版,第327页。

是幽默可以帮助主持人控制节奏，缓解矛盾，冲淡尴尬。由于种种原因，在谈话现场有时会出现一些影响谈话氛围的情况，这时的幽默就是最好的调节办法。

需要说明的是，幽默作为一种重要的个性化的语言风格，要与栏目的风格相吻合。同时，每个人的语言特点是很难改变的，一个好的主持人应该具备一定的"幽默细胞"，但更重要的是要形成一种属于自己的独特语言魅力。

总之，谈话节目主持人的一个显著特征是富有内涵的个性语言和独特的语言表达方式。主持人的提问、插话、串联、点评中都蕴含自己的独到见解以及特有思维方式所显示的语言魅力。语言风格是主持人在长期的实践中逐渐塑造而成的语言素质和表达特点，谈话节目主持的好坏，和主持人的语言素质是息息相关的。

辩证唯物主义原理告诉我们，语言是思想的直接显示，同时语言也是洞察人类心智的最好窗口。语言不仅是节目内容的载体，它同时还是主持人文化底蕴和品位的体现。主持人是否具有魅力，语言是个重要的窗口。观众正是通过语言来了解主持人的思想、观念、情感、态度、修养，以至情趣、人品等深层次的内涵。优秀的谈话节目主持人总是能以他们饱满的热情、平易近人的态度、厚积薄发的语言功底和深入浅出的谈话技巧，或侃侃而谈，或娓娓道来，或画龙点睛，或自如得体。受众在接收节目的过程中，既能在思想文化方面受益，同时也体味到语言的魅力。

3. 处理合理适当的"听""说"关系

谈话节目"Talkshow"的汉译"脱口秀"可能会给人以一个错误的信息——谈话节目主持人在创作过程中一定要能言善辩。实际上，谈话节目主持在节目现场的话不能太多，不可以长篇大论，所有的话一定都是要在节骨眼儿上，起到引导现场的发言向预期目标推进的作用就好。从这一点上来说，谈话节目主持人的一个重要的素质构成就是倾听能力。

梁实秋先生在《谈话的艺术》一书中说："谈话不是演说，更不是训话，所以一个人不能霸占所有的时间,不可以长篇大论地絮叨不休,旁若无人。"①作为一个谈话节目主持人,无须逞口舌之利,首要任务是要学会凝心静听,及时发现嘉宾谈话中只言片语的闪光点或可能促成闪光点的契机,此时再配上主持人点石成金的语言,大大小小的节目高潮就会因此产生。何时说、何时听,与现场的气氛、话题的走向等很多因素有关。但是也不能一味地"倾听",当有的嘉宾很健谈,一人占用了很长时间,或者所谈的内容已经偏离了主题,这时作为节目主导的主持人就不能再"听"了,而是应该及时地用"说"来发挥引导作用。主持人能恰到好处地处理"听"和"说"之间的关系,一次"天然"、生动、深刻的聊天便诞生了。

四、现代电视谈话节目的分类与特点

随着现代媒介平台的多样性和传播方式的多元化,谈话节目被划分出了更加细致的形态:叙事型谈话、辩论型谈话、讨论型谈话和清谈型谈话。所有的类型都具有各自不同的特点,我们在对这些特点进行了解和分析之后,就能够更明确新的发展形势下谈话节目主持人的技巧。

(一)叙事型谈话

顾名思义,叙事型谈话是指以讲述故事为谈话内容的节目形态。与小说、电影、电视剧不同的是,叙事型谈话节目中所讲述的故事不是虚构的,不是发生在想象中的,而是发生在现实生活中,是来到节目中的人亲身经历过的真实的事情。人类的叙事活动很早就有了,当文字还没有出现的时候,人们只能以口头吟唱的方式来记忆历史。最早的叙事作品是神话和民族史诗。但是在口头传承的过程中,记忆会不可避免地发生变形。随着文明的发展,叙事不再仅仅是人类对自己祖先事迹的记录,它逐渐发展成为人们精神生活中的一种自觉追求,人们开始利用各种艺术形式来叙述或虚构或真实的故事,

---

① 梁实秋:《梁实秋经典作品选》,当代世界出版社2002年版,第392页。

并从中获得愉悦和满足。

而在这些艺术形式中,电视和网络谈话节目诞生得最晚,但它叙事的本领并不亚于其他的艺术形式。和电影一样,电视与网络以影像、声音为语言来进行叙事,它可以叙述虚构的故事,也可以记录真实的事件。在这两方面有着独特的优势。同时,电视和网络具有的"即时性"优势也使它能够即时拍摄、播出世界各地正在发生的各种事件,这更大大提高了其叙事的本领,拓展了其叙事的领域。人类最早的梦想——记录人类自身的行为和事迹并使之得以流传——终于在这种新型的电子媒介上得到了实现。从这个角度来说,每天我们在电视和网络中所看到的节目其实都是叙事活动的记录。但是,不带主观色彩的叙事很难深入到事件中人物的内心,也不能满足受众对于叙事的期待。受众希望看到的是当事人的内心,希望了解当事人的经历,希望体会当事人的感受,希望解读当事人的行为,于是叙事型的谈话节目大受欢迎。

在叙事型谈话节目中,受众具有和主人公进行交流的空间,能够听到嘉宾讲述自己的人生经历以及内心感受和想法,可以直接感受到嘉宾的性格魅力,这就使得这一类型的节目具有了吸引受众的最大优势——互动和分享。

叙事型谈话节目可以以人物为中心来展开,基本上大多数以名人、明星为嘉宾的谈话节目都属于这一类型。这些嘉宾的知名度高,受众对他们的人生经历、情感故事很有兴趣。这一类型的节目主要是通过故事来彰显嘉宾的魅力,增加受众对嘉宾的了解。

叙事型谈话节目也可以以故事为中心,有的节目从头至尾只讲述一个故事;有的节目则围绕某个主题讲述多个故事;还有的围绕多个主题讲述多个故事。无论讲述的故事多少,这一类型的叙事型谈话节目内容的重点都是故事本身。

无论是以人物为中心还是以故事为中心,叙事型谈话节目都需要遵循"以事托人,因人说事"的基本原则。怎样把握好这一类型的节目创作呢?这就需要主持人对这一类型节目的策划与创作的基本技巧有所了解。

1. 选取好话题

选择合适的故事和合适的嘉宾是叙事型谈话节目取得成功的关键因素。在生活中每天都会发生很多故事，每个人都有自己的特殊经历，但不是每一个故事、每一个人都适合出现在谈话节目中。叙事型谈话节目的选题首先要从栏目的定位出发。不同的谈话节目有着不同的收视群体，也就会有不同的风格和样式，因此每一个谈话节目只能选择适合自己节目定位的故事和嘉宾。其次，叙事型谈话节目的话题要具备打动受众的兴奋点。节目中所讲述的故事要能吸引受众的注意力，激发受众的兴趣。一般来讲，受众在听故事的时候总是抱着一种好奇心理，他们渴望了解别人的经历、故事，并希望从中得到某种收获。这种收获可以是对别人生活的窥视欲望的满足；也可以是经由别人的经历引发的对某些社会问题的思考；还可以是一种情感的宣泄。掌握受众的心理，也就了解了叙事型谈话节目的内容应当具备什么样的兴奋点。总结起来，具有如下三个特点的都可以是叙事型谈话节目的好选题：故事具有戏剧性；故事具有争议性；故事具有感染力。

2. 叙事有技巧

有了好的故事并不一定能够制作出好的节目，我们还应该懂得如何使用技巧来组织谈话。一般来讲，大家都认为叙事型谈话就是讲故事，只要从头到尾把故事讲清楚就可以了，不需要什么特别的技巧。其实这是一种错误的认识。在日常生活中，同样的故事，有的叙述者可以把情节组织得跌宕起伏、扣人心弦，让听众沉浸在故事中如痴如醉；而有的叙述者只会把故事讲得平淡无奇，让听众形同嚼蜡。是什么原因造成了这样的区别呢？关键在于讲故事的人对叙事技巧的掌握水平有高下之分。很多叙事型谈话节目就是因为没有讲究叙事的技巧，落到"记流水账"的状态，整场谈话平淡无味，无法充分调动观众的兴趣。那么叙事型谈话节目需要哪些叙事的技巧呢？

首先是情境的营造。我们在谈到主持创作和表演创作的相同点时说过规定情境，了解到情境是戏剧理论中经常提到的一个术语。法国著名的启蒙主义思想家德尼·狄德罗认为，情境是人与人之间的关系，如家庭关系、职业关系、友敌关系等。情境是戏剧作品的基础，戏剧情境相互联系起来组成戏剧情节。①德国哲学家黑格尔对"情境"这个概念也给予了特别的关注。他认为情境是情节发展的主要动力,他提出:"情境是艺术更特殊的前提,使本来在普遍世界情况中还未发展的东西得到真正的自我外现。这种情境使总的世界情况经过特殊化而具有定性,这种定性就如一种推动力,使艺术所要表现的那种内容得到有定性的外观。"②其实简单来说,情境就是人物的具体生活环境,既包括各种人物关系,也包括人物生长期中的自然环境。人物性格与情境密切相关。情境也是影响人物性格形成的重要因素,但同时又往往阻碍着人物愿望的实现,与人物的性格发展形成冲突。情境是人物性格得以形成的背景,但生活在一定情境中的人又不完全是环境的产物,他具有主观能动性,他有自己的态度,对生活中发生的各种事情做出反应、采取行动,因此会使环境中某些固有的矛盾冲突发生变化。在戏剧中,注重情境的营造对塑造人物性格,展现人物性格的形象和变化,表现矛盾冲突的产生、发展、激化及解决有着重要的意义。离开了情境,人物的行为就失去了依据,戏剧中的动作和情节的发展都失去了戏剧性。例如,简单地表现一个人从悬崖上往下跳的动作是没有戏剧性的,但是如果给这个动作加上一个规定情境:或是亲人苦苦相劝,抑或敌人步步紧逼,那么"跳崖"这个动作就被赋予了不同的含义,其感情色彩也截然不同。

但是电视谈话节目不同于戏剧,在谈话节目中出现的人物和事件都是真实而非虚构的,因此编导和策划不能像戏剧那样编造情境,但这并不意味着谈话节目中就不需要展示人物生活的情境。事实上,正是因为谈话节目不像戏剧那样可以通过演员的表演和戏剧情节的展开来使观众目睹故事的发生发展,情境的营造才变得更加重要。怎样在节目中把观众带入嘉宾生活的特定情境中,使观众了解嘉宾行为的动机,是叙事型谈话能够感染观众和打动观众的一个关键。

在叙事型谈话节目中营造嘉宾生活情境一般有两种方式:第一种,通过

---

① [法]狄德罗:《狄德罗美学论文选》,张冠尧等译,人民文学出版社1984年版,第70页。
② [德]黑格尔:《美学》,寇鹏程译,重庆出版社2016年版,第28页。

主持人与嘉宾之间的问答来使观众了解情境。第二种,利用大屏幕来播放一些事先准备好的短片向观众展示嘉宾的生活环境,介绍故事发生的背景。

情境的营造至关重要,但还需要结构的经营布置相配合才能取得效果,一个好的叙事结构首先是完整的。古希腊哲学家亚里士多德在《诗学》中曾经指出:"一个完整的事物由起始、中段和结尾组成。起始指不必承继他者,但要接受其他存在或后来者的出于自然之承继的部分。与之相反,结尾指本身自然地承继他者,但不再接受承继的部分,它的承继或是因为出于必须,或是因为符合多数的情况。中段指自然地承上启下的部分。因此,组合精良的情节不应随便地起始和结尾,它的构合应该符合上述要求。"[①] 完整的叙事型谈话同样由开端、发展、高潮、结局这样几个部分组成。在以故事为中心的叙事型谈话节目中,节目的结构主要取决于故事本身,节目的开端、发展、高潮、结局都是围绕故事的展开来进行设计的。故事的高潮通常也就是节目现场情绪的高潮。而在以人物为中心的叙事型谈话节目中,节目的开端、发展、高潮、结局则是围绕嘉宾的性格、人生经历来进行设计的。嘉宾在节目中讲述自己人生历程中发生的多个故事,这些故事串联起来,就构成了节目的主体。这些故事有喜有悲,它们在嘉宾的生命中的重要性也不同,设计好它们的先后顺序对节目的结构有重要的意义。元代戏剧家乔吉曾经提出了"凤头、猪肚、豹尾"的主张,认为好的戏剧作品"大概起要美丽,中要浩荡,结要响亮",也就是说开头要引人入胜,中间部分则要丰满、复杂,结尾部分则要有力。这个主张对叙事型谈话节目的制作和驾驭也很有意义。

(二)辩论型谈话

辩论型谈话是谈话节目中语言对抗色彩最为强烈的一种谈话形态。它通常围绕一个特定话题,由持不同观点的两方各抒己见,通过观点在交锋中所形成的冲突吸引受众的关注。辩论型谈话的思辨色彩和即兴色彩非常浓厚,它最能展现嘉宾思维的逻辑性、严密性,以及嘉宾的语言组织能力和反应的

[①] [古希腊]亚里士多德:《诗学》,陈中梅译注,商务印书馆1996年版,第74页。

敏捷程度。爱奇艺最受大家欢迎的《奇葩说》就是典型的辩论型的谈话节目。与这一类型相近的是讨论型谈话节目。讨论型谈话节目的对抗性不像辩论型谈话节目那样激烈，谈话的氛围也相对比较平和、宽容。一般传统媒体会比较多地采用。但是辩论型谈话节目突出一个"辩"字，嘉宾的观点通常是对立的，每一方都坚持认为自己的观点是正确的，并力图通过强有力的论证来证明自己观点的合理性，同时迅速抓住对方的破绽展开攻击。

辩论型谈话节目在论题、辩论主体和交锋氛围等方面都有较高的要求，这种要求可以归结为"话题的高层次""辩者的高水平"和"双方的高姿态"。

在话题方面，辩论型谈话对话题的层次要求较高，需要相对具体，嘉宾辩论的内容也应当具有重要的社会意义或较深刻的文化内涵。如果节目的论题没有现实意义，与大众的生活缺乏联系，观众必然会缺乏关注的兴趣。但是辩论型谈话节目的论题也不能过于狭隘，过于狭隘的论题是没有辩论意义的。

辩论型谈话节目大致可以分为三类：第一类是时事性的；第二类是涉及某些专业领域，但与大众的生活有一定的联系；第三类是普通人日常生活中存在的问题。一般来讲，辩论型谈话节目的嘉宾都有较高的语言表达水平，所以需要主持人有较强的控场能力。在具体的创作过程中，一旦辩论展开，嘉宾的态度以及现场的思路和表现是很难按照事先的设计一步一步展开的，主持人虽然不参加话题的辩论和观点的表述，但是要控制现场的局面，要使嘉宾始终保持良好的对话状态，使现场保持良好的谈话氛围。

（三）讨论型谈话

讨论型谈话是传统媒体谈话节目中常见的谈话形态。上文有一个简单的介绍，讨论型谈话节目的对抗性没有辩论型谈话节目那样激烈。所谓讨论型谈话，指的是谈话参与者在节目中就某种现象或某个问题展开讨论，对其产生的原因、发展趋势、最终结果、现实意义等进行多角度、多层次的分析。参与者各抒己见，使各种观点和看法得到交流，并形成碰撞和交织。讨论型谈话能够充分体现传统媒体的"公众论坛"特色，使不同的声音获得面向公众言说的权利，对推动社会民主化的过程有积极的推动作用。

讨论型谈话与辩论型谈话不同，在辩论型谈话中，话题是高度浓缩而具体的，并且直接存在两种相反的立场。辩论的题目会为参与节目的嘉宾、观众事先设定不同的立场，嘉宾和观众会根据各自的观点和主张分为对立的两方，每一方都试图说服对方，彼此用语言攻击对方的破绽，捍卫自己的观点。因此，辩论型谈话节目的冲突是非常激烈和尖锐的。但是在讨论型谈话节目中，各种观点则是在围绕某个现象、问题进行讨论的过程中逐渐显露出来的。这些观点并非都是对立关系，有的观点可以互相一致，还有的可以互相补充。随着讨论的深入，嘉宾之间可能会因某个观点的分歧产生争论和冲突，甚至会将讨论演变为辩论。但是在多数情况下，主持人会调和嘉宾之间的冲突，并推动讨论继续进行。总体来说，讨论型谈话中的言语交流不像辩论型谈话那样充满"火药味"。从观众的角度来说，观众收看辩论型谈话节目，是想看到一场精彩的语言交锋，而收看讨论型谈话节目，一方面是对节目讨论的话题感兴趣，另一方面则期望听到多种观点和分析。

讨论型谈话一度在中国盛行，然而当谈话节目遍地开花之后，讨论型谈话节目的道路似乎越走越窄。除了观众的收视疲劳之外，相关政策的制定以及节目定位的同质化也是主要原因。《有话好说》是湖南卫视早前推出的一个口碑很好的讨论型谈话节目。它以新闻事件作为依托，嘉宾和观众可以自由地各抒己见，思想观念的碰撞也很激烈，主持人马东的现场控制也很好。但是因为题材的选择问题，这个节目现在撤销了。另外有很多谈话节目为了追求高收视率，把选题限定在大众关注的热点、焦点问题上，盲目追求"大众化"路线。虽然刚开始时会吸引大众的视线，但是题材"撞车"、同质化的恶果很快显现，使之迅速地失去了关注。

显然，在观众要求不断提高、节目竞争日益激烈的环境下，讨论型谈话节目要想继续发展，必须明确节目的定位、风格，研究不同的受众需求。作为传统媒体实现舆论导向的讨论型谈话节目，一定要保持稳定、忠实的收视群，节目也需要有顽强的生命力和持久的影响力。

中央电视台曾经有一个成功的讨论型谈话节目《对话》。在创办之初，收视率仅有 0.25%，一年以后的收视率有所增长，为 0.8%—1%。但是它创造了时段广告代理权的高价格（2001 年实现时段广告代理权 990 万元人民币）。当时这档节目的定位很独特，节目的理念是"开放、前沿、创新"，关注思维前沿、热点话题和重量级人物。在内容和形式上发挥出很强的创新意识，因此节目培养了忠实的受众群——社会精英人士。根据调查显示，《对话》的受众主要年龄为 20—50 岁的高学历、高收入人群，其中男性多于女性。绝大部分受众都具有高中以上学历，收入较高，有很强的消费意识，是家庭以及工作环境中的购买决策者。因此，《对话》的收视率虽然不高，但是节目的影响力却很大。

讨论型谈话节目在嘉宾选择、内容和表现形式上需要精心的设计。首先在嘉宾的选择上要精心。讨论型谈话节目的嘉宾主要分为以下几类：一是专家学者；二是普通大众；三是各行业的知名人士。专家学者通常以某个领域权威的身份出现在节目中，他们对节目探讨的现象和问题有深刻的认识，能够给出科学的建议和评述。专家学者们出现在节目中的好处在于推动话题向深层次发展，增强节目的理性色彩，有效地提高普通人的认识。而普通大众和知名人士出现在节目中，要么是当事人，要么有类似的经历和感受，要么是对节目的话题有新颖独特的见解。普通人以其朴实生动的表述打动人，而名人则以其魅力、知名度以及不同寻常的经历、感受吸引受众。不同的节目一定要根据自己的定位来选择嘉宾。

需要注意的是，讨论型谈话节目制作者在邀请专家学者时常常有几个误区。第一个误区是把专家学者当作治病救人的医生。讨论进行到一定时候，主持人就会说："我们来听听专家的意见。"这就一下子把全场的目光投向了专家，似乎专家一说话就能把所有问题都解决了。在这样的讨论中，专家的话语权超越了普通人，成为普通百姓发言人的评判者，而专家的观点也成为节目最终的结论，于是把节目做成了专家观点的权威性确认。而实际上对于受众而言，讨论型谈话节目有意思的地方不在于听到最权威、最科学的观点，而在于听到各种不同的观点，以及每一个话题参与者在阐述观点时的个性化表达方式。简言之，讨论型谈话节目对于受众不是学习或受教育。如果节目把专家学者当作权威的"医生",而不是把其当作参与讨论的一家之言对待,就会在普通人和专家之间立起一堵墙,普通人和专家就无法展开平等的讨论了。

第二个误区是过分重视专家学者的功能而忽略了他们作为活生生的人所具有的性格魅力。节目制作者往往看重的是专家学者的观点、看法在节目中的作用,简单地把专家学者当作观点的载体来对待,而没有考虑到专家学者的语言表达是否吸引人、节目是否应当展现出其个性。在很多讨论型谈话节目中,专家学者不开口则已,一开口就像在讲课。要么说话的语气让人不舒服,要么讲的内容过于抽象,理论术语一个接一个,让观众觉得枯燥无味。这实际反映的还是节目制作者的理念问题。节目制作者如果不把专家学者当作权威来看,而是把他们当作谈话的参与者来看,就会在选择嘉宾的时候或者在主持过程中进行适当的处理,使专家学者的言谈表现出个人魅力。应该说,讨论型谈话节目需要有专家学者的参与,他们促进谈话的深入,使受众对现象、问题本质的认识更加清晰。但是对于他们的参与方式,节目需要仔细考虑如下问题:专家学者的身份有必要刻意交代吗?是否需要邀请多位持不同观点的专家学者?他们的发言一定要安排在最后吗?这些问题处理好了,谈话的过程才能实现真正意义上的传播效果。

此外,讨论型谈话节目在内容与表现形式上也需要设计。一般来讲,讨论型谈话节目都会遵循一个结构:首先对某种现象或某个问题进行介绍,引出话题;其次介绍嘉宾,嘉宾讲述自己的观点、想法;最后嘉宾、专家和观众围绕话题展开讨论。在节目开始时会有一个叙事的过程,主持人通常会对新闻事件、社会现象进行介绍,并配合大屏幕的放映,或者主持人先同嘉宾聊聊自己的经历和感受,接着再深入到现象背后,提出问题进行讨论。

为什么会是这样的一个叙事过程呢?除了介绍谈话背景、引出话题之外,还有一个重要的原因就是为了引起嘉宾、观众对讨论的兴趣。有具体的现象、事实作为依托,谈话参与者容易从中发现问题,讨论也容易展开,而且嘉宾与观众所讨论的问题与现实生活密切相关,这样的讨论是有意义的,不是泛泛的空谈。从具体的个案或是某种现象入手来讨论问题,让观众听到嘉宾的诉说，也更容易使观众进入讨论的情境中。在叙事的过程中，逐渐培养起观众对话题的兴趣，对讨论的关注也会随之提升。因此这个叙事的过程非常重要。

设计好从什么角度来展开讨论也很重要。一个社会现象往往提供给人们多个观察、讨论的角度。比如曾经轰动一时的少年作家，人们可以把他当作一个作家来讨论其作品，也可以把他看作一个某方面特别有天赋的少年来探讨其成长过程中的心理问题；既可以以他为案例反观中国教育制度、文化观念的问题，还可以通过他的成名透视媒体炒作的社会作用；等等。虽然展开讨论的角度很多，但并非每一个角度都是有意思的，讨论型谈话节目的制作者需要对这些角度进行选择，看看哪个角度比较新颖，哪个角度能让观众感兴趣，哪个角度更符合当下的社会现实……从中挑选出一个最合适的角度来展开讨论，这个最合适的角度才能够让嘉宾、观众"以小见大、由浅入深"。也就是说，能够启发嘉宾、观众思考现象、个案背后潜藏着的问题，而不是单纯地就事论事。嘉宾、观众从这个角度进入后，疑问会不断生发，这些问题推动嘉宾、观众之间的讨论不断深入，最后使单个现象背后蕴藏的问题上升到具有普遍意义的层次。

在讨论型谈话节目中，嘉宾、观众对问题的分析、探讨应当是层层推进的。讨论不能始终停留在同一个层次上，而在每一个层次上，讨论又需要充分展开。这样做出来的节目才是丰富而立体的。主持人在推动谈话向深层次发展、使讨论充分展开的过程中起着主导作用。

在形式上，讨论型谈话也需要进行精心设计，因为讨论型谈话不像叙事性谈话那样有生动曲折的故事情节，也不像辩论型谈话那样有激烈的观点冲突，讨论型谈话需要借助一些趣味性元素来活跃气氛，调动观众的兴趣。编导、策划可以充分发挥自己的创造力，为节目设计一些表演性元素，尽量地设计好节目的表现形式，避免节目僵化、呆板。

（四）清谈型谈话

清谈型谈话节目是比较特殊的，它追求的是谈话本身的乐趣。这样的形式在传统媒体上不是很常见，但是在网络媒体上很普及。这种节目类型的特点首先是"访"的色彩被淡化了。在其他类型的谈话节目中，主持人与嘉宾的交流是通过"一问一答"的方式进行的，其中"访"的色彩比较浓厚，主持人与嘉宾之间存在一种紧张感。而在清谈型谈话中，主持人与嘉宾之间不是采访者和被采访者的关系，而是类似于亲密朋友的关系，状态放松随意，他们之间的交流也由"问答"变为了"聊天"，"谈"代替了"访"。其次，清谈型的谈话跳跃性强。主持人与嘉宾之间的交流不是围绕某个固定的主题进行，节目充分体现出人的思维具有跳跃性、发散性的特点。虽然节目可能从某个新闻事件切入，但这个新闻事件只是提供了一个联想的基础，主持人与嘉宾之间的谈话并没有明显的逻辑性，几乎是随心所欲。这个特点使清谈型谈话节目充满了即兴色彩，主持人与嘉宾往往在交谈中突发奇思妙想，说出些奇言妙语，这种即兴色彩不仅让谈话者自己感到兴奋，也强烈吸引受众。再次，清淡型的谈话气氛轻松，娱乐性强。清谈型谈话节目的目的就是要让大家都感受到自己好像也参与到了主持人与嘉宾之间像朋友一样的闲聊中。嘉宾也不必在节目中"一本正经"，谈话也不必苛求事实的真实准确，不必追求观点的全面深刻。只要聊得有意思，聊得出彩，观众喜欢听，节目的目的就实现了。最后，清淡型的谈话形式简单，成本低。清谈型谈话节目主要依靠主持人和嘉宾之间谈话的趣味性吸引观众，节目不需要过多地设计和其他的表现元素，也不需要观众的参与，形式上相对简单。此外，由于主持人与嘉宾的人数不多，清谈型谈话节目的场地也没有太大的限制。

  但是清谈型谈话节目需要宽松的舆论环境和成熟的观众群体。没有宽松的舆论环境，主持人和嘉宾很难有轻松的心态来进行交流。同时成熟的观众群也很重要。所谓成熟的观众，是指观众能够以宽容的心态对待清谈型谈话节目中出现的各种玩笑，以及嘉宾和主持在交流过程中的真实状态。如果观众动不动就指责节目内容、指责主持人，清谈型谈话节目就不可能健康地生存。

五、主持人在谈话节目中的作用

在了解了谈话节目的分类和特性之后，我们对这一类型节目的共性也就有了自己的领悟。在新闻、综艺、体育等类型的节目中，主持人主要的作用是串联节目内容并且简明扼要地进行评析。他们的主要职能是"介绍"。当"被介绍"的内容上场时，主持人就会暂时从屏幕上"退出"，以便观众此时此刻的视线能够集中到其所"介绍"的内容上去。但是在谈话节目中，主持人更多的不是单纯地完成"介绍者"的职能，而是肩负着"参与者"的角色任务。谈话节目是在两个或者两个以上的不同主体之间进行的语言交流活动，而这种语言的交流是在主持人、嘉宾、观众这几方之间展开的。所以主持人不能仅仅是对节目进行穿针引线，而是在讨论的过程中也表明自己的态度，和整个谈话的参与者们一起享受着交流的乐趣，分享着谈话的精彩。

不仅如此，在谈话节目中，主持人更像是一个"主人"。他对每一个客人都照顾周到，介绍人们彼此认识并组织大家展开交流讨论。同时，谈话节目的灵魂是真实性，所以在交流的过程中又有很多偶然的、不可预知的即兴因素。而谈话的过程又是不能轻易中断的，主持人不能因为现场的突发事件不符合自己的预想而叫停，更不能因为自己发挥不好而叫停。那么怎样很好地应付突发事件，怎样抓住即兴因素进行发挥使节目呈现得更加精彩，这都要依靠主持人自身的能力。所以这个"主人"还有一项重要任务就是要让每一位"客人"都能够在充分表达的同时保持和谐的氛围。也就是说，在谈话节目中，主持人也是现场谈话的组织者和控制者。正如法国的皮埃尔·布尔迪厄在《关于电视》中所说："总是主持人摆出话题，提出话题。"在通常情况下，嘉宾、观众都是在主持人的问题引导下对自己的观点进行阐述。主持人是通过提出问题来推进谈话的深度，通过提出问题来摆出观点，通过提出问题来改变谈话的走向的。除了享有提出问题的主动权之外，主持人还"分配发言权，分配表示重要性的各种标记""主持人分配发言的时间，也给各个人分配或尊敬、或倨傲、或认真、或不耐烦的语气"[①]。这都说明在谈话节目中，主持人作为组织者和控制者不仅要让每个参与讨论者都有充分表达自己观点的机会，还要引导谈话的方向、调动谈话者的情绪、调节谈话的节奏。这就需要主持人在创作的过程中鼓励嘉宾和观众大胆地吐露内心的真实想法，激发他们的自我表露欲望和交流热情。谈话的基础在于参与者有自我表露的欲望，愿意与他人交流自己的想法。而对谈话节目主持人来讲，激发起嘉宾和观众的自我表露欲望是有一定难度的。因为节目是在大众传播媒介中进行的人际交流，在众目睽睽之下，人们袒露心声进行表达的时候难免会拘谨、紧张，同时也会有所顾虑。这就需要主持人拉近自己和嘉宾、观众之间的心理距离，消除他们的紧张，打消他们的顾虑。可以从一些他们感兴趣的话题入手逐步地调动他们的表达积极性。这样话题进行的兴奋度会逐步提升，而讨论参与者自我表露的深度和广度也会得到加强。优秀的谈话节目主持人除了善于激发嘉宾和观众的自我表露欲望之外，还善于在嘉宾之间、嘉宾与观众之间斡旋，使各种声音、各方观点都得以表达。谈话参与者们的自我表露欲望越强，交流的热情就越高涨，谈话就会越精彩、越激烈。那么在谈话中，参与者们的个性特点就会得到更加充分的彰显，节目就会更加吸引人。

在谈话节目中，主持人还有一个重要的作用就是推动谈话的发展。在很多谈话中，都有一种手段在帮助主持人推动谈话进程，这种手段就是利用大屏幕播放事先录制好的影像资料。主持人常常会借助这些影像资料来设计悬念、引出话题、对话题背景进行解释说明。而现在，电话、网络等也都是主持人扩大谈话范围，推进谈话发展的手段。谈话节目有现场直播和录制播出两种方式。在现场直播的节目中，主持人与观众的互动是即时的，主持人通过多种方式与观众交流，场外观众的观点和意见也可以迅速传递到谈话现场并得到相应的回馈，因此场内外的联系是紧密的。主持人很容易意识到自己面对的不仅有现场观众，还有即时的受众。因此在主持人创作的过程中自然

---

① 〔法〕皮埃尔·布尔迪厄：《关于电视》，辽宁教育出版社2000年版，第33—34页。

会进行相应的调整，及时沟通场内外，使演播室内外融合成一个大的"谈话场"。而录制播出的情况就有所不同，因为节目录制和播出并不同步，受众无法及时参与到现场谈话中，场内外的交流本身是受阻的。但是主持人可以有意识地做一些设计，在一定程度上弥补这种缺陷。比如可以在节目的开头、结尾或者层次转化的中间面对受众进行直接的勾连，这些设计在播出的时候能够有效地拉近节目与受众的距离，使受众在心理上跟随并融入"谈话场"，推动谈话的传播效果实现。

综上所述，主持人在谈话节目中不仅仅是串联节目内容的角色，还深度介入节目的运作过程，在主持创作中投入自己的情感，展示自己的语言能力，发挥自己的个性魅力，因此谈话节目主持人和节目之间可以称得上是互为表里。谈话节目为主持人提供了一个充分展示自己才华和个性的空间，而主持人也使节目拥有了以自己的风格魅力为标签的灵魂，并以此实现传播效果的最大化。

第八章 主持人的语言

- 第一节 新闻评论节目主持人的话语分析
- 第二节 脱口秀节目的语言特点

关于主持人的语言，一直以来有很多相关的著述，但总体上大家的共识是：主持人的语言一定是规范口语。

规范口语与日常口语有很大的区别。日常口语属于人际交往的言语行为，而规范口语属于大众传播的言语行为。人际交往的对象是有选择性的，大众传播的对象是公众性的。这就决定了在语音上，规范口语必然讲究语音的规范才能实现信息的高速、准确传递和传情达意。同时，在规范口语表达中，言语者会按照一定的文本规定有准备地边想边说，信息的含量和密度是高度强调的。语体上也带有书面语色彩，言语个性也要受媒介意志制约。

本章主要讨论的是新闻评论节目主持人和脱口秀主持人的语言特点。因为这两种形式的节目对主持人的规范化口语要求最高。在很多时候，大家都会说这两种节目形式要求主持人有好的口才，但是好口才的炼成不是一蹴而就的，需要建立在丰富的语料库的基础之上，而语料库的丰富与否又与个人的知识结构、知识积累和文艺品格密切相关。因此，在本章中我们只是探讨这两种类型节目的主持人的语言特点，希望以此来明确主持人语言能力的构成。

第一节　新闻评论节目主持人的话语分析

一、新闻评论类节目的定义和分类

（一）新闻评论类节目的定义

新闻评论节目是在了解节目形态及分析主持人话语样式时不可避免的一类节目。从新闻学的角度看，播音主持是一项新闻实践活动。播音主持的创作应该遵循新闻学的基本规律和原则。新闻类节目是播音主持专业实践的重要节目类别。新闻类节目包括新闻资讯类节目、专题报道类节目、新闻评论类节目，其中新闻评论类节目又最能体现主持人的思维逻辑性，语言组织能力和表达能力，因此分析新闻评论类节目中主持人的表达对播音主持专业的学习有十分重要的意义。

对于新闻评论类节目的定义目前有不同说法。在徐帆、徐舫州所著的《电视节目类型学》一书中新闻评论类节目被定义为"通过对新闻事实的深入调查采访，在获取丰富新闻资料的基础上，客观分析论证、表达见解的电视新闻资讯类节目类型"[1]。研究者李薇在《电视新闻评论节目的类型及特点辨析》中界定新闻评论节目为"最终以传播新近发生的意见性信息为目的的一种电视传播手段。因此以这种传播手段为核心的电视节目都属于电视新闻评论节目"[2]。不同的述评类栏目会依据不同的题材或不同的载体而形成不同的表达方式，因此对于新闻评论类节目的定义很难有一个准确的概括。通过

---

[1] 徐帆、徐舫州编著：《电视节目类型学》，浙江大学出版社2006年版，第30页。
[2] 李薇：《电视新闻评论节目的类型及特点辨析》，《青年记者》2009年第17期，第50—51页。

上面的一些定义我们可以了解新闻评论类节目的目的,即在新闻事实素材采集和客观报道的基础上给出评论和建议。明确这一目的,才能够更好把握主持人或评论员在节目中的表达方式和说话技巧。

研究者孙英莉在《电视节目分类新思路——从电视是什么谈起》一文中认为,电视新闻和电视文学、电视音乐、电视戏曲一样,是原有艺术门类和学科门类下的亚品种,但不是新的艺术门类和学科门类。[①] 有学者认为,新闻评论类节目是"新闻评论"这一文体的电视化表达。尽管这一定义对于节目形态在不断发展的新闻评论节目有些局限,但是它道出了新闻评论节目与新闻评论存在共性要求:新闻评论节目应具有新闻性、社会性、政论性和指导性。

第一,新闻性是新闻评论最基本的要求。评论性节目的新闻性、时效性和消息类新闻有所不同。消息类新闻的优势在于消息的新、快,要求很强的时效性;评论类节目更侧重于挖掘新思想、新观念,在"新"的前提下讲求时宜性。

第二,社会性即节目的群众性。评论论述的问题应该是群众感兴趣的问题。社会性强的节目大都是"热点""焦点"等问题,也常常是解决起来较为麻烦的"难点"问题。

第三,政论性是电视新闻评论的旗帜。新闻是基石,评论是旗帜,新闻的力量在于摆事实,评论的力量在于讲道理。评论要求新闻论点鲜明,论证深刻,层层剖析,不能片面、武断。

第四,指导性,即导向性。电视台是社会舆论机关,肩负着反映和引导社会舆论的重任。评论通过自己鲜明的观点、透彻的分析,帮助群众观察世界、认识世界,进而动员他们改造世界。

以上总结概括出了新闻评论文体和新闻评论电视节目的共性。但新闻评论电视节目依然因为传播媒介的不同和呈现方式的不同而拥有许多独特性。探讨新闻评论类节目,对于其电视的媒介传播特质和其新闻评论的实质均要

[①] 孙英莉:《电视节目分类新思路——从电视是什么谈起》,《电视时代》2010年第4期,第36—37页。

明确把握。

  首先,新闻评论类节目是一档电视节目。节目,原指竹节,树木枝干交接的地方称之为"节",树木纹理纠结不顺的地方称之为"目"。后来泛指文艺演出或电台、电视台播送的项目。英文中"program"一词除了节目以外也指项目,程序。所以我们可知节目是一个系统,一个整体。自然地,作为一个整体,它有自己的结构、符号。介于电视这一传播媒介,电视节目有属于自己的基本要素——人、声、词、字、画、音。人即主持人,主持人是电视节目在人格化传播与对象化传播中的主导者,是与观众进行交流的第一人;声即同期声;词即解说词;字即字幕、图形、图表;画即画面;音为音乐、音响。我们可以看到,在新闻评论类节目中,主持人是信息传播的主体,而字幕,画面则是为其观点表达提供辅助。不仅如此,在新闻评论类节目中,主持人还抛出了个人的观点,表达了主持人对于社会热点的见解。这更能够体现一名主持人的思想高度和口语表达能力。

  其次,作为建立在新闻评论这一文体之上的电视节目,新闻评论节目具有新闻评论文章的类似结构。节目制作如写作一样有着清晰的逻辑:介绍事件(话题)——提出论点——寻找论据(记者外景采访拍摄)——话题讨论——给出结论。当然也有一部分新闻评论节目以主持人和嘉宾"漫谈"的形式出现。无论是哪种形式,节目的文本一定会存在固定的话题,不同方向的意见性信息。作为一名新闻评论类节目主持人,需要对于话题本身以及相关的素材有充足的了解,同时在表述的时候力求逻辑清晰,观点明确。在多人讨论的节目形式中,主持人还要能够迅速准确地捕捉多方的信息并进行整合和概括,在引导话题走向和节目流程的同时还要考虑受众的接受程度。

  最后,回到主持人作为电视节目创作主体的定位上。尽管新闻评论节目有其自身的发表言论的自由空间,但主持人依然需要时刻记住自己的定位,定位问题,最根本还是要定位在党的宣传动员、全心全意真诚地为人民服务,为受众服务。

（二）新闻评论类节目的分类

新闻评论类节目的分类方法有多种。本文中列举两种不同的分类方法：从节目的表现形式来区分和按照节目中的信息比例来区分。

从新闻评论类节目的表现形式来看，按照节目中的人数来分，可以分为新闻主播单人播报的新闻点评、两个至三个新闻评论员组成的时事访谈、多人组成的新闻论坛。单人播报的新闻点评主要是由主持人宣读（或者以讲故事的方式"说"）时事热点，包括政治、社会热点，并且给出适当的点评。这类节目灵活性不大，短小精悍，模式固定，每次就近期内的一个较为热点的话题或者新闻事件进行述评和分析。有时也穿插在新闻播报节目中作为一个独立的环节。这类节目的播出时间一般在早新闻或者晚新闻之后。两个至三个专家或学者组成专题论坛也有多种形式，可以是新闻记者和新闻评论员之间的对话，也可以是专业领域的人士互相沟通。这类节目的主要特点是：信息量大，意见多元，客观性强，容易激发观众的参与热情。多人组成的新闻论坛则更加注重节目的参与性，节目中会有三个到四个甚至更多的专业或非专业人士共同参与，节目就像是在不同声音之间搭起了一座桥梁。多人新闻时事论坛的权威性没那么重，但是话题的覆盖面和观点的多元性相较于前两种更广。

按照节目中信息比例的分类则是由研究者李薇在《电视新闻评论节目的类型及特点辨析》中提出的，她认为，根据意见性信息和叙述性信息在节目内容中占据的不同比例以及不同的组合形态可以分为：主评型和述评结合型两大类。主评型，顾名思义是评论的话语在节目中占主要地位，依据不同的交流方式，李薇给出了三种比较典型的事例：第一种是以《时事开讲》为代表的对话式新闻评论。《时事开讲》采用的便是两人一问一答的交流方式，评论员是意见性信息的传播主体，主持人则是话题的抛出者；第二种是以《锵锵三人行》为代表的家常式新闻评论。主持人和嘉宾都是意见性信息传播的主体；第三种则是《实话实说》这一类型的沙龙式新闻评论，这一类节目主持人扮演的是"裁判员"的角色，主持人不参与辩论，为现场嘉宾和场外嘉宾预留第三方立场，最终使节目呈现尽可能多元化的信息。述评结合型，则是叙述性信息和评论信息在节目中比例相似，根据述评的先后顺序又可分为边述边评型和先述后评型。边述边评型包括以《焦点访谈》为代表的调查式新闻评论节目；以《新闻会客厅》为代表的新闻当事人访谈式新闻评论节目。先述后评型节目则包括：资讯整合类，如《中国周刊》《世界周刊》；民生新闻类，如《南京零距离》《1860新闻眼》；读报类，如《第一时间》《有报天天读》。

以上分类方法并非新闻评论类节目绝对的分类标准。讨论关于新闻评论类节目不同的分类标准，有助于我们在不同的节目表现形式中辨析主持人在节目中的角色定位。

二、新闻评论类节目的特点

由于在前文已阐述了新闻评论类节目的分类方式，不同的新闻评论节目会有属于自己的"个性标签"。因此在本部分笔者只阐述新闻评论类节目的共性特征。

作为经过多年的发展已经成熟的一种节目类型，对于它的特点，在徐帆、徐舫州所著的《电视节目类型学》一书中有如下表述。

1. 报道与评论并行

新闻评论节目作为事实的信息和作为意见的信息，两者相互依托。我国的评论性电视新闻资讯节目是在发展中逐渐体现报道和评论并行的进程。一方面，是原有电视新闻栏目中评论因素的渗透；另一方面，评论节目越来越注重报道的力度，这是基于电视特性和受众需求所形成的认同。评论节目逐渐以报道和评论并行形成一种有利于受众作为个体判断信息的体系，以更多有价值的信息为受众提供多元化的思考线索。

2. 采访、调查的过程即为评论的过程

评论性电视新闻资讯节目最重要的一点就是汇集方方面面的声

音，记者、主持人的采访、调查是这些声音的最佳载体。记者、主持人的采访、调查过程即为评论的过程，这是现代电视新闻评论节目独有的结构形态。

3. 评论的多向互动

评论是一种话语表达，而任何话语都是双向或多向的，只有在一种互动的过程中，评论才得以真正完成。评论类电视新闻节目对这种多向互动的追求，一方面体现在充分展示新闻事件关联人等自己的评论，在各种评论的多向交汇中架构受众思考的空间；另一方面，将受众的参与、反馈及时组织到节目中来。①

可见，《电视节目类型学》一书中的表述加强了报道和评论两者的联系。电视艺术中画面组接是重要的一部分，节目制作初期选取什么样的画面，如何组接镜头其实都是经过了制作人的主观思考。报道时信息的采集和筛选同样也包含了制作人、记者的思想和角度，这也佐证了"调查、采访的过程即为评论的过程"这一说法。由于篇幅和主题的限制，《电视节目类型学》一书概括性地探讨了新闻评论类节目中的叙述信息和评论信息两者的关系，但未能具体到对于主持人的话语特点的捕捉。而在《电视节目策划技巧》一书中，作者对新闻评论类节目的策划方式和共性挖掘则有不同的角度，我们从文中提出的对于新闻评论类节目的策划方式和方向可以反推出一些新闻评论类节目的特点和特征。

《电视节目策划技巧》中有如下表述：

1. 运用权威的评论形象来增加节目的可信度

在国外许多电视媒体中，新闻评论员具有多种角色形象，一些评论专栏也任用新闻播报者来兼任评论员的角色，但这些播报者往往都是具有多年第一线的从业经验，具有高度的新闻敏感、透彻的

---

① 徐帆、徐舫州编著：《电视节目类型学》，浙江大学出版社2006年版，第31—33页。

分析能力和准确的判断能力的新闻从业人员，他们中的很多人均有几十年的工作经验。美国电视新闻界对新闻主播的八条职业素养要求中，其中一条就是权威感，即"我"必须具备专家的眼光和水准。而评论员更是这其中的佼佼者。

从新闻评论员的构成来说，新闻评论员既可以是长期奋战在一线的新闻从业人员，也可以是某些领域的专家。前者具有长期的新闻实践经验和业务能力，包括收集资料、挖掘信息、整理素材的能力。后者则具有较强的专业知识储备和专业上的实践经验，同时可以在探讨专业问题给予观众认同感和信赖感。因此可以发现，在做新闻评论时，作为"评论员""评论类主持人"这一主体，拥有丰富的知识储备和处理信息的能力是提供客观、有效意见的必然要求。而新闻评论类节目，需要具有一定权威性。

2. 善用评论中的矛盾交锋体现述评的客观性

媒体一直在强调新闻"客观、真实"报道，在评论类节目中不主张带有主观倾向性的言论，而主张在事实的基础上，用事实说话。评论类节目中，大部分的节目时间是被言论占据的。因此节目中不可避免地会谈及对某事某人的看法，所以应当使节目成为多种声音交汇的平台，通过多种声音的交锋和交流来体现媒体客观、真实的社会传播责任。任何一个媒体都存在其不可避免的阶级性，新闻节目作为其中的一员更是如此，作为传播者，节目里应该尽可能地让观众听到多种声音，了解多种观点，这样我们的评论才会更有说服力。因此，新闻评论类节目需要具有客观性，且这种客观性是通过观点的交锋来体现的。①

除节目本身具备的特性外，了解新闻评论类节目还需要结合时代语境。当下媒体的面貌发生了巨大的变化，手机、互联网等新兴媒体的兴起和深入

---

① 张联：《电视节目策划技巧》，中国广播电视出版社2002年版，第178—182页。

发展，让每一个人都有了自己的话语场和话语权。公众拥有个人的话语权为网民进行个性化的评论、交互式评论提供了前提和基础，但也对电视新闻评论造成压力。研究者阚桂或在《我国电视新闻评论节目的特点与发展方向》一文中指出新闻评论节目有以下特点：电视新闻评论与互联网言论相关性日益增高；视角逐渐贴近受众；评论风格生活化以及更加强调电视新闻评论对舆论引导的作用。面对全媒体浪潮，新闻评论节目应该有更加理性客观的表达，从而更好地起到对于舆论的引导和监督作用。

三、国内新闻评论类电视节目的发展状况

1979 年中央电视台成立了新闻专题部，以 1980 年开播的《观察与思考》为例，中国正式出现了一种新型的、独立的新闻评论体——电视述评。1993 年年底，中央电视台在原有的《观察与思考》节目组的基础上组建了新闻评论部，并于次年推出了新的电视评论栏目《焦点访谈》。1996 年中央电视台推出了《新闻调查》，至此，各地方台也纷纷推出了多样化的新闻评论节目，如江苏电视台的《大写真》、上海电视台的《新闻透视》、南京电视台的《社会大广角》等。1999 年凤凰卫视开播的《时事开讲》开创了个人化时事评论节目的先河。2008 年，电视新闻分析和言论性直播节目《新闻 1+1》在央视新闻频道亮相。《新闻 1+1》明确"给您不一样的解析"的节目诉求，弥补了央视新闻频道纯观点新闻栏目的空缺。到今天，中国的新闻评论节目已经走过了 40 多年的历程。节目的样态，主持人的话语方式也在不断调整。面对新时代网络化的到来，新闻评论节目也在尝试寻求在不同媒介的传播中属于自己的特点。如一些门户网站开设的新闻短评以及专门的新闻评论版块等。

四、新闻评论节目的语言特点

* 从《新闻 1+1》看主持人的口语表达

本部分选取了《新闻 1+1》的几期节目，从节目本身入手，通过对主持

人的话语分析，来学习新闻评论类节目主持人的话语方式。以下是2018年《天津，向"不作为"说"不"！》的文字版（略有修改），笔者将结合文稿进行分析。

【片头】

【引子】 占着位子，顶着帽子，混着日子，摆着样子。天津"堂上木偶"，迎来问责风暴。（新闻画外音：近日市委决定，对八名市管干部不作为不担当问题进行严肃问责。）5月份问责5名市管干部，6月份问责4名市管企业领导，7月份问责8名市管干部。原因都为一个——不作为，不担当。（画外音采访：他就形成了一种观念，我不作为，就没事。）8名干部，6起案件，其中3起都为营商环境造成不良影响。《新闻1+1》今日关注：天津，向"不作为"说"不"！

　　首先，第一句话用高度精练的语言概括出天津一部分官员"不作为"的事实状况。其次，摆出相关的数据——5月至7月的问责数据，并且讲明所有的原因都为"不作为"。最后，在6起案件中选取了营商环境为切入点，并且引出主题。

【评论员】 您好观众朋友，欢迎收看今天的《新闻1+1》，今天凌晨呢。俄罗斯世界杯角逐出了冠、亚军，法国队获得冠军，克罗地亚队获得亚军。这两个走到最后的球队呢，有一点是共同的，他们都各自拒绝了自己的一名球员。法国队呢，是拒绝征召超级大腕本泽马，那可是在皇马效力的，原因是他有丑闻且跟队友不和，因此坚决宁可不招他。而克罗地亚队呢就更有意思了，是在世界杯期间有一名前锋球员不作为，于是直接把他在世界杯比赛中除名了。那就是因为在打比赛当中需要他热身然后准备替补上场，结果这名前锋居然不屑一顾，而且坚决不作为，所以只能开除了。后果呢？后果就是克罗地亚有史以来第一次闯进了冠、亚军的决赛。回到我们生活当中，如果官员不作为，是否可以亮红牌呢？今天的《天津日报》上还真就亮了"红牌"，而且不只是给一名官员。我们来看一下，今天《天津日报》的头版有这样一则评论：疾风利势，掀起问责风暴。第二版：市委对8名市管干部不作为不担当问题进行严肃处理。这其实就相当于"亮红牌"了。我们来看看

"亮红牌"的细节。

对于政府官员问责这样一个严肃的话题,评论员白岩松选取的切入点却是世界杯的球赛。他以刚结束的决赛为引子,讲述了关于球队的小故事。在一个球队中开除"不作为"的球员可以使整个球队取得更好的成绩。于是白岩松抛出一个问题:官员不作为是否可"亮红牌"?亮红牌这一表述比问责、免职更加具有趣味性且通俗易懂。在接下来的表达中都有使用。

【小片】天津市滨海高新技术产业开发区工委书记倪某玉,滨海高新技术产业开发区管委会主任王某,天津利和出口集团有限公司总经理马某,天津出版传媒集团有限公司党委书记、总经理兼天津出版总社社长肖某鹏。他们各自的工作领域不同,但他们同是一个部门的一把手。他们的名字共同出现在了今天出版的《天津日报》上。因为不作为不担当,他们同时被免职撤职。今天,当记者打开他们单位所在的官方网站时,已不见他们的踪影。这份问责通报被媒体称之为重磅。而题为《市委对8名市管干部不作为不担当问题严肃问责》的文章共四千两百多字,几乎占满了今日《天津日报》的第二版。除对6起不担当不作为的具体事件一一进行通报,还对他们的教训警示进行了总结。除开上述的四位一把手。这次问责还对天津市国土房管局党委委员、副局长张某升,天津市中小企业局党组成员、副局长任某给予免职撤职处分。那么,这8名市管领导为何会被处分,他们究竟在所属岗位上做了什么?对于他们的通报,不仅仅限于《天津日报》,今天的天津新闻联播也同步进行了通报。具体来说,滨海高新技术产业开发区工委书记倪某玉、滨海高新技术产业开发区管委会主任王某。一个部门的正、副两位领导,面对某高科技企业,意向在天津市滨海高新技术产业开发区投资扩建30亿元的项目时,没有经过深入调研就主观臆断,认为该项目存在环保问题,从2017年6月至今年6月一年零一个月之久导致该项目停滞不前。通报表示,滨海高新技术产业开发区两位领导官僚作风严重,思想上不重视,服务上不主动,行动上不积极,阻碍了经济社会发展。(天津新闻联播:依据《中国共产党问责条例》等有关规定,免去倪某玉高新区工委书记职务,免去王某高新区工委副书记、管委会主任职务。)不重视、不作为、落实不力,这是通报中提到的最多的表述，而这也是 6 起案件中 8 名市管干部的通病。事实上，今年 2 月天津市委办公厅就印发了《关于充分调动干部积极性激励担当作为创新竞进的意见（试行）》，随后，从今年 3 月开始，天津市又发布了《不作为不担当问题三年行动治理方案》。（有一些领导干部他就形成了一种观念，就是我不作为就没事，我不作为就不会犯错误。实际上这个观念是非常错误的，要解决这种错误，扭转这种观念。）据了解，天津市的每一次问责，《天津日报》、天津市政府网站都会同步公布。而这次严肃问责的 8 名市管干部，也是目前问责人数，涉及一把手人数最多的一次。

这一部分小片实际上讲述了三个事情：通报的事实，为什么通报以及本次问责与以往有什么不同。

【主持人】我们来看看啊，这次首先有这样的几个一把手被"红牌"了，您看，基于免职撤职的一把手有滨海高新技术产业开发区工委书记，然后是管委会主任，还有一个是出口集团有限公司总经理，还有天津出版传媒集团有限公司总经理，都被拿下了，"红牌"嘛。然后还有几个这个，副手。大家也都看到了。那么涉及的主要问题呢？官僚主义作风严重、思想上不重视、服务上不主动、行动上不积极。给天津营商环境带来不利影响，阻碍了经济社会发展，"衙门"作风严重、公仆意识淡薄；推脱责任、拖沓；反馈一件整改不重视，敷衍了事、消极应付。总体来说就是不作为。

对刚才的材料进行归纳，强调特点：一把手被拿下。再一次强调主题：官员不作为。

【连线】

白岩松：接下来我们要连线一位嘉宾：北京航空航天大学公共管理学院教授、廉洁研究与教育研究中心主任任建明主任，您好。

任建明：您好。

白岩松：您怎么看待这次天津以报纸、电视台的新闻，用透明的方式来完成对不作为干部的这种问责？

问题关键：透明问责。这一次的检查和问责直接在公共媒体上公开透明意味着什么？

任建明：额，我想可能有两个方面的特点是比较突出的。第一个反映出他们的力度和决心是很大的，所以这次公布的市管干部包括一把手，而且从问责处理这个免职也是非常严厉的。另外一个我看到他一个特点就是三年行动计划，这表明市委、市纪委、市政府想打一个持久战这样的决心来治理这个干部不作为。因为这个问题是一个各地都普遍存在的、长久根深蒂固的问题，不可能靠短期一阵刮风就能解决。他们有这样一个决心是很好的。

公开透明的问责反映了天津整治的决心这一特点。第二个特点是任主任将话题转移了，公开透明本身就是这次问责的一大特点，评论员提出的潜在问题是："公开问责的效率会不会更高？""公开问责的方式会有风险吗？"任主任除了认定了决心这一特点之外似乎没有继续就"公开透明"进行回答和探讨。

白岩松：嗯，那这一次其实媒体包括很多的网友在格外关注，就是针对这其中的四位一把手，因为大家在过去的时候会有一种印象，就是事情如果发生的话对主管的副手可能会给予处理，但是这一次一把手挑头，直接上来四个，您怎么看待一把手被"红牌"拿下。

问题关键：一把手。直接对于"一把手"的问责和拿下代表了什么？会有什么样的后果？

任建明：是的，因为过去就是我们大家都知道，这个权力监督难，领导干部随着他的级别增高，随着他处于这个权力的核心，一把手处于这个权力的顶层，那监督和处理起来就尤其困难。过去我们可能出了问题以后就找副手啊，找一般干部承担责任。

所以这次天津市公布这个，有这个几个一把手，这反映了他们的决心很大。因为你真正地你敢拿承担最大责任的人，你能够惩处他们，能够问责追究责任的话，他的警示和威慑的效果就是好的。

回答的主题是，对于一把手的问责给其他地区起到了很好的示范和威慑作用。

白岩松：你看，整个天津在处理这些干部的时候依据就是《中国共产党问责条例》，它是从两年前，正好2016年7月份到现在两年这样的时间。您怎么看待这些依据，而且，问责依据很显然是对的，对吧？

问题： 如何看待《中国共产党问责条例》这一文件。问题的解读有很多：文件是否在两年期间有落实，文件对于这次问责有什么指导性作用？

任建明： 是的，应该说党的十八大之后呢，这个中央就提出追究两个责任。那在这个追责问责的这个实践基础上呢又制定和颁发了《中国共产党问责条例》，这个成为我们管党、治党啊这么一个最根本的党内法规，应当说这个法规在制定时它质量还是很高的。对这个责任进行的一个全面的规定，对这个问责，追究责任的执行应该说是规定得比较细致。从两年实践来看，还是起到了很好的作用。当然就是说，其实我们是一个党内的法规，所有的行使公权力的公职人员那有权就有责任，未来我们应该是朝着一个全员的问责去发展。

这一部分回答比较系统，首先指出了《中国共产党问责条例》本身的重要性和内容上的细致。其次指出这两年的落实情况比较好。最后表示，问责应该由党内问责推向全员问责。

【主持人】 好，一会有问题我们继续去探讨。接下来我们就去关注，天津这次"亮红牌"，其中相当重要的原因，大的概念是不作为，但是仔细看背后有占相当大的比例是对营商环境起到了非常不好的一种效应，来我们一起来看一下。

就具体问题"营商环境"进行分析和探讨。

【小片】 这次问责风暴，天津通报的六起事件中，其中有三起都与营商环境有关。

（滨海高新技术产业开发区工委书记倪某玉、滨海高新技术产业开发区管委会主任王某。落实"天津八条"不利，导致投资项目未在津顺利落地，对我市营商环境造成不良影响。市国土房管局党委委员、副局长张某升不正确履职，导致某开发项目长期未开工建设，开发公司上门协调百余次无果。市中小企业局党组成员、副局长任鹏消极懈怠，导致3500万元中央补助资金被收回。）投资项目未顺利落地，项目长期未开工，开发公司上门协调百余次无果。为什么这些工作没做好就要被问责？

天津为何如此重视营商环境？"天津八条"又是什么？2017年11月16日天津市专门召开了企业家工作会议，正式出台了《关于营造企业家创业发展良好环境的规定》。被称为重振天津经济的"天津八条"。（我市优秀企业家数量较少，根源在于思维观念，要坚决打破旧逻辑，破除官本位思想，树立重商意识；破除计划经济思维，树立市场意识。破除封闭保守观念，树立开放意识；破除畏难等靠情绪，树立服务意识；走进企业家内心，知商懂商，遵从企业生长规律，涵养好企业茁壮生长的生态湿地。）那次会议上提出，要通过创造良好营商环境，进一步树立产业第一，企业家老大理念，让天津成为企业家创业高地，成长湿地，心灵港湾。当天，天津市发改委、市场监管委、人力社保局、金融局、政法委、滨海新区负责同志，还就如何落实"天津八条"做了表态发言。"天津八条"第七条是，优化对企业家的服务。其中就包括，坚持"马上就办"，实行承诺办结制度，办理时限在法定基础上压缩60%以上。根据天津市委的通报，滨海高新技术产业开发区两位被问责的官员使得某公司一个意向投资金额约30亿元的扩建项目历时一年未能取得进展。通报称，倪某玉、王某官僚主义作风严重，对高科技型生产项目不重视，严重挫伤了企业家的投资热情，对于另外两起事件，通报中则指被问责的官员在企业上百次沟通中推诿应付，作风拖沓服务不利，导致项目长期无法开工建设；怕出纰漏，怕担责任，工作不积极导致中央补贴资金被收回。这些问题都严重破坏了我市营商环境，影响了经济社会发展。

这一段落是对于括号内口播新闻：一把手落实不力导致的中央补助资金被召回新闻事件的解读。解释了"天津八条"的内容以及通报的问题。

【主持人】其实营商环境的这个营造不是一个新话题，这两年你会发现隔一段时间与此相关的新闻就会出现在大家的面前。甚至有很多的人注意力把它放在了东北，其实在全国的很多地方恐怕都面临这样一个挑战。天津这次的"亮红牌"，恰恰中间的一个靶心就是营商环境。接下来我们继续连线任主任。

【连线】

白岩松：您看这次天津在给不作为干部"亮红牌"的时候，其中一个核心的靶子就是营商环境。您怎么看待把这个当成一个核心？

问题关键：营商环境。

任建明：是的，就刚才你也提到。其实我们国家在发展进入到新常态以后啊，我们要继续培育我们发展的后劲。其实很多地方都面临这个后劲不足这样一个问题，所以天津市委市政府在这方面压力很大。所以首先就把这个培育优良的营商环境作为这个重点的方向。所以它集中了很大的问责的资源开展这项工作，也反映了他们面临的这个压力和发展的需要。

良好的营商环境是解决发展后劲不足的条件。

白岩松：您看任主任，今天听到一个网友议论的点很有意思，说是不是因为过去政商关系不清，能从中获取利益，所以做起事情积极性很高。现在各种要求很严了，好，我也不拿钱了，但我也躲得你远远的了，您怎么看待网友的这个议论？

问题关键：不作为的原因。

白岩松：官员不作为根本的原因是没有利益可分了吗？

任建明：是的，其实这个网友的议论过去也是大家可以看到的普遍的现象，过去的干事中间有很多"黑色"的这种好处，所以他动力很大，他很大一个动力就是要上项目要发展。那现在的确是党的十八大之后很多这个不敢做了，那现在就导致了不作为。所以在这种情况下，怎么样让我们的干部是有为老百姓服务的这种意识，真正的是能够作为、担当。现在这是各地面临的一个普遍的问题。

嘉宾对"'黑色'好处某种程度上使官员办事"这一事实进行肯定。并强调应该树立服务意识。

白岩松：嗯。您看哈，任主任，我们还可以换一个角度，稍微有一点不满足，一方面为天津这个"亮红牌"给不作为的干部；另一方面我们发现，针对不作为我们还是一个当地的政府非常关心的一个营商环境，因为这里涉及真金白银，包括中央政府给你的钱，你竟然给退回去了，你这是动了我们自己的大奶酪啊。但是老百姓期待，我们现在有些干部不作为他是不改革，没有勇气，然后另外给老百姓的这种相关的利益在改善的时候的不作为，您怎么看待接下来我们在问责的时候也能进入更深层次？

问题关键：百姓这次问责的原因是营商环境发展需要和中央资金没有得到使用，那么百姓的利益能否得到问责制度的保护呢？

任建明：是的，就是营商环境是直接影响到一个地方的发展。这个固然是跟老百姓的切身利益是相关的，可是老百姓呢和我们的组织他们的需要是各个方面的。就老百姓很多的事情都希望能够得到政府这个很好的服务。所以说现在我们这个天津市聚焦营商环境当然是重要的，但我们希望未来是全面的，而不是说只抓一个点。

这次问责整改营商环境是对的，希望未来更好。嘉宾没有正面回应问责制度能否进入更深层次，只是表达了自己的期许。

【主持人】接下来我们继续去关注，其实在问责的另一个靶心方面。与这个对巡视的结果整改方面不积极、不认真甚至敷衍，紧密相关。

【引子】今天，《天津日报》发布的六起问责事件中，有三起对营商环境造成了不良影响，还有两起事件，是因巡视整改不力，被严肃问责。（天津利和进出口集团有限公司时任党委书记、董事长白某彬，党委副书记、总经理马某政治站位不高、主体责任缺失，落实市委巡视整改意见不力。）2016年5月，十届天津市委巡视了利和进出口集团有限公司，但集团党委对巡视反馈意见整改不重视，敷衍了事，消极应付，甚至边改边犯，直到2017年12月十一届市委巡视组进驻，发现该公司绝大多数问题仍未得到整改。依据《中国共产党问责条例》等有关规定，给予白某彬党内严重警告处分，总经理马某给予党内严重警告处分，免去其利和集团党委副书记、总经理职务。作为国有企业党委主要负责人，对市委巡视整改意见置若罔闻，我行我素，敷衍应付，甚至提供虚假整改情况。将管党治党政治责任置之脑后。这是对白某彬和马某二人给出的教训警示。天津出版传媒集团有限公司党委书记、总经理兼天津出版总社社长肖某鹏不作为、乱作为，巡视整改不力，因管理混乱导致估值百亿余元社藏画作失管、失控等问题。2016年5月，十届市委巡视反馈意见后，该集团党委组织整改，被动应付于表面。未按规定在一定范围内通报反馈意见，未将整改落实方案下发所属单位，也未按要求组织整改考核验收。直至 2018 年 4 月十一届市委巡视组进驻，上次巡视反馈的问题仍未整改到位。在整改报告中提供虚假情况欺骗组织，性质恶劣。依据《中国共产党问责条例》等有关规定，给予肖某鹏撤销党内职务、政务撤职处分，并按照相关程序拟撤销其市政协第十四届委员会委员资格。除开巡视整改不力，天津市环保局党组织成员、副局长谢某生履行主体责任不到位，导致分管部门发生严重违纪违法问题，同时也被问责。（市环保局党组成员、副局长谢某生履行主体责任不到位，导致分管部门发生严重违纪违法问题。依据《中国共产党问责条例》等有关规定，给予谢某生党内严重警告处分。）值得注意的是，去年，天津就开展了不作为不担当问题的专项治理，今年又启动了为期三年的专项治理行动。动员千遍，不如问责一遍。天津市对占着位子，顶着帽子，混着日子，摆着样子的"堂上木偶"来了一场问责风暴。今年 1—6 月份，全市共查处不作为不担当问题 1017 起，问责 1404 人。这次严肃问责的 8 名市管干部是继 5 月份问责 5 名市管干部，6 月份问责 4 名市管企业领导以来天津市再次祭出的问责利剑。而在本月初，天津市纪委监委也发布通报，对 4 名市管干部做出警告降职等处分。（纪检组长：只要发现不作为不担当这种现象，我们就要严肃问责。包括他的上级领导，包括落实"两个责任"等方面。）

巡视整改不当一回事，问题敷衍于是被问责。

【连线】

白岩松： 任主任，当听到比如营商环境被处理的时候，大家觉得应该。但是这个巡视整改居然还有人有胆敢不认真。这个有点出乎大家意料，您是否感到意外？

问题核心： 态度政府官员对于巡视整改都可以敷衍了事，问题出在哪儿？

任建明： 我呢是不会感到意外，大家知道这个巡视制度主要是为了发现问题，就是我们各种监督里面他在发现问题方面是最有力的。问题发现和你真地能处理问题和解决问题，是远不能画等号的。所以这个就反映了就是说其他的部门能不能跟进能不能持之以恒地真正下决心把这个问题解决。就天津的这个问题来说，更大的问题还是在发现问题之后。

回答了一半，首先表明态度，认清巡视制度是为了发现问题。关键句：发现问题不等于解决问题。

白岩松：好，任主任您看，天津有它的三年的这种计划以及它具体的做法，当然像干部不作为的这样一种问题绝不只停留在天津，全国各地都有，您觉得接下来这个会不会成为一种热潮。对不作为干部的问责。

扩大话题谈论的范围，全国有没有可能都进行这样的问责。

任建明：那天津这一次决心大，它制订这个三年计划，其实各地应该说都有这样的措施。

白岩松：在天津这次的相关措施中，您印象最深的如果说一个点会是什么？

任建明：我认为还是力度比较大，敢于对这个一把手进行开刀，问责还是很严厉。说明这个市委市政府决心是大的。

分析这次天津问责中一个印象最深的点，这个问题比较开放，可能是希望再从嘉宾这里获取不一样的信息。

白岩松：好，感谢任主任带给我们的解析。的确，克罗地亚开除了一名不作为的球员，最后闯进了世界杯的决赛。希望中国的很多不作为的干部，都受到问责。

点题，首位呼应，进行总结。

在探讨主持人的话语使用时，不能脱离节目进行分析。从宏观层面来说，主持人的口语表达取决于他所主持的节目类型，或者说在节目中担当的位置和功能。从具体层面来说，主持人的表达需要和稿件紧密结合。《新闻1+1》中的声音元素包括：一是画外音部分，这一部分负责给出新闻信息；二是评论员部分，评论员负责引导话题以及与嘉宾沟通；三是嘉宾部分，对于新闻事件发表一些观点。弄清楚节目中的各个元素以及主持人在节目当中的目的，才能对话语进行分析和了解。本期节目的主题是天津对于不作为行为的彻查以及处治结果，那么在节目之前评论员需要对于事件本身做出思考。例如：这一次彻查和原来有什么不同？对于"不作为"这一行为，我们有相关的管理条例约束吗？这些思考不仅仅是停留在大的宏观层面，而是主持人本身对于新闻事件的具体细节有详尽的了解，在大量的案头准备工作完成后，才有足够的素材来支撑其问题。

* 以《锵锵三人行》为例看谈话类新闻评论节目话语

不同于《新闻1+1》的节目模式，《锵锵三人行》以谈话为主，由主持人窦文涛主持，一起针对热门新闻事件进行研究，并各抒己见。《锵锵三人行》的英文"Behind the Head Lines with Wentao"（与文涛一起看新闻头条的背后故事）实际上也侧面印证了其新闻评论的性质，只是节目形式为家常漫谈，是为前文所提到的家常式新闻评论。本部分选取了《问题疫苗与社会保障》这一期节目来进行话语分析。

【片头】

窦文涛：锵锵三人行。我就说这个朋友圈啊，经常提供话题。除了这个打疫苗的这个啊，这几天朋友圈他们还传一个，许巍唱的，高晓松写的一个歌。那句鸡汤，名言，叫（唱）"生活不止眼前的苟且，还有诗和远方的田野"。我现在发现啊，这个好听的话啊，真是哪说哪了。所以语言不结合具体的情境，说的在另一种环境下就变得可笑。我这又碰见朋友圈刷爆屏这个疫苗的事情。哎，生活，苟且，能对付苟且就已经要搏尽全力了，才能幸存性命，哪儿还有诗和远方的田野？所以我有很多联想，我就说，就像人家说的，孩子都饿死了，文学还有什么用？孩子都给打了有问题的疫苗了，远方……

通过一句最近很热门的话来引入话题，这一段表述的隐含意思是：基本的生存保障无法完成，所谓的远方都是空谈。

梁文道：有用，有用，他那句话的意思是这样。什么叫生活还有诗和远方的田野，这是讲两种人：如果你很有钱，那你就去远方的田野；你没钱，那就只好诗了。文学就是，孩子打了坏的疫苗了也没办法了，那就文学吧。

窦文涛：对，苟且彻底绝望之后，如果侥幸留得一条命在，您就诗或者远方。

许子东：生活不只眼前的天价虾，生活还有远方可以铲的虾，这个才是中国现在的写实。

许子东在这里提前点到了下文的铲虾话题。

窦文涛： 没错，我是觉得其实，就是你刚才讲的，如果这个眼前的苟且啊，其实很多有诗和远方的人，有田野的人他得具备几个条件。第一个：往往人要运气好，或者本事大，或者内心强对吧，就是你得有一些条件。否则的话你比如说，通常我觉得去加拿大，去温哥华，我感觉到他们可以有诗和田野。就因为啊，这个社会保障还是基本运转。

许子东： 你要生活在那里，你也不会想诗和田野。你整天要想一大堆保险公司的账单。

窦文涛： 是吧，那你说我们在我们这片土地上呢？我觉得，我现在觉得甭要什么诗和田野，我觉得我这一天苟且啊，苟且到完了。哎我真是到晚上，我能说看个美剧，看点闲书。我不要那个诗和田野，我现在能一天啊，把你们这些对付完了，能苟且，如此凶险的一个社会环境。

梁文道： 现在美剧好多不让看了吧。

窦文涛： 对啊，我连美剧都没有了。就是说我现在回到只有诗了，就是，若得心头无闲事啊，才是人间好时节。就变得，你觉不觉得在我们中国这个社会，让你觉得很累。就我觉得对应这些个苟且，比如说，一些很低质很"low"的仗你要去打。比方说干了活得不到该得到的钱，是吧。你就去为一些很"low"的人去较劲。包括这个种种这个办一个手续，一个很简单的手续，又托人又干嘛。我说诗和田野的那些人们，您的孩子打了疫苗，您那诗和田野在哪儿呢？你全部心思就在这儿了，你知道吗这个社会对付这些苟且已经花了我们全部的力气。我们简直没有余力了。

强化观点，用传统的新闻评论表述，即问题疫苗只是社会保障不完善的一个折射，中国社会的很多问题无法让人幸福快乐地享受生活。

许子东： 嗯，有的网友就劝我看《我与地坛》，史铁生的一篇文章。我还真地重看了，我心情不好的时候，我以前也看过。就是说一个残疾人，多少年一直在地坛的花园里思考人生。是一个好文章，虽然是缥缈，是虚幻。但是好过没有。

窦文涛： 您看，他也是有条件的，您是残疾人。所以您能在地坛公园那儿坐一下午。

梁文道：我跟你说还有一种更正能量，我是说真的呢，你别以为我好像要讽刺什么，没有，我真的是很正能量。我有个哥们，他跟我说件事，我一直觉得你开玩笑，他说认真的。他说他很多年腰疼，最近看书治好了。我说那书是专门教你怎么治腰疼的吗？他说不是。我说什么书这么厉害，这本书叫作《中国共产党为什么能》。就说中国共产党为什么能做到人家不能做的事。然后看完这本书之后，他就觉得状况大好。真的跟我这么讲。

许子东：亏得他前面先说明他这是正能量。

窦文涛：的确我觉得中国共产党有一种性格。……共产党的干部就是雷厉风行。槊槊就上，有条件就上，没有条件创造条件也要上。他都是有，确实有他的一种气质。有一种雄起的气质，正能量，正能量。当然这个正能量到了有些地方，所以我说什么东西都不能摆脱具体的环境。你要是把他放在一个泰国的餐厅里，你这个蓬勃的、雄起的能量就会成为全球的奇观。（顺着嘉宾的话，抓住"急性子"这一特点将话题引入到具体的新闻事件中）当然这个事，可圈可点，咱们可以先看看这个照片啊。

你看这是在网上爆传的，说是中国游客在泰国的一家餐厅。拿盘子当碟子去铲这个虾。你再往下看，好家伙就这么铲。就是这个一大堆放在桌子上，最后呢还浪费。这么一大家铲了这么多，自己又吃不完。但是你看，就是你也要注意，这是泰国人的社交媒体，说："这是中国人在泰国的清迈酒店吗？""这样的国家看着好艰难，至少身为泰国人我不用抢吃的。"哎，这个事情你们怎么看？

梁：其实过去的几年，我们偶尔，其实不用说，好像每个月都会有一些关于中国游客的新闻。去年的时候不是还有一件，因为刚才那段抢虾其实是有视频的。这个视频是在海外的 Youtube 上爆的，周播放冠军。去年也有一条视频也很厉害，是荷兰人拍到的，是中国人在荷兰的药店抢奶粉，打架嘛，还登上了当地报纸的。那么这种事都很常见，可是呢？我坦白讲，就我自己也老在海外到处跑，常常碰到传说中的中国游客的恶习。但是我不晓得怎么回事，我最近几年反而越来越，不能说叫能接受，而是说，我比较同情吧。同情什么呢？因为，你像泰国人反应很有意思，一般我们中国人就认为，你泰国哪比得上我们中国嘛对不对，我们中国有钱，今天一讲到中国就是有钱。有power、有实力，你泰国算什么？那为什么这个国家会说："生活在这样的国家很艰难，好在我是泰国人不用抢。"这是不是很讽刺，一个大家觉得，没我们发达的国家，反过来同情我们很艰难。这个恰恰是我看今天中国游客的一个角度。我觉得有时候，中国人真的是挺有钱的，比如说我在外国百货公司买东西，恰好碰到中国游客。然后那个售货员首先帮我包好我买的东西，然后旁边有个大妈的东西就摆在另一边，人家已经帮她包好，没装袋子就放在一边，然后他们好紧张，冲上来搂着它，然后她不太会说英语，意思就是说："您别把我这个衣服包到她那儿去了。这是我的。"然后服务员不太知道她什么意思，我知道她什么意思，我就立刻跟她说您放心这是您的，我们不会拿错的。其实那个东西也不便宜，但我第一反应是，她好可怜，因为她是这个国家日常的生活里面的优越者。但是她有太多，让她紧张的东西。她大概试过太多不安全、不保险的东西。比如说明明是自己的东西给人家乱包，服务员没做好怎么样，她是习惯了这种模式，所以她认为全世界大概都是这样。然后像刚才那种游客抢虾啊，你看最后他们剩下一大堆嘛。他也吃不完，他绝对也不是没有钱，没有钱他不会去旅游嘛。那真的是种"饥饿文化"，真的是种不能吃亏，有划算得拿到极点。因为你在欧洲很多酒店自助早餐，他已经开始分开中国人专区和其他国家专区。

表明立场，梁文道表示"我同情这种现象"，是因为这一现象背后是国人生活缺乏安全感，是"饥饿文化"。一个具体的"大妈买东西"例子作为佐证。

许子东：种族歧视。

梁文道：是有点，但没办法，因为中国人上来自助早餐也这么拿，别的国家游客就投诉，吃不到了。有中国游客在，有旅行团在。但是我不会觉得说丢人，我觉得是，好可怜。就明明很有钱，但这个文化为什么还是那么饥饿，就我们所有在外表现都是我们自己内心的在这个日常社会表示的不安、紧张，要存东西，要抢东西。然后，对他人的不在意，比如排队。在另一方面我也乐观就我看到很多年青一代啊，真的越来越好。当然还是有些待改进的，但是真不一样。

窦文涛：我真的觉得哈现在年轻人，就我们老说年轻人没教养，但我真的觉得年轻人在某些方面，比成年人有教养多了。包括比我更懂得礼貌，比我会吃西餐。

许子东：其实我在网上也看到呀，也有很多国人呢，替他辩护。辩护呢主要是两种原因，两个态度。一种是，当时没有别的东西吃，只有虾。而且时间又催促，所以呢他们这是没办法。而且这段录像是很早以前，不知道谁又翻出来在这里"妖魔化"中国。另外还有一些人呢，是我们不大理解的，就是，我付了钱我爱怎么吃怎么吃，我该铲就铲关你们什么事情。就是这个，根本不认为这个事情有什么错。我自己倒觉得，因为这段图像传得那么疯狂，那个铲虾。我自己觉得它是其实挺象征性的。它很象征这些年的我们这个粗犷经济。第一呢，它是效率最大化。你看一堆虾在那里，你有什么办法能最短速度拿到最大的虾。拿盘子铲。哎，这个叫粗放式经济。

许子东的观点：小事能反映大事。铲虾的行为和我们这些年的经济建设模式有相似。内在映射了高速发展的经济下人们的精神面貌存在的问题。

梁文道：那剩下那么多虾那就叫产能过剩。（笑）

许子东：第二呢，吃相难看。这没办法，这个吃相难看，没法体面。这个令万人侧目。仔细想想我就算再紧急再着急，我没有时间我也不会用盘子去铲。那为什么这个难看，当然是有些文化的原因但是仔细想想。它还有个根本的原因即是说，这是损人利己。因为你拿盘子啊，你是用手拿的，你铲的这一盘是干净卫生的，可是下面那些就脏了。后面的过来再拿就弄得很脏很乱，人类用什么东西吃啊这个文明发展了几千年，每一种东西该怎么样不该怎么样它都是有道理的。你在家里煮一锅水饺，你会说我就这样捞一碗吃吗？不会的，因为你知道你妈妈、奶奶她们也要吃，这个不能被碗底就这样搞脏了。对不对？所以这个吃相难看后面啊，就和我们这个粗犷经济效率高，样子难看，而且留下了很多开发资源不顾下一代类似的问题。所有问题都是一样嘛。

从具体的行为表现"吃相难看"入手进行点评，指出这一行为在公共场合带来的不好影响及原因。

窦文涛：许老师，就是刚才文道说的一个很妙哈，就是这个产能过剩。可是呢，我要给你提供另外一些资讯呢，你又更加可以照着这个去想象，造成我们产能过剩，只能用铲的原因。有什么原因呢？你看啊，今天的媒体圈的特点我就发现是真相难辨。我只能说我给你提供另一种真相，我无法裁决。据说有个新闻单位，去调查了，据说有些中国游客，他们认出了这家餐厅后，发上了自己的亲身经历，讲呢，就是这种餐厅啊，是在一个商场里面，往往这些零团费、低团费的人在这里抢着购物，完了就在这吃，而多名游客反映在这吃过饭，说你注意到没有，为什么剩下的最多的是虾，别的都没怎么剩，因为这些青菜啊什么的上这么一道就没了，而且呢，很多的游客说没有勺子。去要呢，服务员经常不理，于是只剩下碟子。而且呢，他们铲这一铲子是为了那一桌，游客只有半小时吃饭，没别的工具。只能这样吃。没吃好就催着走了，所以呢形成了这样的景象。

引导话题，这一新闻还有不同的不为人知的细节，给出这些细节是否我们会对"铲虾"行为有不同的评价。

许子东：我看到的报道里没有就是，没有勺子这一部分。要是他这个餐厅没有勺子那就等于是主张你们来铲。那这个餐厅就奇观了。但是要是有别的东西在呢？我始终觉得无论怎么帮他辩护，这都是丢人的事情。

梁文道：但是我坦白说我自己我从来没觉得中国游客在外这些事情，我没觉得他丢我的脸。因为我从来觉得，我自己不丢脸就行。我最关心的是这个。

窦文涛：我对你这个特别认同。我现在在国外有些时候丢脸啊，仅仅是因为我个人的行为。我从来没有觉得其他中国游客的行为丢了我的脸。他跟我有什么关系。

许子东：当他的行为太不耻的时候，我会觉得这是我的同胞，我觉得羞愧。

窦文涛：我懂，许老师这是您的集体的意识。

许子东：同样地，当有外国人欺负中国同胞的时候我也会愤怒。

窦文涛：而且你知道我自己觉得丢人的是什么，为什么我说，我发现现在年轻人，比我都会吃西餐。文明啊，某种西方式的文明啊，是需要训练的，需要教养的。我老实跟你讲我不怕你笑我，我到今天，这个刀和叉我都分不清楚。我吃这种装 X 的饭，保持我威仪的方式就是不吃。所以我最不爱吃这种，这种特别假模假式的饭。当然人家不是假模假式，但我就选择不吃了，因为一吃啊，我总会发出一些声音。我在欧洲的一些城市，这个吃早饭，我也感觉到很脸红。对于我们这些没有习惯的这些，犯一些错误啊，在外国人眼中我就觉得自己看起来像个孩子一样。比如说早餐，拿那个什么酱往面包上抹。掉地上了我想着说拿个纸给擦一下，结果人服务员过来了，那看我的那个眼神啊，一下就让我觉得我自己就像个孩子。那个服务员就像个家长。

以自身为例子，当我在国外碰到类似的情况时我的感受。引起观众的共鸣。

许子东：这个心理要克服，我非常理解这个心理。但是我觉得这是我们的一种自卑感。哪一国的人都可能打翻，小孩大人都可能打翻，如果他看不起你那是他的错。如果他没有看不起你，你觉得他看不起你，那是我们自己心理的问题。

观点：国人自身也存在一种自卑心理。

窦文涛：对，我觉得那个眼神像妈妈责怪孩子做错事情。但是吧，我看到吾国同胞，我有一种爱。我在日本看到那些坐在樱花树上的同胞啊，我就乐。我有一种亲切感，所以我觉得少数中国游客啊，他像个猴。或者说像个孩子，像一堆儿小孩。你看一进公园，上了树了爬了墙了，就照相啊，把那个樱花树摇下来造那个花雨。然后让人照相。这个时候我也不生气，我觉得哈哈笑，太可爱了这个，这就是我的同胞，他们就是……

梁文道：我觉得，就像许老师您刚刚讲那个情况，就是，我为什么说我不会为他们的行为而感到丢脸呢。我会认为，假如说今天一个外国人，对我，态度不好。是因为，不是因为，我在他面前失礼。做了什么不该做的事，说了什么不该说的话。而纯粹是因为他认为我是中国人。而他觉得，我们中国人，都有一个固定印象，都是一群铲虾的人。他如果抱着这样的态度看我的话，我会觉得那是他的错。因为你，太简单化看人了，人是一个一个来看，你把人一群一群地看，你带着种族歧视来看，那是你在犯错，那同样地反过来。身为游客，我们游客有时候被歧视，假如说你确定那是被歧视，那就是对方的错，我也不会太生气，但是我觉得有时候首先，就中国游客有时候会出现一种情况，记不记得去年有件事也是在泰国发生。就在机场一起唱国歌嘛。然后新华社也发文章批评他们嘛，我觉得那个事我印象很深，他可能会觉得，人家对你不好是因为你是中国人，其实不是，人家对你不好纯粹是因为你，就只是因为你的行为，你的态度。跟你是不是中国人无关，但是你的第一反应就是，你是不是瞧不起中国人，你开始唱国歌，这时候我觉得不好的地方在哪儿，你干吗绑架我们整个国家？人家瞧不起的不是我们中国，他瞧不起你这么干。你不要绑架我们全中国。我们谁都不要绑架谁，但是呢我觉得今天进步的地方在哪儿。就我觉得，我特别喜欢拿在日本的中国游客表现来谈，因为日本和中国真的是很诡异的一对关系，表面上，太像了，都用筷子吃饭，但正因为他也用筷子也吃米饭，你想当然地认为他也跟我们习惯一样，但恰恰不是。整个连日本吃饭的规矩是反的。比如说吃饭，他绝对这个嘴不对着饭碗，筷子是竖放不是横放……（节目结束）

观点：在国外受到的不舒服对待实际上是针对个人，不要上升到国家。

不同于《新闻1+1》，《锵锵三人行》因为是一档漫谈类节目，其中新闻评论的逻辑并没有那么明显。但是嘉宾给出的不同观点和故事会让整个节目更加具有趣味性。我们可以按照传统的新闻评论逻辑来对节目进行梳理。

新闻事件：泰国中国游客铲虾引发热议

评论角度：

① "铲虾"事件好还是不好？吃相难看，很丢中国人的脸。（许子东）

② 为什么中国人会有"铲虾"这一行为？

第一，粗犷的经济发展，急促的社会生活节奏下所诞生的思维模式。（许子东）

第二，饭店没有提供勺子，泰国服务本身出了问题，中国旅游团"赶集式"旅游所造成的结果。（窦文涛）

第三，国人长期在服务不够好、社会保障不完善的情况下所滋生的不安全感。（梁文道）

③如何看待中国游客在外国受到的"歧视"眼光？

第一，有时候我们的不舒服来源于我们自己的自卑心理。（许子东）

第二，不要让外国人对于个人行为的反感上升到对于国家和民族的反感。（梁文道）

我们可以发现，其实这样漫谈的节目也是有明确的观点和内在逻辑的。只是需要提炼。

对于《锵锵三人行》这样的漫谈类节目，主持人需要做的首先是引导话题，其次是善于抓住观点。面对两位学者型的嘉宾，窦文涛始终在尽量拉近自己和观众的距离。"我上次出国也怎么怎么样……我是真学不来，不知道你们怎么看？"类似这样的表述可以让观众产生共鸣。然而他又不是单纯的发问型主持人，他自身其实有丰富的知识底蕴和见解，只是将自身的积累化为了两个嘉宾聊天的黏合剂，在引导话题、转接话题的时候发挥关键作用。例如本期中梁文道提到关于中国共产党的书，他马上能将共产党的急性子和新闻事件中人们抢虾的着急联系起来，从而完成了话题的嫁接。这一定是需要平时积累和对于新闻的敏感度才能完成的。

第二节　脱口秀节目的语言特点

改革开放以来，人们生活的物质水平越发丰富，因此人们对于文化产业的诉求也随之与日俱增。在如此背景下，各色新形式的节目也应运而生，其中也包含本节所讨论的脱口秀节目。

现如今，面对纷繁复杂的市场需求，如仅单一将节目形式做到多元化是远远供不应求的。如想在众多方兴未艾的节目类型中脱颖而出，完成一档受众所喜爱的脱口秀节目，还需以优质的节目内容为支撑，主持人良好的表达为实在。下文将对于部分脱口秀节目分门别类并总结概括其语言特点。

一、脱口秀节目与其发展概况

脱口秀节目从字面意义上也可理解为谈话节目。绝大部分节目通过广播与电视以及如今逐渐占据市场的网络新媒体播出。节目通常以一个话题为切入点，由主持人引导进行讨论。话题的选择多切合生活实际，如以新闻话题、政治话题与文化话题为切入点的选择居多。

"脱口秀"一词源自英语"talkshow"的音译。"talk"即说，谈话；"show"即表演，展示。从中文翻译的角度也极有趣味，"脱口"即脱口而出，"秀"则是说话人本身的自我展示。脱口而出的话语为展示，即脱口秀。

脱口秀的历史最早可以追溯至 18 世纪的英国，年轻人针对社会热点问题展开无拘束的讨论，这样类似于"茶话会"形式的集体讨论正是脱口秀的雏形。而后这种形式进入美国，在 1921 年，第一档广播脱口秀节目诞生于马萨诸塞州的波士顿电台，这一节目的出现使脱口秀节目真正意义上开始发展壮大。目前公认的世界上第一档电视脱口秀是在1951年由美国的著名主持人乔·富兰克林（Joe Franklin）主持。在1954年，由美国全国广播公司推出的脱口秀节目《今夜秀》（The Tonight Show）截至今日已播出了两千多集，且依然在播出，是目前世界延续播出时间最长的脱口秀节目，脱口秀节目受欢迎程度可见一斑。

  在国内，作为舶来品的脱口秀节目，其定义与内容更为宽泛。最早的雏形或来自民间艺术——单口相声。单口相声以其独有的幽默方式与极强的故事性吸引了许多不同的受众群体。马三立的脱口相声为此派代表。1992年，由上海东方卫视首播，我国第一档新闻谈话类节目《东方直播室》进入大众视野，标志着我国电视脱口秀的开端。1996年，中央电视台播出了由崔永元主持的新闻谈话类节目《实话实说》，作为一档新闻类节目，《实话实说》一改传统意义上新闻节目严肃庄重的一面，加入了与普通观众的直接互动，使各种领域不同阶层的人群都能够广泛加入节目之中进行交流，全新的节目形式与独特的节目内容使《实话实说》一炮而红。1998年由凤凰卫视播出的《锵锵三人行》，主持人窦文涛在节目中加入针对热门新闻事件的点评以及当下社会热点产生讨论，将人文元素杂糅进节目中，打开了脱口秀节目又一种新的模式。而2000年播出的《艺术人生》将文艺界的各路精英请上舞台，且融合使用了多种戏剧元素为舞台展现形式，多元化的节目形态被受众广泛接受。

  鲁景超老师在《广播电视有声语言传播受众心理研究》一书中曾提出"受众是媒体赖以生存和发展的基础，传媒市场的竞争就是对有限受众的争夺或是说以争夺为目的的吸引"[①]。由此可见，节目是否被受众所良好接纳对于一档节目生存与发展是非常重要的。取得了受众，即取得了市场。

  随着传媒方式的变迁，网络新媒体渐渐占据市场鳌头，方便快捷的流媒体在时间上相较之广播与电视等传统媒体更胜一筹，逐渐成为互联网时代宠

---

① 鲁景超主编：《广播电视有声语言传播受众心理研究》，中国广播电视出版社2007年版，第116页。

儿，诸如《晓说》《逻辑思维》《奇葩说》等网络脱口秀节目走进了大众视野。网络脱口秀节目以在生活中多使用互联网的年轻人为广泛受众，注重节目深度与趣味，以丰富的"文化快餐"取得了好评。

时至今日，脱口秀节目仍是众多节目类型中不可或缺的部分。脱口秀节目一同高速发展的社会并行，服务不同的受众。

（一）我国脱口秀节目的分类与特点

针对我国目前出现的脱口秀类型，按节目内容划分可大致分为如下四类：新闻评述类脱口秀、喜剧型脱口秀、知识型脱口秀以及混搭型脱口秀。下面针对各个不同种类的脱口秀节目进行介绍。

1. 新闻评述类脱口秀

新闻评述类脱口秀是最早也是最具有代表性的脱口秀节目种类之一。新闻评述类脱口秀的话题选择多以相对严肃的新闻事件为主，其内容有对事件客观的评价与适当的逻辑推理，不少节目会选择以轻松幽默的语言表达为辅助，从而形成独特的节目效果。

新闻类脱口秀节目如央视的《实话实说》，凤凰卫视曾经的《锵锵三人行》与《有报天天读》以及江西卫视的《杂志天下》等。

2. 喜剧型脱口秀

喜剧型脱口秀在节目的表现形式上更贴近于西方传统意义上的脱口秀，一些节目会在形式设置中加入不同的舞台元素，诸如乐队进行现场配乐等，使节目氛围更为轻松愉快。节目内容以生活娱乐为主，如以社会热点事件或现象，明星八卦以及文化事件为主体内容，与国外的脱口秀节目相比，我国的喜剧型脱口秀节目较少涉及政治，内容仍以娱乐为主要出发点。

喜剧型脱口秀的代表节目曾经有浙江卫视的《壹周立波秀》，东方卫视的《金星秀》《今晚80后脱口秀》以及腾讯视频推出的《吐槽大会》等。

3. 知识型脱口秀

知识型脱口秀与其他的脱口秀类型相比更要求深度，专项性较强。知识型脱口秀的主题多以介绍知识为主，以一种"文化快餐"的形式供予受众。如介绍一本书、一个电影，或介绍某个历史事件以及某种文化现象等。知识型脱口秀的书卷气相对较重，适宜学生与高端知识人群，这类人群通常在生活中多依赖于电子产品，所以知识型脱口秀在网络平台上颇受好评，发展迅速。

知识型脱口秀的代表节目有喜马拉雅电台播出的《罗辑思维》，爱奇艺视频推出的《晓松奇谈》《谷园讲通鉴》等。

4.混搭型脱口秀

混搭型脱口秀相较于其他三类脱口秀的形式而言更为创新，混搭型脱口秀一改单一脱口喜剧的形式，加入了更为多元的综艺节目形式，如辩论、竞赛挑战等；或者在节目的框架中设置外部规定情境，加入故事背景或新定义的世界观，使节目更具有新意与趣味性。在这样的节目中，主持人的角色稍显弱化，嘉宾的发言成为新的看点之一，舞台展现更为丰富。

混搭型脱口秀的代表节目如湖南卫视的《天天向上》，安徽卫视的《超级演说家》，爱奇艺视频出品的节目《奇葩说》，优酷视频播出的《火星情报局》，等等。

（二）关于语言特点的讲述

语言是一切脱口秀节目的载体。语言表达是脱口秀节目对社会综合影响力在形式上的统一。在此我将语言特点分为两个部分。文本语言与表达语言。对于脱口秀节目而言，无论是文字语言的表达还是表达语言的呈现都是至关重要的，接下来先谈谈它们各自的含义。

顾名思义，文本语言是指出现在文本之上，节目的固有台本；表达语言即以口为媒介，经过外部技巧修饰后有声语言的表达。

在文字语言的表达中，语言经过文本整体叙事、文字修辞等技巧的处理调整，使节目中的文字语言更具有其想表述的特点。这要求创作者对文字的编辑能力有一定的基础，如在喜剧型脱口秀节目中加入文本幽默的处理技巧，使节目更具有娱乐性与趣味性。

表达语言即对固有文字语言的独特处理，通过使用有声语言独特的外部技巧使文字台本更具风格，从而达到预期效果。这一点针对节目主持人需要有处理外部技巧与结合实际场景进行应对的经验。例如，在喜剧型脱口秀的台本表达中利用不同的重音引起歧义，从而达成的喜剧效果。

脱口秀节目相比其他形式的节目而言更注重"脱口"与"秀"，其中我们可以将"脱口"理解为对于文字语言的要求，而"秀"则是对表达语言的追求。可见，脱口成秀，了解并灵活使用如上两种语言是完成一档优秀脱口秀节目的要求之一。

以下，将针对不同类型的脱口秀节目的语言特点进行论述与总结。

二、新闻评述类脱口秀的语言特点

在种类繁多的脱口秀节目种类之中，新闻评述类脱口秀当属最具有历史渊源的一种类型。我国最早的新闻评述类脱口秀节目《实话实说》就曾创造过5.4%的节目收视率，且曾经作为小品的背景元素多次登上春节联欢晚会的舞台，其受欢迎程度与影响力可见一斑。

新闻评述类脱口秀仍具备新闻的多数基本属性，即公开性、真实性、时效性、客观性、针对性等多种特性。在此基础特性之上运用通俗与幽默的语言进行调色，构成了一种新的节目形式。

就选题而言，新闻评述类脱口秀多立足于生活实际，贴合时代生活热点，且在内容上进行深度剖析以及主持人自我观点的理性陈述。当然，除内容丰富外，良好的文本语言与表达语言与其结合相辅相成，方能达到良好的节目效果。

（一）新闻评述类脱口秀节目的文本语言特点

新闻评述类脱口秀节目相较于其他种类的脱口秀，最显著的特征是其独有的新闻属性。文本语言作为新闻评述类脱口秀节目的内容依托，有着非常独特的语言特点。在多数新闻评述类脱口秀中，真实性、时效性、针对性以及互动性是其文本语言区别其他种类脱口秀节目的四个主要特征，以下笔者将结合文本案例更为直观地进行其逐个特点的对比分析。

* 以凤凰卫视《锵锵三人行》20160324 期《问题疫苗与社会保障》为例

窦文涛 锵锵三人行。我就说这个朋友圈啊,经常提供话题。除了这个打疫苗的这个啊,这几天朋友圈他们还传一个,许巍唱的,高晓松写的一个歌。那句鸡汤,名言,叫(唱)"生活不止眼前的苟且,还有诗和远方的田野"。我现在发现啊,这个好听的话啊,真是哪说哪了。所以语言不结合具体的情境,说的在另一种环境下就变得可笑。我这又碰见朋友圈刷爆屏这个疫苗的事情。哎,生活,苟且,能对付苟且就已经要搏尽全力了,才能幸存性命,哪儿还有诗和远方的田野?所以我有很多联想,我就说,就像人家说的,孩子都饿死了,文学还有什么用?孩子都给打了有问题的疫苗了,远方……

梁文道 有用,有用,他那句话的意思是这样。什么叫生活还有诗和远方的田野,这是讲两种人:如果你很有钱,那你就去远方的田野;你没钱,那就只好诗了。文学就是,孩子打了坏的疫苗了也没办法了,那就文学吧。

窦文涛 对,苟且彻底绝望之后,如果侥幸留得一条命在,您就诗或者远方。

许子东 生活不只眼前的天价虾,生活还有远方可以铲的虾,这个才是中国现在的写实。

窦文涛 没错,我是觉得其实,就是你刚才讲的,如果这个眼前的苟且啊,其实很多有适合远方的人,有田野的人他得具备几个条件。第一个:往往人要运气好,或者本事大,或者内心强对吧,就是你得有一些条件。否则的话你比如说,通常我觉得去加拿大,去温哥华,我感觉到他们可以有诗和田野。就因为啊,这个社会保障还是基本运转。

许子东 你要生活在那里,你也不会想诗和田野。你整天要想一大堆保险公司的账单。

1. 新闻评述类脱口秀节目的语言具有真实性

前文中笔者曾提到关于新闻评述类脱口秀是具备一定新闻属性的脱口秀节目。真实性在这里定义为反映事件客观情况是否如实的概念。对于一切新闻而言，真实性是其第一要素，新闻的本源即真实。可以说真实性是新闻的生命，新闻评述类脱口秀的第一要素也自然是其本身的真实性。

新闻评述类脱口秀的语言真实性可以体现在许多方面。首先比如文本内容事件的真实性，比如在如上选段（此处"如上选段"代指引用《锵锵三人行》20160324 期的部分选段，下同）中，窦文涛所选择讨论的文本问题疫苗事件是客观发生于 2016 年 3 月的山东冷冻问题疫苗事件，李克强总理当时也对于本次事件作出回应，足以见得本次事件是真实发生的。

同样也是在言语内容中，许子东所提到的"天价虾"则是在 2015 年 10 月 4 日的涉嫌价格欺诈的一系列事件，"天价虾"的相关言论亦是依附于真实新闻事件的言语表达。

在保证事件内容真实的基础之上，描述的真实也是重要元素之一。在以上材料中，可以清晰看出主持人对于事件已经发生的描述上并未进行过度的渲染。疫苗是直接注射于人体的，问题疫苗对于人的生理伤害不可小觑。节目用风趣幽默的方式表达对于此问题隐患的担忧。作为一档电视节目，《锵锵三人行》有传播功能的作用，语言的真实性意味着对受众传递正面的社会意义。

2. 新闻评述类脱口秀节目的语言具有时效性

时效性同样是新闻的关键要素之一，而在此所指的语言时效性不仅是新闻本身贴合时下新闻热点并引起讨论，而更多的是指在语言修辞与问题上的时效性。在新闻评述类脱口秀中，适当加入当下流行热词的时效性已然成为新闻评述类脱口秀的一大亮点之一，一改经典新闻主义强调的言语严肃，语言运用更为耳目一新。

前文已经提到如上选段事件的日期是 2016 年 3 月，而节目的播出时间为 2016 年 3 月 24 日，可以说是在新闻热度最旺盛的时候展开讨论。然而值得一提的是，在本书写作的 2018 年夏季的这一时段中，疫苗问题仍是社会新闻的热点之一。

语言修辞的时效性则体现在文段中以歌词为话题展开的讨论，用一首时下流行的歌词穿插于节目文本语言中，并且适当加入网络用语，诸如"朋友圈刷爆"之类的词语，使文字语言更加俏皮且贴近当下的时代风格，能够更为贴合受众心理，从而巧妙地加强与受众之间的联系。

3. 新闻评述类脱口秀节目的语言具有针对性

这里的针对性是指语言对于所选话题指向性集中，调动文字语言从而达到演说目的。我们常说播音员、主持人要懂得语言文字的"言外之意"与"弦外之音"，可见理解话语的内在语是极为重要的。而在新闻评述类脱口秀中，将处理稿件的方式灵活运用到稿件创造之中，将有稿表达延伸至无稿表达，即突出文字语言的针对性。

如上选段中，如"远方"一词的运用便是一个相对具有针对性的词语。远方是代表距离较远，未曾接触的地方，而这里的远方则具有代表未来、代表艺术的含义。问题疫苗的流向多为孩童，孩童即祖国的未来与希望。"苟且"尚未实现，何谈"远方"之说？诸如"远方""苟且"与"田野"等这样的词语即显示说话人的话语指向，针对围绕这一社会问题展开讨论。

4. 新闻评述类脱口秀节目的语言具有互动性

这里的互动性可以理解为交流感。在新闻评述类脱口秀中，互动性强的语言所达成的节目效果更为可观。这里的互动性与交流感并非单一针对节目进行中的节目嘉宾，同台下与屏幕前的受众所达成的互动感更为重要。

如何达成互动性？首先对于有嘉宾的节目而言，主持人需要提前了解受邀嘉宾的知识领域，在合理的情况下进行提问的设置与话语的衔接，并且抛出的问题合理实在，从而才能够使搭档或嘉宾有话可接。

对于受众而言，文本语言的互动性则体现在主持人的言语处理上。新闻评述类脱口秀并非传统新闻播报的宣读新闻，而是将新闻用生活化的语言表达出来，这需要节目主持人的语言贴近生活。

作为脱口秀节目，文本语言的幽默也同样是促成互动性必不可少的元素，适当的幽默可有效提起受众兴趣。在如上选段中，窦文涛口语化与风趣幽默的语言不失为节目的亮点之一。

互动性既然是互动，自然是双方都要有所交流的。当然在电视中的互动可能是现场嘉宾，也有可能是节目后的互动，如观众来信。但是在互联网时代中，这种交流感可能更为便捷与快速，比如针对节目中所提及的问题，许多视频网站都已实现了评论与实时弹幕互动，这些都是体现节目交流感的方式之一。

（二）新闻评述类脱口秀节目的表达语言特点

正如上文笔者所提及的节目形式，新闻评述类脱口秀虽为新闻范畴，但其本质是跳脱于经典新闻主义的表达，并非不带有感情色彩的宣读式播报，而是更具人文关怀的、有温度的交流式表达。

于此，笔者将新闻评述类脱口秀节目的表达语言的要素大致分为声音表达语言、姿态表达语言以及总体主持状态三个部分，并针对其各自特点进行论述。

1. 声音表达语言——自然，生活化

声音表达语言，顾名思义是指运用声音进行自身观点的表达。对于播音主持专业的学生而言，有声语言的表达更是一种利用声音进行的艺术创作。不同的声音表达适合不同的情境，对于新闻评述类脱口秀而言，声音的表达应当更加自然，趋于生活化的表达更易被受众所青睐。

这里的自然并不是指纯粹意义上完全松垮的声音交流，而是具有一定主持专业用声技巧的相对自然。宣读式播报是有异于生活的，在这里是不自然的。这里提及"自然"的要求是指具有语音基础的自然，也就是普通话的标准程度。

除此之外，节目的声音表达应当还原生活，达到接近本质但具有一定情感控制的声音表达。毕竟在脱口秀节目中，"秀"只占有其中一部分，"脱口"需要我们做的即为自然状态下的脱口而出。

在前文的文本语言特点分析中，曾提到对于受众之间的互动性与交流感。在基于通俗化语言的文本上的生活化即为最佳。

2. 姿态表达语言——友人，亲切感

这里所指的姿态表达语言更趋于体态语言的理解。体态语言是运用身体的动作肢体表意，通过最原生态的活动表现传者思维活动。其中，肢体的语言在此定义为站、立、行、走等行为姿态以及面部表情的变化。体态语作为最原始的表达方式在人的潜意识中会形成更易亲近的形象。

本书提出的所谓友人是指君子之交，君子是一个怎样的形象？亲切的、友好的，但又带有相敬如宾的意味。在一档节目中，主持人即节目的主人，主人盛情邀请友人做客必然需要一个亲切的形象。可以设想，如果一个主持人觉得自己很有思想水平，很了不起，受众反而会觉得这样是"装腔作势"，并不会买账。观众在脱口秀类的节目中并非需要一位老师，而是需要一同研讨交流时下问题的友人。

在《实话实说》中，主持人崔永元自称"小崔"，在节目中始终是用一个松弛有度的姿态语言进行主持，这份亲切感也使得崔永元的节目形象更为深入人心。在《锵锵三人行》中，窦文涛也是以自然不做作的坐姿进行着节目。在节目中的肢体语言也非常丰富，配合语言进行运动，表现更为真实。

表情管理同样从自然出发，每一个微表情的处理在受众眼中都是尽可能解读传者对于事件本身的态度与看法的关键。当然表情语言在节目中的运用同样是有度的，毕竟作为新闻评述类脱口秀节目，幽默固然是其要素之一，但新闻的严谨度也依然伴随其左右。

3. 总体主持状态——欲望，信念

在新闻评论类脱口秀中，还有一类潜在的表达，即状态的表达。状态即证明节目态度的无形无声语言。

首先谈谈欲望。这里所提到的欲望即表达欲，主持人的表达欲影响整体节目的氛围。表达欲体现在前文提到的两个方面，声音状态积极与姿态状态积极。这种积极来自自信，是主持人对于自己节目内容的信念感。对于新闻评述类脱口秀节目而言，信念感在其中显得尤为重要——所提出的新闻观点若是自身都不相信，那么观众凭什么认同节目的观点呢？

其次是信念。信念感来自表演术语，由表演艺术大师斯坦尼斯拉夫斯基

提出，信念感是演员塑造人物形象时必需的基质。而对于新闻评述类脱口秀节目主持人同样适用，对于他们而言，这种信任感应来自对新闻本身与自身观点的信任。

三、喜剧型脱口秀节目的语言特点

作为娱乐性极强的脱口秀节目类型之一，喜剧型脱口秀一直以其轻松幽默的语言为亮点，使其话题讨论度一直居高不下。喜剧型脱口秀在节目的表现形式上更贴近于西方传统意义上的脱口秀，一些节目会在形式中加入不同的舞台元素，诸如乐队进行现场配乐等，使节目氛围更为轻松愉快。

喜剧型脱口秀的节目内容多为贴近生活的日常话题，如以社会热点事件或现象，明星八卦以及文化事件为主体内容。如《今晚80后脱口秀》的话题选择多为备受社会关注的网络热词，这些选择多被年轻人所接受；再如《金星秀》的节目内容也多会加入主持人金星自己的艺术团的话题以及在生活中与丈夫的对话展开讨论。

喜剧型脱口秀节目的雏形源于单口喜剧，因此在语言风格上仍保留了一定的相同之处。以下将针对喜剧型脱口秀节目的如上特点展开讨论。

（一）喜剧型脱口秀节目的文本语言特点

相较于其他不同种类的脱口秀节目而言，喜剧型脱口秀最大的特点是最为幽默与贴近生活的文本语言。我国著名相声表演艺术家罗荣寿先生曾在《相声表演漫谈》中解释了关于民间相声"说、学、逗、唱"四项相声演员基本功的要求，而作为由单口喜剧为雏形演变而来的脱口秀节目则是在其固定基础上的演变，将传统单口喜剧节目的一些固定形式抹去，如将表演过程中的演唱部分淡化，并将节目话语内容的要求提高，要求节目内容相对真实而不过分夸张，更加贴合现代生活。

以下，根据上述特点，结合具体案例展开。

* 以《今晚80后脱口秀》20160526期《你别骗我》为例

王自健　今天首先要和大家说几个近期发生的趣闻。首先要说的是南京，有一个老大爷前阵子在网上火了，原因是什么呢？这个事就要从八年前说起了。八年前这个老大爷坐公交车的时候，由于上下车的拥挤跟一个年轻人发生了口角，结果一语不合大打出手。那个一米九几的年轻人，瞪着这个一米六几的老大爷，就一顿暴打。打完之后老大爷回家以后就想，怎么想怎么不痛快，决定要复仇。于是就到深山里面去投名师访高友，用八年的时间学会了一身的绝艺，绝世的武功。下山之后，他师父好像还嘱咐他，不得恃强凌弱，不得因为你有绝世武功就下山欺负人。他说"老师你放心吧。"下山之后就找到了八年前那个殴打他的年轻人。找到这个年轻人之后，没有直接动手而是观察这个年轻人，八年的时间有没有学好。后来发现他没有学好对吧，还是一样的不尊重老人。于是当他把拳头挥向这个老人的时候，老人当时，我是没看到现场，我觉得当时应该就是，是吧，冷笑一声，然后两个脚这么一挪，一拳打来，大概这种。然后打完之后，事情出了以后就被记者报到新闻上了。结果这条新闻网友们纷纷反映可信度太低了，因为这个故事太武侠了是吧，这也就是南京这个老大爷一身正气，他才会去学武功报复，换一般的老大爷，你打我，我就直接往地下一躺，我还八年练什么武功，我接下来就靠着你打我这一顿，我能过八年非常富裕的日子。

前两天还有这样一条新闻是首都航空公司的一个空姐，然后接到一个诈骗电话，她发现是诈骗电话之后就给挂掉了。结果这个诈骗电话就不断给她，打不断给她打，然后打到她就把手机关机了。结果手机关了15分钟也不知道一小时，再开机发现手机就没信号打不出去了，然后银行卡上有十五万现金就都被提光了。这是怎么做的呢，就是犯罪分子通过你这个逆反心理，一直给你打一直给你打，他在你关机之后，用你的临时身份证，不知道怎么弄来的，到电信营业厅去补办了另一张卡，然后用这张补办的卡就获得了验证码，把你银行里的钱就提光了。我觉得这位空姐小姐通过这件事情应该也是吸取了一个教训。那就是手机轻易关机的话，真的会造成很大的麻烦。希望你吸取这个教训，以后在飞机上不要在催我关手机了。

1. 喜剧型脱口秀节目语言特点之一——通俗易懂，贴近生活

俄罗斯著名作家车尔尼雪夫斯基曾说"艺术来源于生活，而又高于生活"。这句话可以用来描述喜剧型脱口秀节目。喜剧型脱口秀的雏形源于坊间流传的单口喜剧，自然取材多为贴近生活的人与事物抑或大众想要了解的奇闻逸事。而喜剧型脱口秀文本选取事例必然同单口喜剧有着异曲同工之妙。源于生活，紧贴民生。

在如上材料中，主持人所选取的两个材料都是来自时下的新闻事件，贴合生活。而用来描述材料的语言更是简单易懂，语言多为生活口语，全无晦涩之感。比如在行文中不断加入的反问词，形成一种同观众交流的直接感受，自然质朴，生活气息浓厚。

喜剧型脱口秀的受众群体非常广泛，节目内容老少咸宜。节目制作是一门艺术，而观众的反馈更是构成接受美学的重要组成部分。这就需要节目编导做好素材调查，根据节目定位，贴合生活，基于观众心理完成节目。

2. 喜剧型脱口秀节目语言特点之二——轻松幽默，笑料频出

喜剧型脱口秀作为娱乐性极强的脱口秀节目类型之一，幽默性一定是其文本语言不可或缺的组成元素之一。

喜剧型脱口秀的语言同单口喜剧的语言在幽默的方法上也有一定的相似之处。如单口喜剧将制造笑点称为"包袱"，而在处理这些"包袱"的手段上也不尽相同，首先进行文本铺垫，介绍段子的大致内容，然后加以深入解读，进行部分误导，在最后翻盘拖出笑料。如我们刚刚展示材料中的两个段落都是运用这一手法。将老人习武的落点放置在老人诈骗，而将空姐遭手机诈骗落脚在飞机严禁使用手机，结构明了，制造笑点。

以下简要总结在大多数喜剧型脱口秀节目中出现过的幽默类型语言，分别是实话实说型、夸张表达型、一语双关型、混淆概念型、设计出错型以及节外生枝型。

（1）实话实说型

① 将原本正常的生活行为与道德判断的话语放置于特殊情景中，从而达到不同的效果。

② 将在本属于语言习惯的含蓄表达直白化，如李诞在《吐槽大会》中说："能跟这么多半红不红的前辈艺人们一起登场。"

（2）夸张表达型

对固有事物的状态的表达夸张化，或者直接突出极致效果进行表述。

（3）一语双关型

利用谐音字或词，以及一字多义或一词多义，使字或词在原语境产生歧义从而达到幽默目的。如王建国在《吐槽大会》中问王祖蓝为何"忘阻拦"张绍刚，以及史炎在《吐槽大会》中调侃吴莫愁"莫愁前路无知己"。

（4）混淆概念型

① 对于指代词的曲解，如李诞在《吐槽大会》中关于薛之谦粉丝"做了什么事"。

② 省略句子成分，如李诞在《吐槽大会》中针对《奇葩说》与《火星情报局》说："就是希望他们来学习先进的经验，把知识带回去"。

（5）设计出错型

故意将不符合逻辑常理的常见事物说错，或者将已知内容装作未知而使用错误。如史炎在《吐槽大会》中给吴莫愁起英文名字。

（6）节外生枝型

在原本已经完成的文本之后又加一句，颠覆之前的判断，形成一种错位感。

脱口秀节目中的文本语言的呈现大多于"表"，而其"言外之意"则是依赖于编导的精心设计与观众的理解。语言与意识形态本就是相互依存互为表里的,如何良好平衡"现象"与"本质"的关系,也是创作者值得注意的一环。

(二)喜剧型脱口秀节目的表达语言特点

喜剧型脱口秀,顾名思义是有着喜剧元素的脱口秀节目。喜剧是戏剧的一种类型,这就意味着从本质而言,喜剧型脱口秀同样需要表演,且表演成分在脱口秀的类型中的比例较高。

主持与表演有着许多相通点,比如在塑造人物形象时,演员塑造的多是一个区别于自身的人物形象,表演学家戈夫曼把这个独立的人物形象称为第二自我,把有意识塑造第二自我的扮演者称为第一自我。在演员塑造人物时,通常是第一自我与第二自我之间的转换,而对于主持人而言,他们同样在塑造角色,不过他们塑造的始终是围绕着第一自我,自我有意识而不完全地投入表演状态中。在喜剧型脱口秀节目中,虽然有时主持人会带入进其他角色的表演当中,但论本质而言,主持人不仅是一位喜剧演员,其同时还肩负着控制节目进程与节目节奏的职责。

综上所述,喜剧型脱口秀节目的表演成分是最高的,并非指喜剧型脱口秀节目的内容不够真实,而是指在节目主持人的肢体表演上,节目的喜剧效果要高于其他种类的节目。喜剧型脱口秀可以真实,可以根据略显荒诞的内容语言反映真实,也可以将身边切实发生的真实新闻进行幽默表达。同样它也可以不真实,因为在喜剧型脱口秀当中,也有一部分程度是制造现实生活中的小概率甚至零概率事件而做出的舞台表演。

以下是笔者甄别多数喜剧型脱口秀节目,针对其表达语言的共性进行其共性特点的归纳总结。

1. 喜剧型脱口秀的表达语言之一——热衷于模仿

这里的模仿指的是模仿学习人物与事物,并非指节目内容上的模仿。无论是声音表达还是形体表达,大多数喜剧型脱口秀节目多会采用模仿的手法制造笑点。这点同传统单口喜剧中的"学"有异曲同工之妙。

在喜剧型脱口秀节目中，主要突出的是对人物行为的模仿。比如在《今晚80后脱口秀》中，主持人王自健经常模仿几位自己工作的伙伴的语言特点与行为特点，并以他们为制造笑点的核心人物带入事先准备好的情境之中。以及在《金星秀》中，主持人金星对于所需要的不同人物的话语言行进行模仿等。

在传统喜剧的定义中，失败的模仿也是一些喜剧剧目的表演内容，喜剧型脱口秀也会因不同的需要去进行不同的模仿动作，触类旁通地进行使用。

2. 喜剧型脱口秀的表达语言之二——表现的夸张性

这里的夸张指的是通过放大或缩小原有事物的实际状态，利用与现实事物的反差达到喜剧效果。主持人常常会加入这些代表反常或者夸张的表达语言于节目之中，不仅能够丰富主持人的舞台行动，同时也可以带动观众情绪与现场氛围。

比如，王自健曾在一期节目中做出将螺丝动作表演成如碗口大小，以及在文本语言选段中他对于老人与年轻人发生冲突时的想象还原，这些都属于他对于现实的一种夸大的表演。而根据台下观众的呼声中可以看出反响非常不错。

四、知识型脱口秀的语言特点

知识型脱口秀可谓近年来在新媒体平台上受人热捧的新秀。与其他的脱口秀的类型相比，知识型脱口秀的节目内容要求更富有深度，并且有较强的专项性与针对性，其主题的选择多以介绍知识为主，以一种"文化快餐"的形式供予受众。

知识型脱口秀的受众人群主体多为高端知识人群，而这类人群中的大部分也会依赖将电子产品运用于生活之中，因此许多知识型脱口秀的节目制作人都会选择使用新媒体作为节目发行的主要渠道。

上文提到，收看知识型脱口秀的绝大部分受众都有一定的知识储备，因此在节目语言上，不必追求绝对的通俗化，与之相对应的是节目语言的漫谈化,主要突出内容,即发话人的观点。推销自己的观点,传递发话人自身的价值取向。

(一)知识型脱口秀节目的文本语言特点

知识型脱口秀节目的主持人像是一位讲知识的"说书人",当然这里的"说书人"并不是传统意义上的评书演员,而是更类似于同你面对面,讲述确切为你分析知识的说书人。之所以说他像说书人,是因为他所讲述的绝大多数文本材料的观点都集中提炼于书籍以及结合自身的经验。因此,知识型脱口秀的文本语言要求具有极高的可信度,才能使受众真正认同节目主持人所口述的知识。

有人曾将知识型脱口秀节目比喻为"百家讲坛型脱口秀节目",这样的形容也有一定的道理——如《百家讲坛》也是向受众传递知识。但知识型脱口秀节目在内容形式上还是同《百家讲坛》有一定的区别的,《百家讲坛》的节目文本语言更趋向于说教,且在后文中也会提到,《百家讲坛》整体节目的表达语言趋向于宣讲。反观知识型脱口秀节目,其文本语言虽然也是主要以传授知识与观点为主,但其语言特点并非说教,而是偏向于漫谈,是娓娓道来的。节目主持人(传者)与受众之间的关系是相对平衡的,且知识型脱口秀节目的语言更具有幽默感,更为容易被受众所接受。

以下根据知识型脱口秀的文本语言,分点逐步介绍其相较于其他类型节目的突出特点。

1. 知识型脱口秀节目的文本语言具有较高的可信度

就像前文中所提到的观点,知识型脱口秀节目的主持人像是一位"说书人"。

"说书人"将"书"说得令人信服,才是一位合格的讲述者。这就要求知识型脱口秀节目主持人的文本语言具有较高的可信度。

知识型脱口秀节目主持人文本语言的可信度来自哪里?首先需要具备较高的知识水平。在本章的开篇,笔者曾经述及大多数知识型脱口秀节目的内容选择需要有一定的专项性,而这里所指的专项性其中就包括了对某一个知识点的深度剖析，且在这一知识点上还应当有适当的延伸。比如在《罗辑思维》中，罗振宇针对王阳明的哲学阐述就不仅包括了王阳明个人，还延伸到了明代的哲学思想体系以及整个儒家文化的思想演变。当节目的文本语言准备具有深度与广度后，自然具备令观众所信服的力量。

在文本语言的形式上，知识型脱口秀也营造出一定的可信度。比如说，罗振宇常常在节目内容中加入相关书籍的举例，而高晓松也常将自己的游历见闻放置进节目中，这些内容往往设置于观点承前启后的段落，利用受众的思维惯性加强了文本语言的可信度。而这些内容也正是可以满足受众的好奇心与对这些实物的强烈求知欲，一来一往，达到了节目的收视预期。

2. 知识型脱口秀节目的文本语言具有不"蒙灰"的鲜活性

这里的鲜活性指的是知识型脱口秀的文本语言具有与时下流行相对应的鲜活性。虽然知识型脱口秀节目是相对具有深度内容的脱口秀节目，但其本质并不是说教，更多的是具有寓教于乐的作用。因此，为了更好地迎合受众，大多数知识型脱口秀的文本语言都具有与时代相呼应的鲜活性。

知识是永葆活力的，话题却有可能成为历史。同时，知识也不是一成不变的，知识也会顺应时代的特点而发生微妙的量变，但质变的发生会有一定的时间间隔。因此，知识型脱口秀节目的文本语言多来自当时的话题导向，如在冯小刚导演的《芳华》上映前后，高晓松制作了与其相关的节目，这就是节目对于鲜活性的一个体现。

话语形式的鲜活性则体现在节目语言顺应当下的流行语上。知识型脱口秀节目作为通过网络传递最广的节目类型，而且受众多为高校学生与年轻的工作者，在节目文本语言与时下流行语式的结合也是颇为紧密的，这也是代表其文本语言鲜活性的特点之一。

3. 知识型脱口秀节目的文本语言中的漫谈运用

前文曾经提及知识型脱口秀与《百家讲坛》节目的最大的区别是文本语言的话语方式。知识型脱口秀作为一档具寓教于乐性质的节目，其文本语言最独特之处在于其漫谈感。

漫谈是什么？漫谈是指基于某种话题或某个事件展开的不拘形式的观点

抒发，在一个相对轻松环境下的话题展开。比随性聊天更多一层主题与文本语言的严谨，比说教又少几分距离感——漫谈的发起者与受众之间的关系更为平等缓和。

比如在《罗辑思维》中，罗振宇从不以专家自居，且在话题展开之前也会表示所述语言较为皮毛，在一定程度上减少了作为主讲人高高在上的压迫感，也使受众在潜意识中相信讲述者的言论——毕竟主讲人自己都陈述所讲内容为皮毛而非不实，那为何不信任他呢。所以，在知识型脱口秀节目之中，文本语言的漫谈运用也是不可或缺的特点元素之一。

（二）知识型脱口秀节目的表达语言特点

对于知识型脱口秀节目而言，塑造一个能够立于屏幕上并使人信服的主持人是非常重要的，这就需要这位主持人有较强的人格魅力支撑其展现的形象。

一个令人信服的知识型脱口秀节目主持人形象首先需要具备强大的知识体系，这点在知识型脱口秀节目的文本语言特点的分析中已经阐述，这里便不再赘述。其次需要具备鲜明的主持风格与形象特点，比如总是拿着一把扇子出现在节目中的高晓松。

一方面，有很多知识型脱口秀节目的主持人为了达成塑造形象的要求，常常热衷于为自己添加不同种类的标签，这些标签有些在节目外，也就是在生活中的其他领域有所见长，比如高晓松曾经肄业清华，并参加过乐队，拍过电影且取得过许多成就等；而另一方面，则是通过在节目中植入话题，比如在节目中反复强调自己的身份，比如罗振宇强调自己是商人身份等。

回到前文所讲过的交流感，知识型脱口秀节目的语言表达的交流感是相对较强的。如以替亲朋好友排忧解难的话题展开，并循循善诱地加入原有知识的内容与自己的见解，同受众双方展开单方面的对话交流，从而赢得受众的认可与达成共识。

知识型脱口秀节目主持人通常会采用坐播的姿态进行节目，虽然与受众隔着屏幕，但仍可以营造出谈话的氛围，也表示主持人是坐下来一同深入进行问题研究，而不是仓促地一蹴而就地解决话题。

在肢体语言表达上，既然多数采用坐播的形式，其重点则是放在手势语言上。适当丰富的手势语言可以丰富肢体的语言表达，活跃节目的气氛；同时，自然流露的手势表达也是对于说话人情绪的体现，加强话语的信任度。

五、混搭型脱口秀的语言特点

混搭型脱口秀节目中的"混搭"是指在节目中添加不同于脱口秀节目的其他元素，如添加综艺环节，加入更具有故事性的外部规定情境等。这样的节目构成使混搭型脱口秀的内容更加多元化，充分发挥节目新鲜感，使节目更具有可看性。

由于在节目中加入了独特的外部规定情境，在混搭型脱口秀中往往会营造出一种异于日常生活的不现实感。但这种不现实感仅仅存在于节目设定的表层，绝大多数受众都能够在明知规定是人为设定后依然能在节目过程中找寻到真实感。如在《奇葩说》中奇葩村的故事设定，以及《火星情报局》所营造的新奇世界观。

在如此设定之下，主持人的作用反而被弱化，嘉宾的独立观点抒发与节目中人物与人物的互动成为节目的新看点。嘉宾各抒己见，展开对于节目内容的有效语言，构成混搭型脱口秀节目语言的新风尚。

（一）混搭型脱口秀节目的文本语言特点

在混搭型脱口秀节目之中，往往会以一些独特的外部规定情境为话题纽带，维系支撑着节目的主题。而这些外部规定情境往往异于生活或平行于生活，形成一种非现实感。而在话语之中，受众却又可以从这些不真实的外部规定情境中找到源于生活的真实感。如此特点是混搭型脱口秀节目的文本语言中所广泛运用的。

混搭型脱口秀节目中的发话者不单是主持人的单方面阐述，多数节目会配有人数较多的嘉宾团体。而这些嘉宾各抒己见，在各自的文本语言有各自鲜明的观点的话语习惯，在节目文本语言的构成上会具有多元化的特点。

以下对此进行详细分析。

1. 混搭型脱口秀节目的文本语言更为多元化

在混搭型脱口秀节目中，通常会设置多个发话者而非局限于主持人。节目嘉宾的言论并不会代表节目的立场，因此嘉宾发言的文本语言相较于其他类型的脱口秀节目会受到较少的限制。节目嘉宾可能得到更充分的发挥，从而使混搭型脱口秀节目的文本语言更为多元化。

再者，网络混搭型脱口秀节目的出现会使节目受到的约束越发减少，可以邀请更多语言更具特点的嘉宾参与节目，这些嘉宾在节目中各抒己见，更加突出了混搭型脱口秀文本语言的多元化。比如在网络与传统媒体都播出的脱口秀节目《奇葩说》中，塑造了一大批文本语言具有鲜明特点的嘉宾，比如言语犀利、见解独到的马薇薇，逻辑条理分明的颜如晶等。

2. 部分混搭型脱口秀节目文本语言具有披着"故事"外衣的真实性

"规定情境"是由斯坦尼斯拉夫斯基在《演员的自我修养》中提出并解释的表演术语。在《中国大百科全书》中对于规定情境有着更为通俗易懂的解释："指作家在剧本中为人物活动所规定的具体环境和实际情况以及艺术家们在二度创作中对剧本和演出所作的大量内容补充。"[①] 外部规定情境既是表演者进行表演的依据，又是剧作家进行叙事创作的基础条件。规定情境有内外之分，外部规定情境即剧本的故事，代表剧本的情节与格调；内部规定情境一般指的是人的精神世界，包含了角色精神生活和心理状态的所有内容。在这里我们主要研究外部规定情境与混搭型脱口秀节目的文本关系。

在混搭型脱口秀节目的文本语言中，许多会在节目开始时给出一个独特的外部规定情景作为话题纽带，主持人与嘉宾则是围绕着这些话题展开讨论。这些外部规定情境有的源于生活但又与生活平行，有的来自节目编导天

[①] 中国大百科全书出版社编辑部编：《中国大百科全书·戏剧》，中国大百科全书出版社1989年版，第150页。

马行空的想象。而在节目的文本语言中，受众却又可以从这些不真实的外部规定情境中找到源于生活的真实感，比如在《火星情报局》中，节目在文本框架中设定了"火星立法"，而在主持人与嘉宾的语言互动中，却采用着最贴近生活的材料作为文本内容，体现节目文本语言的真实性。

（二）混搭型脱口秀节目的表达语言特点

在前文中，已经分析了混搭型脱口秀节目的文本语言表达具有多元性，对于混搭型脱口秀节目的表达语言而言也是同样的。节目设置的人物越多，便可以更多地展现节目丰富多元的语言特点。

正如在节目制作中需要不同功能的人物，混搭型脱口秀节目的嘉宾也在以塑造自身的典型性格为目的而进行节目语言的表达。而混搭型脱口秀节目嘉宾将自己的典型性格尽量进行极致表现。比如说作为节目嘉宾而非主持人，嘉宾的语音面貌并非需要吹毛求疵地追求完美，适当的口音反而可以进行人物形象的塑造，而一些从播音主持专业角度而言不被容忍的语音错误也可以适当进行宽容处理。

在肢体语言的表达上，大多数节目会根据各自的节目设定做出调整，但大多数节目还是遵循脱口秀节目以幽默娱乐为宗旨的表达为主要体现。主持人与嘉宾会根据自己的文本语言进行适当的表演，加强其娱乐性的特点。

附录

我国改革开放以来播音主持的发展历程

一、总述

时值改革开放40余年之际，借着伟大时代的东风，在广播电视事业整体极速前进的洪流中，播音主持事业蓬勃发展，逐渐形成了自己的发展规律、体现了自己的特点。

播音主持发展史即社会发展史的一部分，二者相互交织，紧密相连，因此播音学的理论研究不能脱离对历史轨迹的梳理和总结，下文将通过对社会变迁、科技进步、思潮更替等的探究，着重对播音主持创作的发展阶段、特征优势、典范节目、风格流变、理论演进等展开分析，系统、深入、具体地揭示改革开放以来播音主持的发展历程。

二、播音主持的发展概况

第一阶段：复原（1978—1989年）

"文化大革命"结束之后，在经历了一段恢复调整期之后，各项事业重新焕发生机，我国进入了轰轰烈烈的改革开放年代。1977年的冬天，已经叫停了10年的全国高等院校招生考试恢复，全国各地的570多万名考生怀揣着激动的心情和各自的梦想走进了阔别已久的高考考场，从那时起，不仅几代人的人生和命运发生了翻天覆地的变化，也为日后我国在历史新时期的全面发展和腾飞积蓄了力量，奠定了良好的人才基础。

1978年5月11日，《实践是检验真理的唯一标准》在《光明日报》一经发表，立刻掀起了全国范围内关于真理标准问题的大讨论，人们各抒己见，这场讨论冲破了"两个凡是"的严重束缚，推动了全国性的马克思主义思想解放运动，肃清了"四人帮"及其流毒与影响，成为打破人民精神枷锁，解放人民思想束缚的开端，同时也推动着国家形势的巨轮不断前进。

1978年12月18日至22日召开的中国共产党第十一届中央委员会第三次全体会议在北京举行，这也是新中国成立以来中国共产党历史上一次具有深远意义的伟大转折的思想先导，为中国共产党重新确立马克思主义思想路线、政治路线和组织路线做了重要的理论奠基。这次拨乱反正，扭转了航向，冲破了由来已久的教条主义和个人崇拜，把邓小平提出的"解放思想、开动脑筋、实事求是、团结一致向前看"作为全党全国的指导方针，并做出战略部署，将工作重心，全国人民注意力调整转移到如何实现社会主义的现代化建设上来，这意味着中共中央十一届三中全会以后中国正式进入了社会主义事业发展的新时期。

改革开放的伟大之处不仅在于最大限度地解放了生产力，更在于它使人们幽闭已久的思想大门重新开启，使人们的心灵从浩劫的蒙尘下洗涤洁净，人们开始还原对尊严、价值、权利的关注。

思想的觉醒势必会推动生产力的发展，二者彼此交融，互相促进，带领中国冲破落后与挣扎的牢笼。20世纪80年代的中国实现了经济、政治、文化、社会、科技、教育、外交等方面全方位的体制改革，不断向着市场化、民主化、法治化、多元化、开放化的目标迈进。

开放发展的社会大环境为广播事业的发展提供了良好的发展机遇，中国广播电视播音主持事业发展的春天也在此时悄然来临，展露出一派万物复苏之景象，由此广播电视进入了复原阶段。

第二阶段：发展（1990—1999年）

改革开放以来,历经复原阶段,广播电视事业逐渐步入正轨。1989 年,党对广播电视诸多方面的问题进一步把控,广播电视改革放缓了脚步,以正面宣传为主要方针,以"团结、稳定、鼓劲"为基调,对谁来领导新闻工作,新闻工作是否遵循党性原则,以及新闻真实性、纪律性等问题不断反思,不断经验总结,不断加强学习,取得了显著成绩。

1992 年邓小平视察南方发表了重要讲话,指出要坚定不移地贯彻执行党的基本路线,坚持走中国特色的社会主义道路,要善于抓住机遇,善于把握机遇,加快改革开放的步伐,集中一切精力抓经济建设,加快我国经济、社会的发展。

1994 年 1 月 24 日至 29 日,在全国宣传思想工作会议上,江泽民发表讲话,阐述了新时期宣传工作的要领,首次明确了科学理论武装、正确舆论引导、高尚精神塑造、优秀作品鼓舞对于宣传工作的重要性。

20 世纪 90 年代迎来了改革开放的第二个十年,社会安定平稳,市场经济体制逐步建立和完善,互联网的开通,促进了世界与中国的跨文化交流。赶上了互联网文化开放的热潮,搭上了社会日新月异发展的快车,广播电视正开始构建大众文化的全新语境。以建设有特色社会主义的理论为根本指导方针,坚持党性原则和正确舆论导向,深化改革,拓宽思路,广播电视开启了崭新的局面,进入了高速发展的阶段。

第三阶段:蜕变(2000—2018 年)

中国进入快速发展的历史时期,经济和科技的发展达到了前所未有的高度,经济全球化进程不断扩大,随着互联网的普及运用,各种思潮相互激荡,这些无一例外都在潜移默化地影响和改变着我国的思想文化。与此同时,广播电视事业也一路高歌猛进,保持着良好发展势头,在正确的导向引领下,一步一个脚印,稳扎稳打,出色地完成了各项报道任务。在此基础上,精品战略的实施得以让一大批富有时代气息、反映基层生活、讴歌社会进步的优秀广播电视节目问世,获得了热烈反响。这些优秀的广播电视节目始终坚守在新闻宣传工作和思想文化引领的重要阵地助力改革开放,积极推动社会主义现代化建设不断完善。

2000年年初，江泽民提出"三个代表"重要思想，指出中国共产党始终代表中国先进生产力的发展要求，始终代表中国先进文化的前进方向，始终代表中国最广大人民的根本利益。解读、阐述、传达"三个代表"重要思想，做好党重要意志的宣传者是广播电视的首要任务。

2003年7月胡锦涛提出了要树立全面、协调、可持续的科学发展观，厘清经济建设的终极要义是使广大人民群众的物质文化需要得到满足，保证人全面自由的发展，强调唯有人才是发展的目的。一个思想开放的平台自此敞开，"以人为本"一跃成为思想文化界最受热议的话题，人们逐渐开始接受一种全新的价值观，中国人文精神再度被唤醒，成为政治发展、经济建设、文化活动的根本指导思想。

互联网、新媒体的出现冲击着传统媒体的固有地位，传统媒体开始丢弃一些落后的创作模式和传播方式，融入更多的新鲜血液。丰富活跃的互联网带给人们多样的视角，开阔了人们的眼界，在与新兴产业的竞争中，广播电视迸发出更胜往日的活力。

2012年11月29日，习近平指出"中国梦"这一重要指导思想和重要执政理念，强调要走中国特色的社会主义道路，坚持中国特色社会主义理论体系，弘扬民族精神，凝聚中国力量。

2014年10月15日，习近平在北京主持召开文艺工作座谈会并发表重要讲话，指出要将以人民为中心作为正确的创作导向，创作出无愧于我们伟大民族，伟大时代的优秀作品。这一讲话如同一盏明灯，为文艺创作、表演、研究、传播等领域指明了方向。他也十分关注网络的发展，就建设网络强国、净化网络环境、创新网络技术、实现媒体融合发展的问题多次发表了自己的看法和意见。如今网络的发展成果让全球范围内越来越多的人共享到它的甘甜，这是一个全新的时代，广播电视事业正面临着探索与改革、传承与创新，它在不断的成长与蜕变中迈向了更高的台阶。

三、播音创作的优势与特征

（一）播音创作的优势

1. 团结协作

一直以来人民广播都是在曲折中前行，极端的唯政治思想的影响一度使广播电视事业遭到极大破坏，播音创作也因此陷入了畸形发展、举步维艰的局面。在艰难的困境中，全体广播电视工作者同甘共苦、不忘初心、砥砺前行，无论是播音员、编辑员，还是技术人员，在工作上、业务上、生活上都相互关心、相互帮助、相互支持，正是团结协作这一光荣的传统，才使得广播电视的发展历久弥新，永焕活力，被置之死地而后生，在任何阶段、任何环境下，都保有较高水准。

长期以来，中央人民广播电台每周都安排业务学习。以老带新，新老播音员主持人齐聚一堂，互相切磋各自的业务水平，互相探讨各自的业务问题，互相分享各自的业务经验。大家一起分析、讨论、钻研播音创作业务，共同提高，共同进步，发挥集体智慧，这一习惯一直保留至今。2005年6月，中国广播电视协会播音主持委员会成立。这是全国播音主持行业最高级别的研讨交流活动，学术研究、专业评估、人才培养等项目如火如荼地开展起来，为全国的播音员主持人们提供了大量交流学习的机会。除播音员外，编播之间的关系也尤为密切，编播之间互知甘苦，彼此尊重，相互帮助，密切合作，这是人民广播事业的好传统。

2. 与时俱进

"文变染乎世情，兴废系乎时序。"文艺最能代表一个时代的风貌，最能引领一个时代的风气，每一位广播电视工作者都深知播音创作应与时代紧密结合，因为它是时代的结晶、时代的缩影，任何播音创作都不能跨越当时所处时代的社会现实而独立存在，不同时代的作品会烙印不同的风格特点。因而牢牢把握好时代的本质是播音工作的重中之重。判定一部创作作品好坏的其中一个标准就是要将其放置在时代背景中审视，结合时代特征做出评判。

文化艺术的发展永远离不开时代的影响，广播电视始终遵循着"为时代之动而动，随人民之需而动"的原则，赢得了人民的认可，经受住了历史的一次又一次考验。时代造就作品，作品反映时代，时代因素作为作品的外在驱动，引领创作者从时代中挖掘精髓，从精髓中总结规律，从规律中探寻局限。

广播电视肩负着国家舆论宣传的重任，理应时刻牢记着自己的使命和任务，将与时俱进的传统发扬光大。中国改革开放40多年来，面临着各种文化的激荡，新时代的广播电视工作者始终战斗在第一线，向外汲取精华，放眼世界，借鉴国外精品节目经验，向内弘扬经典，坚定文化自信，继承民族优秀传统文化，创作有生命力的作品，感国运之变化，立时代之潮头，发时代之心声，为亿万人民、为伟大祖国鼓与呼，以鲜明的中国特色、中国风格、中国气派屹立于世。

3. 联系群众

紧密走群众路线，从群众中来，到群众中去，始终是我国广播电视事业的优良传统和重要理念。紧密联系群众，始终是创作者永恒不变的创作原点。可以说，人民群众为广播电视事业提供了源源不断的创作灵感。在战火纷飞的年代，播音员积极主动地投身到革命斗争中，和群众一起艰苦奋斗，建立了同广大人民群众的血肉联系和鱼水关系。他们就像人民的一块砖，哪里需要就往哪里搬。1945年生产救灾中有他们的身影，1947年的延安保卫战中他们又以自卫军的身份支援战争。此外，播音员们还利用业余时间为百姓开展文艺演出，抚慰每一位在战争中饱受创伤的人民，为人民带去力量，带去欢乐。在长期与人民共同生活和向人民学习的过程中，播音员与百姓亲如一家，在撤退中更是奋不顾身地掩护电台，使电台得以躲过无数次敌军的侦查和轰炸。

人民群众是历史的创造者，也是历史的见证者，既是历史的剧中人，也是历史的剧作者，广大劳动人民有着无穷的力量和智慧，广播电视一直悉心征求人民意见，通过各种方式保持和人民的亲密联系。在深入联系的过程中，人民的勤俭、质朴、生活智慧常常让播音员心生敬意，人民的疾苦、需求又常常使播音员如鲠在喉,这些成为播音员创作表达人民心声作品的出发点和原动力。从群众中来,反映群众要求,合乎群众实际,是广播电视一贯的宗旨,唯有贴近人民群众生活,投入人民生气勃勃的创造力源泉中去,才能创作出与人民心意相通的作品。

2014年10月,习近平在文艺工作座谈会上深刻阐述了文艺与人民的关系,强调坚持以人民为中心的创作导向。新的历史时代,"为人民大众"成为社会主义文艺的价值底色。社会主义文艺,从本质上讲,就是人民的文艺,要始终为人民抒写,为人民抒情,为人民抒怀。屈原的"长太息以掩涕兮,哀民生之多艰",杜甫的"安得广厦千万间,大庇天下寒士俱欢颜""朱门酒肉臭,路有冻死骨",李绅的"谁知盘中餐,粒粒皆辛苦",郑板桥的"些小吾曹州县史,一枝一叶总关情",都是深刻反映人民心声的作品和佳句。人民的需要是文艺存在的根本价值,广播电视永远不能迷失价值方向,要塑造民族之魂。文艺不能远离人民生活。离开人民,文艺就会变成无根的浮萍、无病的呻吟、无魂的躯壳。观照人民的生活、命运、情感,表达人民的心愿、心情、心声,才能在人民中传之久远。

(二)复原阶段的播音主持创作特征——亲民化

广播电视不断调整、思考自身定位,播音工作者也开始从创作导向、创作心态等方面进行分析总结,为播音创作注入了新鲜血液。

播音创作的改变是自上而下的变迁,由早期的政治宣传和教育功能逐渐演变为上情下达、下情上传模式,播音员不再一味地充当政治专政、阶级斗争的传话筒,高高在上发号施令,而开始放下架子,贴近人民群众,站在与人民群众同等的位置上,服务功能得到加强,语言风格和形象风格定位是庄重大方、清晰流畅、平易亲和。凡改变都有渐进、渐成的过程,这次复原也经过了一定的过渡调整期,但平视受众,服务至上的理念已经成为广播电视工作者的共识,其中最大的变化就是追求"降调"。这点在新闻播报中体现得尤为明显。少了喊口号的宣读方式,多了抑扬顿挫、虚实结合;少了高亢激进的播讲状态,多了轻重缓急、声断气连,留下了《巍巍昆仑》《大地的儿子——周恩来》《在彭总身边》等脍炙人口的作品。

  1980年主持人首次出现在电视荧屏上,沈力是我国第一个固定节目主持人,由此节目主持人诞生,标志着节目形态发生了质的飞跃。这是贴近时代背景的一次改革,响应了新历史时期赋予广播电视的新使命,与电视发展规律趋同。初期主持人是"提线木偶"型,以主持人身份出镜,负责把编辑好的文稿富有交流感地播讲出来,用"我"的第一人称完成宣传任务,充分营造与观众面对面、平等交流的氛围。20世纪80年代出现的大部分主持人属于"小试牛刀"型,或多或少地参与到节目创作中,在编辑供稿的基础上稍加修改,使有声语言的最终呈现效果更符合自身口语表达习惯和自身特质,将突出交流感放在首位。1986年,珠江经济广播电台开始播音。珠江毗邻香港,地理位置优越,香港商业贸易兴旺,广播理念开放、形式前卫,对内地的广播模式具有极高的借鉴价值。珠江经济广播电台受到启发,开始进行大刀阔斧的改革,首次突破了一贯复制中央台的模式,率先开创了直播的先河。节目增加了与听众互动的环节,使听众最大限度地参与到节目当中,播出效果空前良好,这一现象级节目运作机制被称为"珠江模式"。这一模式的运转,极大地转变了节目主持人的功能性,节目开始把着重点放在关注受众、贴近受众上,满足了不同受众群体的需求,为之后广播电视事业的发展提供了极有价值的参照。

(三)发展阶段播音主持创作特征——多元化

  20世纪90年代,广播电视发展日新月异,受众群体范围逐渐扩大,观看电视的受众数量与日俱增,加之互联网的开通拓宽了人们的眼界,当观众了解得越多,需求就越呈正相关增长,广播电视转型迫在眉睫。受众和广播电视从业者各自的地位早已不似当初,受众已经不满足于你给我看什么,你给我听什么,而转变为我想要看什么,我想要听什么。这就要求广播电视创作要取材于生活,升华于生活,题材广泛,形式丰富,包罗万象,无所不有。不同的内容衍生出不同的节目类型及节目功能,对主持人提出了全新的要求。

新闻类节目是电视台立台的节目类型之一。细分到新闻播报，如《新闻联播》，对主持人基本功的考察十分严苛，"拳不离手曲不离口"，要求主持人字正腔圆，吐字如珠，形象端庄，言语可信，具有符号性，是大国威严、强国之尊的形象代言人。细分到新闻评论，如《新闻1+1》，要求主持人集采编评能力于一身，思维敏捷，逻辑清晰，词约意丰，鞭辟入里，"四两拨千斤"，有较强的剖析能力和评论能力。

娱乐类节目是受欢迎度最高的节目，主打娱乐性、趣味性，要求主持人最大限度地凸显个人风格服务于节目，气质清新，多才多艺，感染力强，能够带领大家一起欢乐。

社教类、经济类、体育类节目涵盖科学、经济、体育、法律等专业领域，专业度较高，要求主持人的知识结构与涉及领域相匹配，拥有丰富的知识储备，对相关专业有充分、深入的了解，如《今日说法》，主持人撒贝宁本身就是北京大学法律专业的学生，在节目中和嘉宾互通有无，并能从自身角度出发评析事件，使节目更有信服度。历史时期赋予了播音员主持人贴合时宜的创作特征，他们承上启下不断摸索着。

（四）蜕变阶段播音主持创作特征——个性化

经历了各个时期反反复复地探索、试错，主持人不断传承发展出崭新的风格特征，任何一种承继都不只是简单地沿袭或模仿，更是洞悉时代特性、紧抓审美命脉的螺旋上升。播音主持创作的承继发扬是时代的必然，也是规律的必然，是播音主持创作内部因素和外部因素相互作用的结果。

随着电视、网络的迅猛发展和普及延伸，传播范围越来越广泛，技术手段越来越先进，节目样态越来越丰富，视觉爆点溢满荧屏。在信息轰炸的时代，人们有足够多的选择，却少有足够的耐心。节目主持人必须倚仗自己独特的个人风格，鲜明的个人记忆点才能杀出重围，或智慧幽默、底蕴深厚，或麻辣犀利、思维敏捷，或知性优雅、端庄大方。

任何风格的呈现都非一蹴而就，"巧妇难为无米之炊"，要先厚积，而后才能勃发。主持人是在镜头前不断输出的职业，若无长久的积淀和深厚的储备，就会在镜头前露怯显拙，更别谈会有出色的表现。真正的个性是建立在对深层内涵持续稳定外化展示的基础之上的，是经过二次加工的语言创作。这个过程就是为主持人贴上个性标签，找准自身定位的重要一环。

在节目形态日益多元的当下，同一个节目中可能会融合不同的节目元素。这就要求主持人具备一定的综合素质，扎实的语言基本功，准确、清晰、流畅的口语表达是最低标准，能否收放自如，如何恰到好处，更是造诣和功夫。但同时广播电视传播是有其一定之规的，不可一味求奇求特、过分重视经济效益和收视率、强调娱乐至上，而滥用话语权，竭尽所能迎合受众，避免在尺度把控上出现问题，哗众取宠，自我卖弄，丧失境界，丢失分寸，迷失方向。播音主持创作者要时刻牢记自己身上的使命，铁肩担道义，时刻保持先进性、独创性、文化性、深刻性，力求达到最佳的传播效果，创作出时代之声，人民之声，与万象更新的广播电视事业交相辉映。

四、里程碑式节目的内容与样态

（一）复原阶段代表性节目的内容与样态

20世纪80年代，广播电视重新启程，节目概念被强化，一大批经典节目问世，成为日后众多节目借鉴之典范，以下就复原阶段代表性的节目略做分析。

1.《为您服务》

《为您服务》于1979年8月12日首次播出，为了加强与观众的联系，1983年正式固定开播《为您服务》栏目，每周一19：45播出，这是中国第一个固定栏目名称、固定播出时间、固定主持人的专题栏目，沈力成为第一任主持人。《为您服务》十分贴近观众生活，节目理念是"全心全意为您服务"，内容以普及生活常识为主，同当时大部分脱离观众日常生活的电视节目形成了鲜明的对比，因此在短时间之内便跻身中央电视台王牌节目之一。

节目开播伊始，主要是介绍日常生活中普及度高的家庭生活知识，如烹饪、衣着、养花等。1983年以后，节目不断扩充内容，将范围延伸至老年保健、幼儿养育、摄影知识、集邮技巧、观众问答等十余个项目，扩大节目广度之后，涉猎全面，更加全方位地解决观众在日常生活中可能遇到的一系列问题，为观众提供了诸多方便，迅速受到广大观众的喜爱，引起了巨大反响。雪花般的来信可见其当时轰动的程度。

从节目名称到节目宗旨，"为您服务"这四个字都可涵盖："为您"，明确节目的主体为电视机前的每一位观众，"服务"，则是点明节目主题，界定节目类型，凸显观众的至高地位，突出节目的服务意识。《为您服务》内容实用性强，服务理念贯穿始终。如遇换季，就提醒观众及时增减衣物，预防感冒；适逢长假，就提供详尽的出行线路，并提醒人们早做计划，真心诚意地为观众提供无微不至的实用性服务。尽管节目后来也辗转遭遇过停播与复播，加之同类型节目的相继问世对其造成了不小的冲击，但《为您服务》跨时代的诞生在一代人心中留下了永不磨灭的温暖记忆，对后来的生活服务类节目具有指导意义，产生了深远的影响。

20世纪80年代，节目的概念逐渐加强，对一致性要求颇高，即节目基调需与节目内容、创作风格保持一致，否则会出现"两张皮"、不伦不类等问题。主持人作为节目中不可或缺的一环，一致性同样重要，这就要求主持人必须吃透节目，对节目的定位、特色、受众群做到精准把握并达到最大限度地靠拢，在此基础上，再将个人创作色彩渗透于节目风格之中，从而驾驭节目，互相成就。第一任主持人沈力亲切自然、真诚质朴的主持风格与节目完美融合，让人倍感亲切，很快得到了观众的喜爱和认可。在沈力的身上，你看不到高高在上的姿态，看不到一板一眼地读稿；相反，她平易近人地和观众拉家常，聊的都是最贴近老百姓生活常态的话题，不冷漠、不严肃、不命令，没有晦涩难懂的长句，而是简单明了、一语中的，亲切温馨的风格拉近了与观众的距离，使观众对节目和主持人产生了亲密感和信任感。这种耳目一新的荧幕形象打破了以往电视节目居高临下的宣传姿态，让每一位观众都身心放松，如沐春风。《为您服务》的前两位主持人沈力和张悦风格较为相似。以王小骞为代表的第三代主持人在延续以往风格的基础上更加放大了自身的特点，强调了主持人的个性化魅力。《为您服务》作为我国生活服务类节目的开山之作具有重要的指导意义,由此翻开了广播电视服务大众的新篇章。

2. 春节联欢晚会

春节联欢晚会作为综艺节目类型里的大王牌,现象级节目类型里的常青树,总体来讲横跨了三个年代,20世纪80年代横空出世,独占鳌头,90年代乘胜追击,发展壮大,至21世纪日趋成熟,经受考验。

1983年,中央电视台首届春节联欢晚会在演播室以现场直播形式播出,播出时万人空巷,获得了巨大的成功,春晚正式诞生。固定时间于每年除夕20:00开始,节目持续四五小时,涵盖小品、歌曲、歌舞、杂技、魔术、戏曲、相声等多种艺术形式,起初在中央电视台播出,各地方电视台进行转播,后来随着影响力的不断扩大,央视中文国际频道、央视英语国际频道、央视西班牙语频道、央视法语频道、军事农业频道和少儿频道也同时并机直播。流水的春晚,铁打的情怀,从首播至今,几十年的沉淀,春节联欢晚会俨然已经成为受众的收视定势和情感寄托,成为传承民俗、凝心聚力的一种特殊文化符号,打造了属于自己的文化品牌。春节作为中国历史悠久的传统节日之一,凝结着中国人的伦理情感、民族认同,展示着中华文化的博大精深与中华传统的绵长厚重。团圆、平安、喜乐、幸福,这些中国人心底最真挚美好的共同心愿诉诸春节联欢晚会的形式呈现出来,因此春晚从诞生伊始就有着与生俱来的社会功能和文化诉求。基于此,不论每年主题如何变化,"团团圆圆过大年,开开心心辞旧岁"依旧是恒定的主题基调。在举国欢庆的盛典中,需要主持人发挥能动性将气氛适时烘托和渲染。现在我们看到的主持人已然是春节联欢晚会中必不可少的一环。春晚主持人也经历过被替代——由演员、笑星代行报幕串场,被忽视——没有充分发挥空间的阶段,显然目前所处的是最理性、最符合电视发展规律的时期。春节联欢晚会捧红了一批大家耳熟能详的主持人,他们有的热情亲切、真诚质朴,稳重内敛、有的知性优雅、从容温婉,等等,他们恰如其分的语言表达和恰到好处的仪态魅力均给观众留下了深刻的印象,主持人的造型,既凸显"国之大典"的喜庆隆重,又兼备端庄持重,展露大国威严,还符合广播电视的着装要求和观众的审美取向,时常在观众间引发热议,获得追捧。春节联欢晚会是集各类艺术性于一身的大型综合文艺晚会,一台晚会最终的完美呈现,要靠导演、舞美、摄像、服化道等各工种通力合作,随着数字技术的不断前进,观众能感受到更加顶级玄妙、美轮美奂的视觉饕餮盛宴,强化了观众的体验感和参与感,为传统的盛典增添了时代的气息。

春晚在艺术表现形式和语言风格上都具有特殊性和典型性,为后来的电视综艺节目、同类晚会及电视综艺主持人提供了参考蓝本,堪称经典。

(二)发展阶段代表性节目的内容与样态

20世纪90年代,广播电视迎来了第二次改革浪潮,为满足不同层次、不同需求的观众收看电视的需要,涌现出大量深受老百姓喜爱的王牌节目,以下就发展阶段代表性节目略做分析。

1.《焦点访谈》

1994年4月1日,《焦点访谈》正式开播,由中央电视台新闻评论部创办,是一档以深度报道为主、以舆论监督见长的电视新闻评论类节目,每期节目13分钟,每晚19:38播出,次日03:45、05:45重播。《焦点访谈》多年来为人们所关注和喜爱,选用"政府重视,群众关心,普遍存在"的话题,坚持"用事实说话"的方针,反映和推动社会进步与发展过程中存在的问题,为老百姓的政治民主生活带来了深刻变化,从此老百姓有了一个可以讨论时事热点、掌握政治风向的平台。

《焦点访谈》是我国广播电视新闻评论的标杆性节目,它的出现使电视评论节目趋于成熟。《焦点访谈》一经开播,就成为中央电视台收视率极高的节目之一,每晚有3亿人守在电视机旁等着收看,更有上千名观众打电话、写信、发传真,向栏目反映收视意见,提供新闻线索。

《焦点访谈》坚守在舆论监督阵地数十载,用最适合中国国情的理念,针砭时弊,给违法乱纪者以震慑,给权益损失者以公正,给决策制定者以参考,取得了巨大的社会效应。节目坚持理性公允立场,确保舆论导向正确,放眼社会各级阶层,化解各种利益矛盾,普及民主法治观念,推动我国民主法治进程不断向前发展,还曾受到三任国家总理亲笔题词和赠言。

从节目制作来讲，《焦点访谈》始终走在时代前沿，开先河地采用"演播室主持＋外景短片＋采访报道＋演播室评论"的结构样式，述评结合，叙议交错，相得益彰，而特殊的结构布局意味着分量最重的开篇点题和总结升华以及节目整体的立意和深度，都集中体现在一头一尾的演播室主持人环节上。众所周知，电视评论节目最大的亮点在于鞭辟入里的评论，评论精彩与否会使节目质量高低立现。这就要求评论者必须具备正向的价值观念，扎实的采评功底和深厚的新闻素养，镜头前的每一秒都是主持人素质、能力的呈现，话语立场稍有动摇，神情反应稍有迟疑，或是价值取向稍有偏差，都会被观众敏锐地洞察和捕捉。准确是新闻的第一生命，新闻评论更甚。《焦点访谈》打破常规路线，弃选以往节目中"播音员式主持人"，大胆启用"记者型主持人"。这些主持人悉数来自采编一线，经验丰富，嗅觉敏锐，有着丰富的实战经验，完全具备对事件的分析评论能力，从初期的采查到后期的评述，亲力亲为参与其中，以"我"的视角提供更多评论维度，对事件也有更为直观清晰的认识，有较高的发言权，可信度高，因此避免了"居庙堂之高"单纯照本宣科、观点转述的尴尬和疏离，有过亲身经历、切身体会评论起来更加一气呵成，张弛有度，其语言表述中强烈的社会责任感和事件体验性非常容易让观众产生共鸣。白岩松、水均益、崔永元、张羽、董倩、李小萌等就是从《焦点访谈》走出的一批业界翘楚，深受广大电视观众信赖和喜爱。

短小精悍、一语中的、发人深省是《焦点访谈》主持语言最大的特点，仅仅13分钟的时长里，既要反映人民群众的心声，又要充当政府机关的镜鉴，可谓是"四两拨千斤"，恰到好处的火候、分寸、尺度最难把握，增之一分则长，减之一分则短。不激进，不武断，不流于表面，不消极地披露或批判，不轻易对事件得出结论、做出是非决断，而在"用事实说话"的基础上，指出症结所在，点到为止，引发观众深思。从表面上看，没有明显褒贬的词语，实则态度鲜明，既入木三分，达到警示、劝诫的目的，又保有余地，留下思索、评判的空间。进退有度，"无声胜有声"着实让人拍案叫绝，回味无穷。《焦点访谈》的出现前无古人，值得后来者潜心学习。

2.《综艺大观》

1990年3月14日《综艺大观》正式开播,两周一播,每期50分钟,是当时唯一一个在中央电视台黄金时段播出的综艺节目,在节目中杂糅了多种艺术形式,具有老少咸宜的综艺性,能够涵盖各个观众层,受众面较广,尤其适合家庭观看,这使得《综艺大观》完全区别于其他类型的综艺节目。节目在20世纪90年代热度持续不减,但在大浪淘沙的广播电视发展进程中,它没能幸免于难,在2004年收视率排名末位淘汰制度下宣告"退役"。

从《综艺大观》走出的倪萍、周涛、成方圆、曹颖、王玲玲等主持人名单不难看出,这档综艺节目倾向于选择女性主持人,风格端庄大气,知性亲切,倪萍和周涛是搭着这班顺风车红起来的两位主持人,也是中国早期综艺节目最成功的两位主持人,一时名声鹊起。她们的语言表达风格同节目基调相统一,与节目互相成就,获得了观众的认可。20世纪90年代是《综艺大观》发展的黄金时期,由于后期节目发展势头走低,后任的几位主持人发展也始终不温不火。

倪萍主持的初期正值《综艺大观》在中国电视荧屏独占鳌头的阶段,节目囊括了丰富的艺术形式,歌舞、小品、曲艺、杂技、魔术等应有尽有,可谓是一台"微型春晚"。节目采用直播的方式,鼓励现场观众参与到节目中来,营造出热闹的荧幕形象。当时节目设置是每期会邀请一位或几位嘉宾主持人与主持人同台,嘉宾主持人大多由小品或相声表演者担任。因为是现场直播,加之参与节目人数众多,随时有可能出现预料之外的情况,主持人既需要同台上嘉宾交流,又要适时同电视机前以及现场观众互动,十分考验主持人的现场把控能力、交流互动能力、随机应变能力。倪萍是演员出身,情绪感知能力强,善于捕捉暗流涌动的瞬间,将节目氛围、观众情绪推向高潮,无形之间拉近了与观众之间的距离。周涛刚接任时主持风格相对青涩,在延续倪萍旧有的温馨亲切风格的同时,把自己的个人风格融入其中,虽然没有倪萍式的煽情,但观众逐渐被她自然、真诚的风格所吸引。《综艺大观》作为当时红极一时的综艺节目,节目本身可观赏性极强,使观众在娱乐之余陶冶性情,提升审美格调,寓教于乐,在欢乐中弘扬社会主义主流价值观,歌颂真善美、抵制假恶丑。

《综艺大观》在广播电视节目发展史上留下了辉煌的一笔，它的腾达和没落发人深省。广播电视的大势所趋是分众化、专业化，期待涵盖不同层次、年龄段受众的节目，在节目选题上、流程设置上势必会受到诸多限制，众口难调，没有针对性，最终反而会流失金字塔底端的核心受众群体。随着社会的不断发展，人们生活压力越来越大，综艺节目逐渐成为宣泄压力的途径，综艺节目的娱乐功能被赋予了全新定义，在爆米花式伴随状态里享受"纯粹"的欢乐显然更符合现下观众的口味，如若不能将节目依托于时代，诉诸生活，及时洞察受众需求的风向，就只能面临残酷的更迭。

（三）蜕变阶段代表性节目的内容与样态

1.《艺术人生》

2000年12月22日，综艺情感类谈话节目《艺术人生》在中央电视台首播，节目时长约50分钟。《艺术人生》内容如其名，每期会邀请一位文艺界的明星来到演播室与观众分享属于他的艺术和人生。作为一档谈话节目，它的成功之道并不仅仅在于有一名优秀的主持人和嘉宾引人入胜的人生经历，更为重要的是节目有着各种艺术手段的加持，比如运用戏剧元素、舞台布置与情景设置等，如此一来，多维的呈现避免了谈话类节目可能会有的单调和平淡，使节目趋于丰富，层次鲜明，高潮迭起，节目独特的视角、真诚的情感交织、淋漓尽致的细节描写、跌宕起伏的叙事结构，区别于同时期一些媚俗的娱乐节目，打造出了独树一帜的品牌形象。

谈话类节目是不可或缺的立台节目，对主持人综合能力要求相对较高，首先是主导，主持人先要"主"，要明晰自己在节目中的角色定位和任务设置，准确的定位会帮助主持人在节目中能够游刃有余地把控整体基调，衔接环节。谈话类节目的主持人如果没有很好的控场能力，就容易反客为主，任由嘉宾口若悬河，显得节目散漫无序。其次是持重，一个沉稳深厚的主持人形象，更符合《艺术人生》的节目调性，更容易获得嘉宾的信任感，谈话交流的艺术也是"持"中一门大学问，好的切入点会让嘉宾感觉有话可讲、思如泉涌，反之则会让嘉宾感觉无话可说、表达空泛。最后，主持人最重要的是"人"，如何在节目进程中将"自己、嘉宾、观众"三者合一是非常考验主持人功力的，主持人在输出显性问题的同时也是在输出自己的价值观、阅历和思想的过程，在知与不知之间，循循善诱地引导激发嘉宾敞开心扉，毫无保留地讲述自己的故事；在嘉宾情之所至的地方用自己的人生经历和感悟与之产生共鸣，使彼此更加感同身受，推进谈话的深入；在嘉宾表达出现歧义或不完备的地方时，及时巧妙地补救和圆场；面对作为个体存在的观众，替观众发问，从他们的角度出发，寻找大众更感兴趣的话题来和嘉宾探讨，从而促成观众思考或使其从中获得启发。对于《艺术人生》而言，其节目主持人从来不是一个高高在上的说教者，而是一个侃侃而谈的和观众平等的人，营造了一个和谐良好的谈话场，值得谈话类节目主持人借鉴学习。

2.《快乐大本营》

虽然该节目现已停播，但是其本身的节目内容与样态对如今的播音主持创作而言还是有一定的研究价值的。

1997年，元老级综艺娱乐节目《快乐大本营》在湖南卫视开播，节目收视率常年雄踞榜首，镌刻着一代人的青春记忆。节目曾经在年轻人中间有着较高的影响力，华语娱乐圈中当红的明星几乎都登上过《快乐大本营》的舞台，节目甚至一度成为娱乐圈热度的风向标，表现出较高的品牌效应。

《快乐大本营》主持人经历了几次换血，早期是李湘、何炅，两人当时都是初出茅庐的新人，清新靓丽、活泼自然的主持风格一下子就抓住了观众的眼球，节目开播初期还保有着传统文艺晚会的色彩，没有即兴互动和游戏的环节，节目设计相对单一，主持人的主要任务就是完成节目与节目之间的串联，但节目的娱乐功能已初见雏形，"快乐"理念初步普及，得到了观众的认可和喜爱，为后来风靡全国奠定了基础。

2000年之后，节目风格不断演变，参与性越来越强，主持人开始和节目深度融合。2006年节目改版之后，由何炅、谢娜、李维嘉、吴昕、杜海涛组成了中国首个主持群"快乐家族"。主持人不再只是节目的串联者，而是节目的参与者，五个主持人成为嘉宾的引领者，和嘉宾玩在一起，和嘉宾跳在一起，和嘉宾演在一起，通过搞怪和夸张的演绎，放大综艺效果，使气氛欢乐热烈，看似削弱了主持人的身份存在感，实际上更大限度地发挥了自己的角色功能，突出了每位主持人的性格特征，加深了观众记忆点。比如，何炅经验丰富，有亲切力，是整个主持群的核心，负责把控节奏，推进节目流程；谢娜是耍宝担当，负责节目中无厘头的笑点输出；李维嘉负责在节目中补充提醒，适时调侃、点评；吴昕乖巧可爱，负责在节目中搭话配合，和嘉宾搭档完成一些情景片段；杜海涛在节目中活跃气氛的自嘲和自黑让很多人记住了这个憨态可掬的小伙子。"快乐家族"成员彼此之间具备良好的默契，对彼此性格、生活熟悉度高，节目中时常信手拈来对方的糗事或有趣的经历，用幽默的语言以及夸张的肢体语言表达出来，通常都会有意想不到的效果产生，把节目的欢乐氛围推向高潮。因为相互了解和信任，即便其中一人出现了口误，其他人也能及时调整，轻松化解，展现出了极强的团队配合能力。

《快乐大本营》同时非常注重培养主持人的明星效应，通过唱歌、广告、出演其他节目等方式增加自身话题度，使节目的品牌效应也得以加强。

五、播音主持的理论建设与人才培养

（一）复原阶段播音主持的理论建设与人才培养

"文化大革命"期间，播音教学、理论教学都停滞不前，1973年在周恩来的关心下，才又恢复办学，重拾理论研究，同年全国播音员也集中进修，中央人民广播电台优秀播音员齐越针对在实践中所遇到的问题，从吐字归音、重音停连等方面着手对播音员们进行培训。1975年，齐越赴北京广播学院任教，成为播音史上第一位教授。

1977年，教育部决定恢复已经被废止了十年的全国高等院校招生考试，标志着我国人才培养重新走上了正轨，北京广播学院开设了采编、播音、电视新闻摄影三个专业，面向全国招生，同年，播音理论研究也陆续开展起来，旨在总结播音创作一路走来的优良传统以及"文化大革命"期间播音创作所经历的荣辱得失。

1979年，张颂带领一批优秀的从业人员开始陆续为播音学科编写理论教材，播音系列学丛图书，创建播音学科理论架构，填补了播音教学没有系统理论教材的空缺。先后出版了《朗读学》《播音创作基础》《播音发声学》《播音学简明教程》《播音文体业务理论》《新闻播音理论与实践》《语言发声原理语言发声练习》《语言表达艺术》《献给祖国的声音》等，这些理论著作为中国播音学科理论体系的形成奠定了基础，为中国播音学学科建设做了充分准备。

1983年，第十一次全国广播电视工作会议提出要加速建设一支德才兼备的广播电视工作队伍。会议提出，中央及地方广播电视机构要对在职干部进行分类培训；中央及地方要增办广播电视对口的专业学校，为中国广播电视事业培养专门人才；改革人事制度和录用制度，为广播电视事业广招人才；这些举措有利于专业人才的培养和吸收，使播音事业队伍日益壮大。

1986年8月在宁夏银川召开了"首届播音学术研讨会"。次年，北京广播学院成立了中国广播电视播音学研究会，齐越任名誉会长。研究会的成立为播音学术问题的探讨、交流提供了平台，对播音理论研究全面、深入地开展起到了极大的推动作用。同年，广播电影电视部颁发了《广播电视播音专业职务试行条例》，该条例为在职播音员划分了职业等级，明确了职务的任职条件和岗位要求，有利于播音员更好地明确不同层次岗位的必备技能和工作任务，这对充分调动播音员主持人的工作热情和积极性，制订明晰的职业规划，构建良好的职业愿景起到了积极作用，播音从业队伍的专业素质得到了提高。

（二）发展阶段播音主持的理论建设与人才培养

20世纪90年代，中国广播电视发展态势向好，播音理论建设成果也越发丰硕，相关的教材和理论不断涌现，理论联系实践，在实践中检验理论，播音理论与播音实践互为参照，互为依托，推动着播音事业走向了新的彼岸。

1990年，张颂、乔实出版了论文集《论播音主持艺术》，详尽系统地阐明了播音形成、发展的全过程，对播音技巧性方面的知识做了全面论述，揭示了在时代背景下衍生出的播音特性，勾勒了播音主持今后的发展宏图。

1994年10月，张颂主编的《中国播音学》出版。该书凝结了多位播音学科领域专家学者的研究精华，是播音学科趋于成熟的重要标志，播音学理论体系至此初步完善，播音学科正式诞生。

据统计，1995—1999年这段时间播音学理论著作的出版和发表呈井喷趋势，创历史新高，可谓是百家争鸣、百花齐放，从各个角度丰富对播音学科的拓展性延伸。王璐、白龙的《语言艺术发声概论》围绕声音展开研究；李越的《播音导论》对播音的性质、作用进行了梳理；祁芃出版的《播音心理学》全方位地阐释了播音创作主体和播音接受客体的心理状态、变化及规律；张颂的《播音语言通论——危机与对策》更是前瞻性地指明了播音事业未来所面临的"瓶颈"，并提出了相应的解决方案。与此同时，一些已经成名的主持人也纷纷将自己播音生涯中所遇的经验和失误，以及过往工作生活中的轶事与感悟用文字的方式记录下来，如杨澜的《我问故我在》、赵忠祥的《岁月随想》、宋世雄出版的《宋世雄自述——我的体育世界与荧屏春秋》、倪萍的《日子》、吕大渝的《走进往事——一位共和国第一代女播音员的自述》等，在此就不一一枚举了。这些作品从实践者、亲历者的视角再现了播音和主持人在工作岗位上的点点滴滴，为播音理论研究增添了不少鲜活的实例和素材。

经过"文化大革命"之后20多年的理论研究和积累，中国播音学建立了完备的播音学理论体系，理论储备丰厚，为日后中国广播电视播音事业的腾飞打下了坚实的理论基础。

在人才培养方面，1996年北京广播电视学院在当时播音系的基础上成立了播音主持艺术学院，从中央和地方台聘请了播音一线经验丰富的播音员来校任教，北京广播学院开始有了自己的专业教师队伍，中国播音学开始有了自己的教授、副教授和讲师。1998年，将下设在新闻学类的播音专业调整到艺术学类，并更名为播音与主持艺术专业。1999年北京广播学院播音与主持艺术专业开始招收博士研究生。播音与主持艺术专业培养出的专科生、本科生、研究生，丰富了人才培养的跨度，满足了广播电视事业对播音主持人才不同层次的需要。另外，由于广播电视飞速发展，节目形态不断扩充，对各类型人才的需求量大大提高，这使得很多非播音主持专业出身、但具有对播音主持怀有热忱、熟悉广播电视流程的人才有了用武之地，一大批专职演员转行而来。表演与播音本身就有互通之处，触类旁通，演员表现力强，对于在镜头前状态的展示轻车熟路，而这些也恰恰是主持人所需要的。加之演员有一定的演出经验，即兴反应敏锐，不易怯场，这为他们转型为主持人提供了有利条件。事实证明是金子在哪里都会发光，演员起家、后在主持界风生水起的倪萍便是最好的例证。

随着商品经济的不断发展，广播电视事业与经济发展越来越产生紧密的联系，这使得有的广播电视从业人员为谋取自身利益将职业道德抛之脑后，在业内引起了轩然大波，不正之风的日益扩散也在侵蚀着广播电视事业队伍。1991年1月19日出台的《中国新闻工作者职业道德准则》，重整广播电视队伍风气，加强队伍思想道德建设，准则要求广播电视从业者要坚持"全心全意为人民服务"，树立正确舆论导向，站好保持新闻真实性第一班岗，严格遵守宪法和法律，充分发扬团结协作的优良作风，为肃清业内不正之风发挥了积极作用，而后条例分别于1997年1月和2009年11月进行了第二、三次修改。

20世纪90年代的广播电视发展迅速，随之衍生出的大量岗位都急需用人，在这样的情况下一大批从业者只经过简单培训就走上了工作岗位，导致经验不足、素养不够等问题在实践中逐渐暴露出来，从业人员的良莠不齐极度影响了观众的视听感受，难负语言传播范本之责，给观众留下了负面的印象。针对这个问题，国家语委普通话测试中心制定了《普通话水平测试实施办法》，要求每一位播音员、主持人必须达到国家语委、国家教委和广电部规定的普通话一级标准，方能持证上岗，强烈杜绝方言、土语泛滥，禁止在节目和影视作品中加大方言比重，杜绝部分播音员、主持人轻视、忽视语言规范化的现象。这对维护广播电视影视语言纯洁性，加强播音员主持人队伍制度建设有着深远意义。1993年，广播电视播音员主持人的大盛典——金话筒奖正式设立，在观众见证下选拔出年度优秀播音员主持人，进一步明确了行业规范和行业要求，为业界树立了标杆和典范，在行业起到了示范和引领作用。

(三）蜕变阶段播音主持的理论建设与人才培养

迈入新的历史时期，中国广播电视的发展呈现方兴未艾之态，播音主持理论建设也在如火如荼地开展着，结合在实践领域取得的宝贵经验和遇到的棘手问题，进行了更专业、更精细、更全面的研究，并把这些问题和经验诉诸教学，使时代元素被更多地融入进来，在固有理论基础上注入了更多的新内容、新样态、新现象，同起步时期相较，变得更加有血有肉，真正实现了理论指导实践，实践检验理论，理论来源实践，实践渗透理论这一路径。

这一时期播音主持理论成果达到井喷状态，一大批专业理论书籍相继问世。这些书籍涵盖面极广，几乎囊括了播音主持实践领域、教学领域所需学习的各个层面。在即兴口语表达、现场报道方面，有鲁景超的《广播电视即兴口语表达》，宋晓阳的《出镜记者现场报道指南》，应天常、王婷的《主持人即兴口语训练》，高贵武的《出镜报道与新闻主持》；在不同领域的播音主持与发声方面，有王明军、阎亮的《影视配音艺术》，曾志华的《广告播音艺术》；在播音发展理论研究方面，有鲁景超的《用声音传播——人民广播播音70年回顾与展望》以及吴郁的《当代广播电视播音主持》等，不胜枚举。一些主持人也纷纷将自己的人生体悟与观众分享，白岩松的《痛并快乐着》《你幸福了吗》《白说》三部曲都引起了不小的关注，崔永元的《不过如此》，敬一丹的《我遇到你》等都成了注入这一阶段理论建设大河的汩汩支流。由中国传媒大学组织编写的播音主持系列丛书也在这一阶段出版，这也标志着中国传媒大学成为全国理论研究的集中地和标杆。2002年，由中国传媒大学出版的系列丛书《实用播音教程》成为全国各大院校播音主持专业教学的首选教材，以中心辐射四周，带动了其他播音主持院校的理论拓展。

在播音主持理论研究领域，张颂是当之无愧的开山宗师、学科带头人，他尽自己毕生之绝学使播音主持专业理论架构实现了从无到有的跨越，出版了大量著述。他的书不同于以往枯燥的理论书籍，相反极富有文采，一字一句都倾注着对播音主持艺术的热爱。他拓宽了播音的边界，使播音学与美学、哲学、语言学、新闻传播学等交叉学科无缝衔接。

在人才培养方面，为适应媒介传播逐渐形成的分众化、小众化模式，实现精准定位，精准打击，院校在教学上打破了以往千人一面、千人一腔的刻板风格，更加注重对独创性和个体性的塑造，鼓励每个学生都找到最适合自己的发展方向，因材施教，分类授课，实践和理论两手抓，大力培养复合型人才。媒体在选拔播音员主持人的时候不再单一化地将关注点放在是否吐字如珠，是否字正腔圆，而更加注重其是否具备思辨能力、分析能力、反应能力、表达能力、写作能力等。为进一步优化人才培养质量，院校取消了高职和继续教育招生，将教育重心放在对本科生、研究生的培养上，尤其是研究生。相关部门也相继发布了多项针对播音员主持人的条例，2000年3月31日，国家广播电影电视总局发布了《关于进一步加强播音员、主持人管理有关问题的通知》，进一步完善对播音员主持人的规范化管理。2000年10月31日，第九届全国人民代表大会常务委员会第十八次会议通过了《中华人民共和国国家通用语言文字法》，明文规定普通话为基本的播音用语，推行规范汉字。2001年12月31日，国家广播电影电视总局发布了《播音员主持人持证上岗规定》。2004年6月18日，国家广播电影电视总局制定了《广播电视编辑记者、播音员主持人资格管理暂行规定》。2004年11月23日，国家广播电影电视总局颁发了《中国广播电视播音员主持人职业道德准则》。这些条例推动着广播电视从业人员不断提升自我素养，广播电视事业也在朝着光明的未来不断前行。

后 记

在繁忙的教学间隙，一拖再拖，笔者终于完成了本书书稿。

播音主持专业是具有中国特色的专业，是先辈们顺应时代需求而建立起来的学科，长期以来为党和人民培养了许多优秀的播音员、主持人。随着社会文化背景的变化和科技的不断发展，当下的传播方式和受众需求都有了巨大的变化。这些变化也影响和促进了这一学科的发展。

在网络信息传播铺天盖地的当下，万众皆媒已成定局。于是专业与业余混杂、真相与谣言搏击的现状使很多从业人员都开始思考：播音主持专业到底应该培养什么样的人？为谁培养人？在这样的关键时期，播音主持的教学更应该重"语"更重"文"，一定要加强多学科的交融，才能培养出"一专多能"的复合型人才，才能培养出党和人民迫切需要的优秀的喉舌。

正是在这个观念的促动下，笔者下决心重新编写了本教材。新内容中有以下变化：

①基于对播音员、主持人的新要求，发挥中央戏剧学院的教学优势，从艺术学的角度探讨了播音主持专业的艺术属性。

②立足于中央戏剧学院长期的教学成果，深度探讨了主持节目创作对表演创作技巧的借鉴。

③结合传播学基础理论，对播音员、主持人的创作目标有了新的认识。

④结合具体的案例，对主持人的语言能力进行了细致的分析。

⑤梳理了改革开放后我国播音员、主持人的发展状况。

由于当下传统媒体在新媒体传播的冲击下显得步履艰难,很多人都认为我国传统媒体传播的黄金时期已经过去。尤其随着人工智能(AI)技术的出现与发展,越来越多的学界和业界人士产生了"播音员、主持人将被人工智能替代"的危机感。2018年,在浙江省举办的世界互联网会议上,新华社首次亮相了人工智能播音员。同年,央视纪录片频道播出的《创新中国》也以 AI 合成实现了已故著名配音演员的再创作。这些 AI 像专业的播音员那样自然地阅读着文本,模仿着人类的声音和面部表情,甚至能够不间断地自行通过直播学习。这些技术赋能使语情的复杂化更为突出,加重了播音员、主持人的职业危机感。

但经过这次的重新编写,笔者却更加坚定地认识到新媒体无法完全替代传统媒体。从宏观上看,当今传媒市场化的新景观、信息网络化的新业态、传播智能化的新表达、文化多元化的新机遇,构成了一个全新的时代语境。人工智能播音员、主持人在技术层面会有快速、经济的优势,但是其在更深刻的伦理层面不可能违背马克思主义精神交往理论。因此,即使在智媒时代,任何技术力量的使用主体都是人,我们始终应该坚守的仍然是人的主体价值,主持传播的人格向更人性、更完善发展才是我们教学的方向和重点。